KB264583

논술 · 면접 **휘어잡기**

 지은이 **김 광 복**

- 세종대학교 국문과 졸업.
- 현 목포홍일고등학교 교사.
- 국어국문학을 위한 홈페이지 '똥침국어교실(http://hongkgb.x-y.net)'
  을 운영하고 있음

논술·면접 휘어잡기

ⓒ 2005, 김광복

초판인쇄   2005. 11. 7.
초판발행   2005. 11. 9.

지 은 이   김광복
펴 낸 이   이태준
디 자 인   김정현
펴 낸 곳   도서출판 문화유람

등   록   2002. 10. 18(제17-332호)
주   소   서울시 강동구 성내동 533-1 영우빌딩 3층
전   화   02) 486 - 0385
팩   스   02) 474 - 1413

E - mail   12345@inmul.co.kr

값 14,000원

ISBN 89 - 953504 - 9 - 0 54710

※ 잘못된 책은 바꾸어 드립니다.

논술·면접 휘어잡기

김광복 지음

문화유람

| 차례 |

1부 논술 특강

01 논술의 개념   10

논술이란 무엇인가 | 좋은 논술문쓰기

02 논술의 예비지식   26

논술 쓰기의 유의점 | 논술의 형태 | 논제의 유형

03 주요대학 논술경향 확인   46

04 논술의 실제모습   69

모의논술고사 결과 분석 | 모의 논술고사 예시 답안 및 평가서

05 논술공부 기초 닦기   86

폭넓고 심층적인 독서습관 · 88

시사상식 정리 · 108

정치 · 경제편 | 인문 · 사회 · 문화편 | 자연 과학편

요약하기 · 139

논술어휘 익히기 · 142

논리적인 글쓰기 연습 · 150

정의 | 논거

논리적 오류 · 155

형식적 오류 | 비형식적 오류 | 양도논법(딜레마) | 추론 | 변증법

정서법 · 176

원고지 쓰기 · 201

글쓰기의 제반 사항 · 206

글쓰기의 요건 | 띄어쓰기 | 글의 구성 | 접속어의 사용 | 문단쓰기

06 **창조적 사고력 연습** 228

07 **개요작성** 241

논술이란 무엇인가 | 좋은 논술문쓰기

08 **논술 쓰기** 251

서론쓰기 | 본론쓰기 | 결론쓰기 | 퇴고하기

2부 구술 · 면접 특강

구술 면접이란 무엇인가 · 272

구술 면접 고사의 형식과 절차 · 273

구술 면접 고사의 문제 유형 · 275

구술면접 대비 훈련 · 276

구술 면접시 유의사항 · 280

기출 및 예상문제 · 282

모든 계열의 공통 질문 | 어문계열(국문학, 영문학, 불문학, 일문학, 기타 언어학) |
자연계열, 이학부, 생명공학 | 인문 · 사회계열 · 법정대 | 경상계열, 관광, 국제 |
전기 · 전자 · 컴퓨터 | 교육대, 사범대 | 예체능학부 | 치의대 · 한의대 · 간호대 · 약대 |
건축 토목 환경 | 화학 · 기계 · 항공 · 공학계열

1부 논술 특강

01 논술의 개념

02 논술의 예비지식

03 주요대학 논술경향 확인

04 논술의 실제모습

05 논술공부 기초 닦기

06 창조적 사고력 연습

07 개요작성

08 논술 쓰기

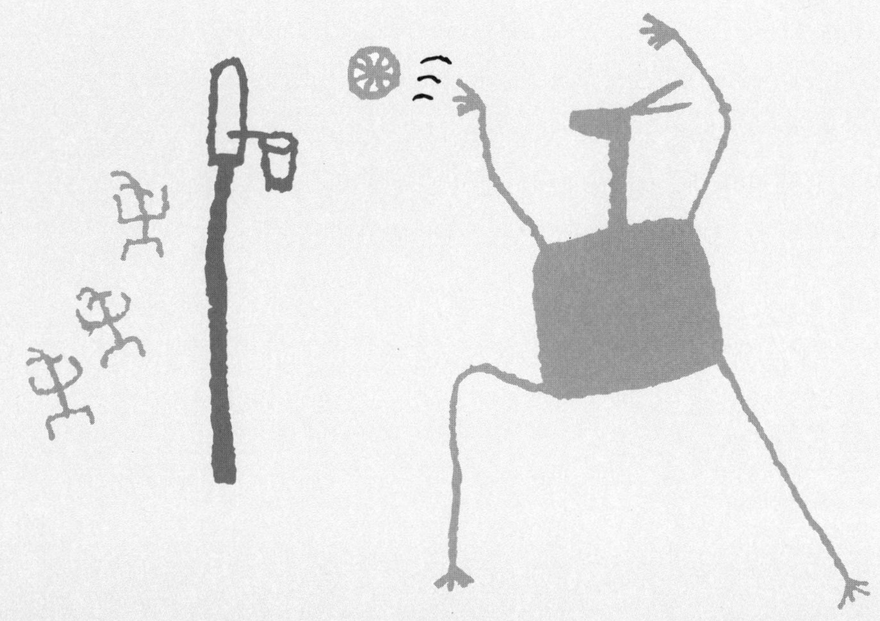

　　상위권 대학에 지원하는 수험생들의 내신 성적과 수능성적은 거의 차이가 없습니다. 전국 각 고등학교에서 거의 모든 과목에 1등급을 받은 학생들이 서울의 상위권 대학에 지원할 것이기 때문입니다. 그런데 1등급을 받은 학생의 수효가 많다는 것입니다. 한 학년에 300명인 학교를 기준으로 치면 4%, 즉 12명의 학생들이 1등급을 받습니다. 대학진학을 목표로 하는 전국의 모든 고등학교 수에 12를 곱한 숫자가 바로 한 과목당 1등급을 받은 학생수가 되겠습니다. 그러니 서울의 주요대학에서는 지원학생들의 내신 성적과 수능성적은 거의 볼 필요가 없게 된 것입니다. 또한 특수목적고의 학생들은 내신과 수능시험에 그리 연연해하지 않은 커리큘럼에 의해 교육받고 있는 점도 고려하고 있습니다. 일반고의 학생들에 비해 특목고 학생들의 내신과 수능성적은 그리 좋지 않은 것이 사실입니다. 그러나 그들의 실력이 일반고의 학생들보다 뒤지는 것은 절대 아닙니다. 상황이 이러하므로 대학에서는 내신과 수능성적은 입시 지원 자격 정도로 격을 낮추었고 그 보완책으로 많은 1등급 중에서 진짜 1등급을 찾아내고, 특목고의 진짜 우수한 학생들을 가려낼 필요를 느끼게 된 것입니다. 즉 우수한 고교의 1등급과 우스운 고교의 1등급, 전교 1등짜리 1등급과 전교 12등짜리 1등급, 내신과 수능성적은 비록 낮지만 진짜 실력은 뛰어난 특목고의 학생들을 가려내기 위해 논술시험을 도입하게 된 것입니다. 각 교과의 정통한 지식을 바탕으로 이것들을 통합하는 독창적인 사고력을 개진할 수 있는가를 평가함으로써 진짜와 짝퉁을 가려낼 수 있다고 판단하고 있는 것입니다.

_논술 · 면접 휘어잡기

내신에, 수능시험에, 구술면접에 이제는 논술까지 어깨를 누르는 현 상황에서 학생들의 심적 고통은 대단할 것으로 짐작합니다. 왜 이리 대한민국은 이팔청춘 젊은 학생들을 책상에서 시들게 하는가하는 분노가 생길 만합니다. 그러나 더 좋은 방법이 도출되지 않는 한 논술은 계속될 것입니다. 불평 속에서 분노만 삭이고 앉아 있을 수만은 없습니다. 그러니 논술을 준비해야 하겠습니다. 기왕에 준비하려면 철저하게 하는 것이 좋겠지요. 심한 대학의 경우 40%이상의 학생들이 논술에 의해 당락이 뒤바뀌는 현상을 직시하고 논술 시험에 많은 시간과 노력을 기울여야 하겠습니다. 논술이 사실상 당락을 결정짓는 핵심 요소가 된다는 말입니다. 아울러 내신 성적이 불리한 학생들도 논술 능력만 뛰어나다면 내신의 불리함을 충분히 극복하고 합격권에 다가설 수 있다는 점도 덧붙입니다.

학생들에게 권장하고 싶은 학년별 중점 학습항목입니다. 참고하시고 개개인의 특성에 맞게 조정하거나 가감할 수 있습니다.

1학년 : 폭넓고 수준 높은 독서(추천도서목록 참고), 쓰기의 제반 사항 숙지, 사회인문계열 교과서 심층적 이해, 수능 언어영역 비문학 지문 독해 및 요약 훈련, 영어 말하고 듣기 학습(면접대비), 논술 기출문제 확인 및 분석. 시사문제 대비 학습.

2학년 : 폭넓고 수준 높은 독서(추천도서목록 참고), 발상법의 생활화 훈련, 인문사회계열 교과서 본문 심층적 이해, 영어 면접대비 학습(말하기, 듣기), 시사문제 대비 학습, 기출논술문제로 논술쓰기 10번 내외(첨삭지도 후 정리).

3학년 : 폭넓고 수준 높은 독서(추천도서목록 참고), 발상법의 생활화 훈련, 인문사회계열 교과서 본문 심층적 이해, 영어 면접대비 학습, 개요와 단락쓰기 연습, 시사문제 대비 학습, 예상 논술 문제를 주제로 한 논술쓰기 10번 내외(첨삭지도 후 정리).

01 논술의 개념

논술(論述)이란 일정한 주제에 대하여 객관적이고 타당한 논리적 근거를 들어 자신의 견해를 밝히고 읽는이의 동의를 얻기 위한 글입니다. 또는 자신의 견해와 반대되는 주장에 대해 분석·반박하여 한편의 글로 표현하는 것을 말합니다. 즉, 주어진 과제에 대해 분석하거나 비판하고 자신의 논리적인 견해를 펼쳐서 읽는이를 설득하는 글입니다. 이때의 주장은 반드시 객관적이고 논리적이어야 함은 두말할 필요가 없겠습니다. 어찌 보면 논술은 논설문과 비슷하다고 볼 수도 있습니다. 그러나 논설문이 형식에 의해 자기의 주장이나 의견을 강하게 제시한 글이라면, 논술은 자기의 견해를 형식에 구애받지 않고 논리 정연하게 서술한 글이라고 할 수 있습니다. 또한 논술은 논문과도 다릅니다. 논문은 어떤 과제를 새롭게 해석하거나 발견하는 과정을 논리적으로 기술한 글이지만 논술은 주어진 과제를 논리적으로 해결할 수 있는지 여부를 측정하는 글쓰기인 것입니다.

논술시험은 어떤 과정을 거치나요?

논술 시험지를 받아든 순간부터 답안지를 제출하기까지의 과정은 다음과 같습니다.

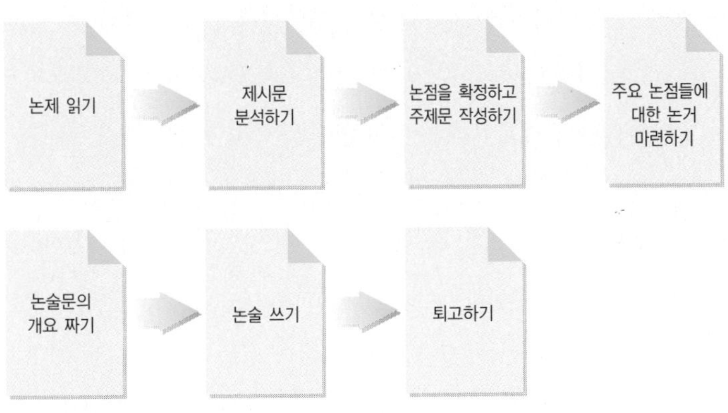

일반적인 논술의 과정입니다. 물론 논술쓰기의 정해진 규칙은 없으며 좀 더 순리적으로, 논리적으로 무리가 없을 방향으로 이렇게 정해본 것입니다. 중요한 것은 이 모든 것이 좋은 논술문을 쓰기 위한 준비일 뿐이므로 형식적인 측면에 집착하지 말고 핵심적인 논점과 주장을 파악하는 데에 온 힘을 기울여야 한다는 점입니다.

배경지식이 필요하나요?

당연히 배경지식이 필요합니다. 암기된 배경지식은 필요 없다고 주장하는 사람들이 득세하는 세상입니다. 너무 높고 너무 세련된 교육을 받은 사람들 몇몇이 그렇게 주장하니 긴가민가하는 대부분의 사람들은 그게 그런가부다하고 따라가는 형편입니다. 그러나 인간의 두뇌를 너무 과소평가하는 입에 발린 말일 뿐입니다. 절대로 믿으시면 안 됩니다. 이 사람들의 생각에는 마치 지식이란 밀폐된 용기 속에 갇힌 채 따로따로 제멋대로 방치되어 있는 물체 정도로 생각하는 모양입니다. 정말 그럴까요? 우리의 두뇌 속에서 따로따로 저장된 지식이 다른 지식과의 연결을 위해서 정말로 아무런 노력도 하지 않을까요? 예전 선비들이 어렸을 적 아무런 뜻도 모른 채 무조건 암기하던 하늘천따지 외우기가 정말로 아무런 의미도 없는 미친 짓이었을까요? 무협소설 속의 주인공이 무조건 암기하던 무공요결이 결국 아무런 작용도 하지 못하는 쓰레기 지식으로 끝나던가요? 아닙니다. 현재 지구상에 있는 가장 비싼 슈퍼컴퓨터도 인간의 오묘한 두뇌 작용을 능가할 수 없습니다. 우리가 자는 동안에도, 꿈속에서도, 멍하니 앉아있는 순간에도, 두뇌 속에서는 이것과 저것을 연결하는 끊임없는 작용을 하고 있는 것입니다. 한순간 문득 맞아! 바로 그런 거였어! 라고 외치는 경우가 바로 그것입니다. 그러니 무조건 많은 지식을 머릿속에 저장하는 일도 중요합니다. 단지 지엽말단의 시시콜콜한 지식까지 외우라는 말은 아닙니다. 핵심원리와 개념지식은 반드시 외워두는 것이 좋다는 말입니다.

논술의 흔한 요구사항이 구체적인 예를 들어 진술하라는 것입니다. 그 구체적인 예는 대체로 머릿속에 저장되어 있는 배경지식(암기지식)입니다. 단지 무엇과 관련된 암기지식이냐가 문제가 되겠지만 아이큐 세자리가 넘는 머리를 가진 사람이라면 무엇에 관한 암기지식인지는 금방 알아차리게 되어 있습니다. 도대체 머릿속에 아무런 지식이 없는

_논술·면접 휘어잡기

상태에서 무엇을 연결하고 무엇을 근거로 삼아 자신의 견해를 밝히겠습니까? 잘 정리되고 체계화된 암기지식 즉 배경식이라면 꽤나 쓸모가 있습니다. 평소 폭넓고 심도 있는 독서활동을 통해서, 인문사회분야의 교과서 및 참고서에서, 수능언어영역의 비문학 부문의 제시문에서, 최근 이슈가 된 문제에 대한 시사칼럼 및 평론에서 배경지식을 확충할 수 있습니다. 배경지식이란 자신이 그때까지 살아오면서 축적한 총지식, 총체험이 아니겠습니까.

이러한 배경지식이 많고 체계적으로 정리된 학생은 논술을 구성할 때 훨씬 수월하게 글을 써나갈 수 있습니다. 하지만 대학에서 논술을 시험하는 이유는 학생들의 암기에 의한 단순한 일반상식이나 지식, 글재주를 측정하기 위한 것은 아니라는 점만은 명심해야 합니다. 대학에서는 수험생들이 학교 교과과정에서 배운 지식, 시사문제, 동서고금의 명저에 대해 얼마나 진지하게 느끼고, 심도 있게 사고하고 추론하여 한편의 글로 완벽하게 표현해 낼 수 있는가에 관심을 가집니다. 그러므로 수험생들은 이와 같은 문제를 해결할 수 있는 능력을 기르기 위해 온 힘을 기울여야 하겠습니다.

논제파악이 왜 중요하나요?

논술의 형태는 거의 논제+제시문+유의사항으로 이루어져 있습니다. 수험생 여러분이 제일 먼저 마주치는 문제가 논제입니다. 많은 수험생들이 급한 마음에 논제를 뒤로하고 제시문부터 읽는 경향이 있는 것 같습니다. 이것은 곤란합니다. 논제가 실은 제일 중요합니다. 논제는 논술작성의 알파요, 오메가입니다. 물음의 초점이 무엇인지를 정확하게 파악하지도 못한 채 논술을 작성한다면 정확한 방향을 설정할 수 없어 주장의 일관성, 논거의 타당성이 없는 하나마나한 논술이 되어버릴 수밖에 없습니다. 이러한 글은 아무리 많은 양을 써도 결코 좋은 평가를 받을 수가 없게 됩니다. 예전의 논제는 그리 까다롭지 않았지만 지금은 갈수록 논제가 지능화되어 논제 해석 자체부터가 시험입니다. 요즈음의 논제는 교활하게 덫이 설치되어 한두 번 읽어서는 언뜻 감이 잡히지 않을 정도로 발전했기 때문입니다.

우선 요구사항이 하나가 아니고 여럿입니다. 제한조건이라는 덫도 숨어있습니다. 또한 논제는 제시문, 유의사항의 항목과 긴밀히 연결되어 있습니다. 이러한 연결 속에서 출제자는 무엇을 문제삼고 있는지, 그것이 왜, 어떤 맥락에서 문제가 되는지를 파악하고 무엇을 어떻게 논하라고 했는지 그 가닥을 추려내야 하는 것입니다. 논제는 ①단어 단위로 끊어서, ②번호를 먹여가며 정확하게 밝혀 읽어야 합니다. 그리하여 문제가 해결하기를 원하는 사항들, 논술의 방향, 핵심 쟁점과 논점 들을 차례로 찾아내서 논술의 개략적인 구상에 연결해야 합니다. 논제를 알면 논술이 보인다고 말할 수 있습니다. 논제에 힌트가 있습니다. 그 힌트를 놓치면 논술을 놓치게 됩니다.

대표적인 논제의 유형에는 다음과 같은 것들이 있습니다.

비판과 논박을 요구하는 유형 : 주어진 제시문이나 근거를 대상으로 그에 대해 논박하라, 비판하라 등의 문제입니다. 또는 찬성과 반대 한쪽을 택해서 견해를 보탤 것을 주문하는 경우도 있습니다. 이러한 문제는 수험생이 자신의 견해를 얼마나 논리적으로 전개할 수 있느냐를 평가하기 위한 것입니다. 자신의 견해를 당당하고 정직하게 펴나가면 됩니다.

단계별로 세분화하여 답안을 요구하는 유형 : 논술시험이 해를 거듭할수록 비슷비슷한 유형에 대한 대비책이 마련되어 어느덧 논술도 하나의 요령으로 해결할 수 있는 시험으로 전락했다고 느낀 대학 측에서 새롭게 선보인 유형입니다. 번호를 매겨 가면서 3~4개의 질문을 순서대로 던지는 형태입니다. 문제 하나마다 배점을 정해놓고 채점을 하기 때문에 채점의 객관성과 공정성을 확보할 수 있는 문제유형이기도 합니다.

문제 해결 방안을 요구하는 유형 : 사회적인 이슈가 되었거나 많은 사람들이 문제로 인식되는 현상을 발견하고 그 원인과 대책을 제시하라는 문제가 자주 나옵니다. 수험생들의 문제 발견능력과 더불어 그것을 합리적으로 해결할 수 있는 능력을 보기 위한 문제입니다. 이 경우에는 그 현상, 사건이 어떠한 원인에서 발생하였는가를 되짚어 살펴보는 것이 필요합니다. 달걀 없는 닭이 없듯이 원인 없는 사건은 없을 것이기 때문입니다. 원인을 살펴 그 해결 방안을 모색하는 것이 이성적입니다.

_논술 · 면접 휘어잡기

제시문 속에 답이 들어있습니다. 그런데 갈수록 논술 제시문이 난해해지는 경향을 띄고 있습니다. 교육부는 2005년 8월 30일 발표된 논술가이드라인에서 영어제시문을 출제할 수 없도록 규제하고 있습니다. 그 반대급부로 국문 제시문의 수준이 더욱 높아질 것으로 예상됩니다. 현재에도 난해한 철학적 제시문(특히 서강대)을 비롯하여 정치, 경제, 문화, 사회, 기술, 문학 등의 영역에 걸쳐 제시문들의 수준이 꽤나 높습니다. 이 수준이 더욱 높아질 것이라는 점입니다. 제시문의 개수가 더욱 늘어날 가능성과 한자 혼용 제시문의 등장 가능성을 염두에 두어야 합니다. 분량도 현행 1200-1600자의 짧은 논술이 아니라 2500자 정도의 꽤 긴 논술의 형태가 될 가능성도 큽니다. 단기간의 논술학원 수강으로는 해결할 수 없는 유형의 논술로 변화될 것이 틀림없습니다. 현재에도 각 대학들은 학원 수강에 의한 천편일률적인 논술문에는 사정없이 점수를 깎고 있는 실정입니다. 역시 꾸준하고 심층적인 독서와 아울러 그것을 내면화하고, 창조적 사고를 거친 글로 표현하는 습관을 기르는 것이 논술준비의 정도라 하겠습니다. 논술준비를 따로 하는 것이 아니라 생활 자체가 논술의 과정이 되도록 수험생의 습관의 변화가 필요합니다.

난해한 제시문이 주어질 때에는 은근히 자신의 독해력을 드러낼 필요도 있습니다. 제시문의 특정 부분을 그대로 반복하는 것이 아니라 스스로 소화해서 다른 표현으로 해석해 언급함으로써 채점자들에게 깊은 인상을 줄 수 있다는 얘기입니다. "아! 이 학생은 제대로 읽었구나."하고 말입니다. 많은 수험생들이 제시문 독해에서 전의를 상실하고 자기 나름대로 해석한 한도 내에서 답안을 적어내고 뒤통수를 긁는 경우가 많습니다. 출제자가 지목한 핵심논점을 정확하게 파악하지 못했다면 아무리 표현력이 좋아도 그 글은 좋은 평가를 얻지 못합니다. 정확한 제시문 파악도 또한 논술의 처음이자 끝이라고 말할 수 있습니다. 제시문의 논점을 끄집어내지 못하고 논술을 쓴다는 것은 과녁을 보지 못하고 화살을 날리는 것과 같기 때문입니다. 근래 논술시험에서 많은 비중을 차지하는 것이 제시문 요약입니다. 요약하기는 정확한 제시문 독해로 해결할 수 있습니다. 논제와 제시문의 정확한 독해가 이루어졌다면 그 논술은 아무리 못되어도 중간 이상은 된다는 점을 명심하시기 바랍니다. 적당하거나 쉬운 수준의 글들만 읽어온 학생이라면 지금부터 의도적으로라도 어렵고, 수준 높은 글들을 찾아서 읽고 정리하는 습관을 들여야 하겠습니다. 글을 읽을 때에는 마지못해 읽지 말고 능동적이고 적극적인 자세로 읽어나가야 합니다. ①다른 방향이나 관점에서 생각해보거나, ②반론을 제기하면서 그에 대한 답을 찾아가며 읽거나, ③중요한 부분이나 인상에 남는 부분은 노트에 따로 정리해가며 읽는 독서습관이 필요합니다.

대표적인 제시문의 유형에는 다음과 같은 것들이 있습니다.

과거의 일과 현실의 일 : 아직도 많은 대학에서 동서고금의 고전에서 제시문을 출제하고 있습니다. 그러나 그 내용은 현재와 단절된 과거만의 문제가 아닙니다. 현실에서도 항상 문제가 되고 있는, 아마 인류가 존재할 때까지 계속될 내용인 것입니다. 출제자들이 의도하는 것은 '동서고금의 이러한 문제가 오늘날에는 어떠한 형태로 나타나며 우리는 어떻게 대처해야 하는가' 입니다. 따라서 이러한 유형의 제시문은 제시문 자체로만 보지 말고 오늘날의 현실문제와 결부시켜 독해하는 것이 효과적입니다.

대립되거나 연관된 관점 제시하는 유형 : 서로 대립된 관점, 연결될 수 있는 관점을 지닌 제시문들을 주고 수험생으로 하여금 한편을 비판하거나 서로를 연결지으라는 유형입니다. 이때에는 서로 대립각을 세우고 있는 두 관점의 차이점을 찾아내거나 논리적 맥락에서 연결점이 무엇인가를 찾아내는데 독해의 초점을 맞추어야 합니다.

보물찾기 유형 : 제시문 속에 들어 있는 상징의미를 찾는 유형입니다. 대체로 문학과 관련된 제시문이 주어질 경우가 그렇습니다. 이러한 유형은 여러 개의 제시문 속에 들어 있는 다른 상징이 결국 하나의 상징으로 귀결되는 형식으로도 발전할 수 있습니다. 그것을 찾아내고 평가하는 일은 꽤나 어려운 작업입니다. 제시문의 정확한 독해 능력과 아울러 문학적 깊은 소양이 있어야만 이 문제를 해결할 수 있겠습니다. 여기에서도 반드시 논제와 연결하여 제시문을 독해함으로써 실마리를 푸는 방법이 좋겠습니다.

시각자료 분석을 요구하는 유형 : 그림자료, 도표, 그래프를 제시하고 그 의미를

_논술·면접 휘어잡기

분석하라는 논술시험이 가끔 나오기도 합니다. 영어제시문을 출제하지 못하게 됨에 따라 이러한 경향이 더욱 확대될지도 모릅니다. 시각자료를 바르게 보는 법을 평가하고자 하는 측면도 있을 것이고 다른 대학에 비해 참신하고 독창적인 시험이라는 인정도 받고 싶은 마음에서 그렇게 출제하고 있다고 생각됩니다. 이 문제를 해결하는 방법은 함께 주어진 다른 텍스트 제시문, 혹은 다른 시각자료와 연결해서 해석해야 한다는 것입니다. 이 자료들의 공통점과 차이점을 비교하고 수치의 높낮이를 비교함으로써 이 유형을 해결하면 되겠습니다.

영어 제시문은 나오지 않는다

영어 제시문 시험은 2001년 경희대에서 처음 시작했습니다. 이 시험은 좀 더 수준 높은 학생들을 뽑아보려는 대학측의 욕구에 정확히 부응하는 시험으로 인식되어 점차 영어 제시문을 사용하는 대학의 숫자가 늘어났으며 그 수준도 더욱 높아져 수험생들의 학습량을 늘린 것이 사실입니다. 그러나 2005년 8월 30일 발표된 교육부의 논술가이드라인에서 영어 제시문은 출제할 수 없도록 하였고 각 대학은 이를 준수하겠다는 입장입니다. 그러나 이는 논술에만 국한된 제한입니다. 어떻게든 수험생들을 변별해야 하는 대학의 입장으로서 영어능력 평가는 포기하기 아까운 영역입니다. 그래서 구술 면접이나 인·적성검사 등을 통해 영어능력을 시험할 가능성이 농후합니다. 이에 대해 말하기와 듣기 위주의 대비책이 필요합니다.

사고력(발상법)의 차이가 논술 시험의 핵심입니다

논술의 실시 목적 중의 하나가 학생들의 사고력(발상)을 보기 위한 것입니다. 제시문의 독해를 정확하게 하였더라도 그로 인해 파생되는 의문점이나 다른 관점들을 생산해내지 못한다면 그것은 죽은 독서가 될 것입니다. 열린 독서, 살아있는 독서가 되기 위해서는 제시문의 논점을 분석하고, 통합하고, 다름을 찾아내고, 유사점을 찾아내어 자신의 관점을 새롭게 세울 줄 알아야 될 것입니다. 이 모든 작업에는 논리적인 사고가 수반됩니다. 변증법적으로 통합하기, 연역추론, 귀납추론, 유비추론 등의 논리적 사고법을 훈련해야 합니다. 거의 모든 대학에서 논술시험의 최대 관심사가 학생들의 사고력측정이며 배점 배분에서도 이 부분에 가장 많이 할애하고 있습니다. 수험생들은 자신이 대하는 많은 사실과 경험, 수많은 텍스트들을 문제발견의 시각으로 다룸으로써 이 문제에 대비해야 할 것입니다.

구슬이 서 말이라도 꿰어야 보배다

정확한 제시문 독해와 심층적이고 참신한 발상까지 마련되었다하더라도 그것을 글로 표현해 내지 못한다면 무용지물이 되겠지요. 이제 표현력이 문제가 되겠습니다. 띄어쓰기, 맞춤법, 정확한 원고지쓰기, 정확한 어휘, 적절하고 구체적인 예시, 정서법에 맞는 글쓰기, 문단간의 논리적인 연결 등이 이에 해당합니다. 논술시험의 배점에서 표현력에 많은 점수를 배치하지는 않습니다. 그러나 기초적인 맞춤법이나 띄어쓰기, 원고지쓰기조차 제대로 구사하지 못하는 학생의 글이라면 그 글 전체가 우습게 보일 것은 너무나 당연합니다. 당연히 글 전체의 다른 요소조차 도매금으로 넘어가는 지경에 빠질 것입니다. 더 심각한 것은 말도 안 되는 비문(非文)을 썼을 경우입니다. 호응관계가 잘못된 글, 의미가 모호한 글, 성분이 부당하게 생략된 비문(非文), 장황하고 복잡한 문장구성으로 인한 자가당착의 글, 외국어 번역투의 글 등은 채점자의 눈살을 찌푸리게 하는 요소가 되어 감점의 대상이 될 것입니다.

논술의 주제는 항상 무섭다?

논술의 주제로는 일상생활에서 흔히 부딪치는 사소한 것에서부터(웃음, 시간, 이미지, 정의로움) 멀리는 인간의 본질, 삶의 양식, 우주의 근본진리에 이르기까지 그 범위가 넓습니다. 이처럼 논술의 주제가 광범위하다고 해서 논술고사의 주제에 어떠한 원칙도 없다는 것은 아닙니다. 교육부의 논술고사 지침에 논술고사의 주제는 '특정 교과목의 내용에 구애받지 않는 소재(탈교과적, 범교과적 소재)'로 한정시키되 교과서의 내용을 넘지 않는 범위 내에서 정해지기 때문입니다. 이것은 논술고사의 목적이 '고등학생이 치르는 시험으로써 학교에서 이수하는 교과 내용을 보다 깊이 있고 폭 넓게 이해할 수 있도록 고등학교의 교육을 유도' 하려는 데에 있기 때문이기도 합니다. 물론 듣는이에 따라서는 허울 좋은 핑계에 지나지 않는다고 투덜댈 수도 있겠지만 말입니다. 그래서 수험생들은 중·고등학교 인문사회계열 교과서에서 다루는 <u>원론적인 문제들</u>을 유심히 관찰하고 진지하게 연구하는 습관이 필요합니다.

2005년 8월 30일 발표된 교육부의 논술가이드라인에서 고등학교 수준을 넘는 문제는 논술시험이 아닌 본고사로 간주하겠다는 엄포가 있었습니다. 각 대학들은 본고사 논란에 휘말리지 않기 위해서라도 이러한 원칙을 준수하려고 노력할 것으로 보입니다. 여기서 말하는 원론적인 문제들이란 어떤 현상, 사건, 또는 사실에 대한 개별적인 지식이 아니라 식견을 요구하는 문제를 말합니다. 오직 하나의 정답만이 존재하는 것이 아니라 사람마다 의견을 달리할 수 있는 문제가 바로 그것입니다. 왜냐하면 정답이 하나밖에 없는 문제라면 논술시험도 단순암기 위주의 시험이 되고 말기 때문입니다. 다시 말하면 이미 정답이 정해진 것이거나 모범 답안이 있는 것은 논술 시험의 문제로 출제하기 어렵다는 것입니다. 명쾌한 해답은 있을 수 없지만 수많은 사람들이 논의하여 바람직한 방향으로 나아가야 할 문제들이 논술의 단골 주제가 됩니다. 이점에 유의하여 주제에 해당할 성 부른 것들을 찾아서 정리하고 자신의 견해를 세워보시기 바랍니다. 너무 무서워 할 필요는 없습니다.

2006년 대학별 논술고사 유형 및 출제 형식

대학명	계열, 대학, 기타 모집단위	유 형	출제 방식, 수준, 경향, 분량	반영비율 (%)
가톨릭대	정시(가)-의예, 간호	통합교과형	계열 적성에 부합되는 지문의 문제, 정상적인 고교 졸업생이 답할 수 있는 수준. 900~1,000자. 1문항	5%
강남대	수시2-인문 사회, 공학	통합교과형	제시문 출제형 논술, 정상적인 고교 졸업생이 답할 수 있는 수준.	2단계: 20%
건국대 (서울)	정시(다)-문과대학, 법과대학	일반논술형	주어진 제시문에 대하여 논리적, 비판적, 창의적 사고능력을 평가함	3%
건양대	수시1,2-의학과	통합교과형	고등학교 교육과정 중 자연과학 분야를 중심으로 학습능력, 창의력, 사고력을 종합적 평가. 90분, 900~1,000자.	1단계: 50%
경원대	수시2-한의예	일반논술형	고교 교육과정을 정상적으로 이수한 학생의 논리적, 비판적, 창의적 사고 능력 평가	50%
경희대 (서울)	수시1-영예학생, 교과우수자 수시2-교과우수자II	통합교과형	1. 인·적성검사는 인문과 자연 분리하여 출제함. 수험생이 갖추고 있는 기본인성과 분석 논리력 변별평가. 90 분 2. 학업적성논술고사는 인문과 자연 분리하여 출제. 학습능력을 측정할 수 있는 통합교과형 문제로 출제함. 90 분. 1,200자.	수시1,2: 인,적성 검사-30% 학업적성 논술-20%
	정시(가, 다)-인문 계열	통합교과형	대학 수학에 필요한 기초능력 검정을 목적으로 주어진 주제에 대한 문제의 파악 능력, 창의력, 논지전개 및 논리적 표현을 평가하는 문제를 출제함. 120분, 1,300~1,400자.	정시: 3%
고려대 (서울)	수시1,2-전체 모집 단위 (예체능제외)	통합교과형	언어논술: 제시문 3~5개. 각 지문 요약, 견해제시. 인문계 650~750자, 자연계는 110~140자. 120분 수리논술 - 문항수 4~7개(서술형, 풀이형). 범위: 인문: 국민공통수학(10가, 10나), 수학I 자연: 국민공통수학(10가, 10나), 수학I, 수학II. 90분	70% 인문계-언어45%+수리 25%, 자연계-언어25%+수리45%
	정시(가)-인문	통합교과형		10%
단국대 (천안)	수시2-의예,	일반논술형	대학 지정 논제에 의한 서술	2단계: 40%
	정시(나)-치의예과, 정시(다)-의예과.			2단계: 30%

대학명	계열, 대학, 기타, 모집단위	유 형	출제 방식, 수준, 경향, 분량	반영비율(%)
대전 가톨릭대	정시(가)-전모집	일반논술형	성서 내용과 교리 상식	
동국대 (서울)	수시1,2-전모집단위	통합교과형	제시문 출제 유형. 단답형 질문과 논술형 질문. 120분. 단답형(200~300자), 논술형(800~1,000자). 문제 이해도, 문제해결력, 논리전개력, 표현력 측정	1단계 : 40%
	정시(나)-인문 (영화 영상 전공 포함)			정시 : 3%
동국대 (경주)	수시1-의학(한의예, 의예)			2단계 : 20%
부산대	정시(가)-인문 사회계	통합교과형	종합적인 지식, 논리적 사고 능력, 표현능력 측정. 지나치게 시사적인 문제 배제. 계열 구분 없음. 120분. 1,300자	5%
상지대	수시1, 2-한의예과	일반서술형	2개 이상의 제시문 출제, 고교 수준의 자연과학 관련 배경지식, 시사적인 논점들에 대한 이해력 측정. 120분. 1,200자	2단계 : 15%
서강대	수시1, 2: 학교장 추천 전형 수시 2: 학업우수자 전형	통합교과형	동서양 고전에서 출제. 120분. 1,600자	수시1, 2 학교장 추천 : 30% 수시 2 학업우수자 : 50%
	정시(나)-인문 사회			정시 2단계:10%
서울대	수시2-특기자전형 인문(사범계 인문 포함)	통합교과형	글쓰기 능력 평가. 초중등교과과정과 관련된 내용과 동서고금의 고전을 포함하여 다양한 소재의 예시문 제시. 자료 제시형(복수지문)으로 제시문에 한자가 혼용 가능. 제시문을 바탕으로 주어진 논제에 대해 기술. 180분, 2,500자(±300자).	2단계 : 30%
	정시(나)-인문 사회계, 음악대학 작곡과(이론전공)			2단계 : 10% 작곡과 : 15%
선문대	수시2: 순결학과,통일신학부 정시(나): 통일신학부	일반논술형	순결학과: "순결 및 청소년 문제"와 관련된 지문. 1,000자 통일신학부 : 원리 강론(전, 후편) 분석과 이해	순결 10%, 통일신학 30% 정시 : 10%
성균관대	수시1: 교과우수자 수시2: 일반전형/특별전형	통합교과형	제시문 출제형식 150분. B4용지에 분량 제한 없음	수시1,2: 50%
	정시(가): 인문(야간 제외)			정시 : 3%
수원 가톨릭대	정시(가): 전모집 단위	일반논술형	교리 상식(단답형50%+논술형50%) 교재: 한국 천주교 예비신자 교리서. 90분	10%

대학명	계열, 대학, 기타, 모집단위	유 형	출제 방식, 수준, 경향, 분량	반영비율 (%)
숙명여대	정시(가): 인문, 자연	통합교과형	고교 교육과정을 정상적으로 이수한 학생이면 누구나 이해할 수 있는 수준. 120분, 1,500자.	3%
연세대 (서울)	정시(가): 인문, 사회계열	일반논술형	고전에서 제시문 출제. 150분. 1,800자 선발인원 50%는 논술 미반영한 총점순으로 선발하고 나머지 50%는 논술 35점 반영한 총점순으로 선발.	35점
영산대	정시 (나): 법률학부	통합교과형	고교 교육과정의 내용과 수준에 맞춘 문제.	10%
울산대	수시2: 의예과	통합교과형	추후 결정 예고	2단계 : 20%
이화여대	정시(가): 인문	통합교과형	고교 교육과정의 내용과 수준에 맞춘 문제.	2단계: 4% 사범대 2단계:3%
인천 가톨릭대	정시(가): 신학과	통합교과형	성서와 교리책 내에서 출제. 교재: 생명의 길, 이건 꼭 알아둡시다. 90분. 객관식60%(선다형30%+단답형30%)+주관식40%(논술형)	10%
전북대	수시1: 전모집 단위	작문형	1,800자	
중앙대 (서울, 안성)	수시 1, 2: 전모집 단위	학업적성 논술고사	자료제시형+통합교과형. 계열별 출제. 120분	2단계 : 70%
한국외대 (서울)	수시1,2: 외대 프런티어I, II	통합교과형	고교 졸업생 수준에 맞춘 문제 출제.	수시 1, 2 : 1단계 20%
	정시(나): 전 모집 단위			정시 : 3%
한양대 (서울)	정시(가)-인문과학대(연극 연기 제외), 사회과학대, 법과대, 경제금융대, 경영대, 사범대(컴퓨터 교육, 응용미술교육 제외)	통합논술형	고교 전교과 과정과 관련된 내용. 150분, 1700자	인문 2단계 : 2% 연극영화 (일반) : 2%
서울교대	정시(나)-전모집 단위	통합교과형	자료 제시형. 100분. 1400자	5%
경인교대	정시(나)-전모집 단위	일반논술형	교사로서의 기본 자질 평가. 1문항. 90분. 1,000자 내외.	10%
춘천교대	정시(나)-전모집 단위	일반논술형	교사로서의 기본 자질 평가. 1문항. 90분. 1,000자 내외.	2단계: 10%

미국의 작가 싱클레어 루이스(Sinclair Lewis)에게 소설 이론을 배우던 학생이 물었답니다. "선생님, 쓸데없는 거는 말고요, 어떻게 하면 소설을 잘 쓸 수 있는지나 가르쳐 주세요" 소설가 가로되 "소설 잘 쓰는 법이라고? 딱 하나 있다. 집에 가서 문 걸어 잠그고 소설 써" 그랬답니다. 논술 잘 쓰는 방법이 있냐고요? 있습니다. 집에 가서 논술 쓰는 것입니다. 수많은 방법론과 이론은 단지 그물을 엮는 방법일 뿐이고 실제 고기를 잡아 올리는 것은 여러분 각자가 스스로 파도를 헤치며 경험해봐야 하는 영역인 것입니다. 그것까지 선생님들이나 족집게 논술강사가 도와주거나 대신해줄 수는 없습니다. 경험하여 스스로 깨닫지 못하는 이론만의 논술공부는 허공에 집 짓는 것과 같습니다. 논술을 하나의「대학 입시 과목」정도로만 생각하면 안 됩니다. 기능적 차원에서 요령과 방법만 익히려고 한다든지, 모범 예문이나 답안을 암기하는 방법 등으로 논술을 공부한다면 논술능력은 결코 신장되지 않을 것입니다.

어떻게 하면 논술을 잘 쓸 수 있을까요?

논술 능력을 신장시키기를 원한다면 스스로 끊임없는 노력을 해야만 합니다. 논술능력 향상을 위한 사고는 일정한 원칙에 해당하는 틀을 제외하고는 누가 특별히 가르쳐 주는 것도 아니고, 가르쳐 주기도 어렵습니다. 또 특정한 교과에서 별도로 학습하는 것이 아니고, 모든 교과에 광범위하게 흩어져 있습니다. 그래서 학생들은 항상 논술에 대한 의식적인 관심을 가지고 모든 교과 활동에 임해야만 하는 것입니다.

대체로 고3 학생들이 수시모집이 끝나거나 수능시험이 끝난 후 단기간에 걸쳐 논술학원에서 논술의 요령을 공부합니다. 이럴 때는 이렇게, 저럴 때는 저렇게식의 대처방법도 여기에서 배웁니다. 그 결과 수많은 수험생들이 그 밥에 그 나물격인 천편일률적인 답안을 제출하게 됩니다. 심지어는 예시나 논거까지 똑같은 것을 거론하기도 합니다. 채점자들이 수천편의 답안을 읽다보면 금방 눈치 채게 되어 있습니다. 대다수의 대학에서 이처럼 획일적인 논술에는 괴씸죄를 적용하여 점수를 깎고 있습니다. 논술은 따로 공부하는 것이 아닙니다. 또한 요령으로 쓰는 것도 아닙니다. 위에 언급한 학습내용을 나날이 실천하면서 내공이 쌓이고 안목이 높아져서 어느덧 논술의 고수가 되는 것입니다.

일반적으로 논술 능력(글쓰기)을 향상시키기 위한 세 가지 조건을 다음과 같이 언급합니다. 이것은 당송 팔대가 중의 한 사람인 구양수라는 분이 주장했던 말입니다.

■ 첫째, 책을 많이 읽습니다(多讀),

많은 체험을 한 사람은 글을 쓸 때 자신의 체험과 관련지어 글을 쓰기 때문에 매우 유리합니다. 그러나 수험생 여러분들은 많은 체험을 할 수 있는 기회가 적습니다. 그래서 직접체험 대신에 많은 간접 체험이라도 해야 합니다. 그 가장 좋은 방법이 독서입니다. 배경지식을 넓히고 확충하는 가장 좋은 방법이 바로 독서라는 말입니다. 대학논술의 제시문 수준이 꽤나 높습니다. 내용은 쉬운데 그 속에 숨어있는 의미를 찾기 힘든 것도 있고, 아예 현학적인 철학용어로 점철되어 쉽게 읽어나가기 어려운 제시문도 있습니다. 이러한 제시문을 무리 없이 빠르게 읽고, 글 속에 숨어 있는 행간의 의미(between the lines)를 정확하게 집어낼 수 있는 능력은 바로 폭넓고 심층적인 독서와 직결됩니다. 명심하십시오. 논제와 제시문을 정확하게 독해했다면 그 시험은 반절은 통과한 것입니다.

■ 둘째, 많이 쓰는 것입니다(多作).

머리에 아무리 많은 생각이 들어있어도 그것을 표현하는 방법이 서투르면 안 되겠죠. 그 표현하는 방법을 기르는 가장 좋은 방법은 글을 실제 써보는 것입니다. 정확한 어휘 사용, 띄어쓰기와 맞춤법, 원고지쓰기, 적절한 표현기법, 호응관계, 단락의 구성과 연결, 글의 분량 등등은 실제 글쓰기를 통해서 그 능력을 배양할 수 있습니다. 여러분이 대학 논술 시험에 응시할 때까지 15-20번 이상의 논술을 직접 써보시기를 권합니다. 2학년 때 10번 내외, 3학년 때 10번 내외의 논술을 직접 써본다면 이제 더 이상 논술이 뿔이 둘 달린 괴물이 아니라는 것을 느끼게 될 것입니다. 실제로 10번 이상의 논술을 쓰고 첨삭 지도를 받은 후에는 논술이 보인다고 말하는 학생들이 많다는 점을 참고하시기 바랍니다. 학교의 보충수업이나 특강, 논술학원을 통하여 실제 글을 쓴 후에는 반드시 그에 대한 평가를 받는 것이 좋습니다. 물론 퇴고의 과정까지 모두 끝난 후에 말입니다.

퇴고를 할 때에는 스스로 소리 내어 읽어가면서 퇴고를 하는 것이 효과적입니다. 눈으로 퇴고했을 때 드러나지 않은 하자(瑕疵)도 소리 내어 읽으면 곧바로 눈에 띄는 경우가 많기 때문입니다. 선생님께 첨삭지도를 부탁드리는 것이 가장 이상적이기는 하지만 모든 학생들의 첨삭지도를 해야만 하는 선생님의 입장에서는 참으로 난감하고 힘든 일이 아닐 수 없을 것입니다. 그것도 한두 번도 아니고 말이죠. 그럴 때는 방법이 있습니다. 쉽습니다. "수단과 방법을 가리지 말라"입니다. 학교 선생님을 비롯하여 학원선생님, 선배, 친구, 엄마, 아빠, 삼촌, 이모, 고모 할 것 없이 나의 글을 객관적으로 읽고 평가해 줄 수 있는 사람이면 모두가 가능합니다. 수십만 원의 비싼 논술학원을 다닐 여유가 없는 대부분의 학생들에게 추천하고 싶은 것은 수준이 비슷한 몇 명의 학우들과 그룹을 이루어 다면평가를 하는 방법입니다. 이러한 객관적인 평가를 거치다보면 자연스레 논술의 길이 보일 것입니다.

■ 셋째, 생각을 많이 합니다(多商量).

즉 사고력(발상)의 훈련입니다. 논술을 주관하는 대학 관계자들이 늘상 학생들의 사고력 부재를 한탄한다는 말이 들립니다. 거의 모든 교과목의 내신 성적에서 뛰어난 등급을 받은 학생임에도 불구하고 주어진 주제에 대한 자신만의 독특한 사고는 찾아볼 수 없고 판에 박은 암기식 주제만을 강변하는 것을 보고 이르는 말입니다. 5지선다의 객관식 시험과 단답형 시험에 이골이 난 대한민국의 학생들에게 '심층적'이고 '독특하며' '참신한' 사고를 기대하는 것이 무리일 것입니다만, 그럴수록 자칭 타칭 일류대학에서는 '그렇지 않은 학생'을 뽑아내기 위해 두 눈을 벌겋게 뜰 것입니다. 이 문제는 문제의식의 일상화를 통해 해결해야 합니다. 자신이 대하는 모든 사상(事象)에 대해 쉽사리 당연하다고 느끼는 안일함을 멀리하시기 바랍니다. 이것은 왜 그런가? 다른 방법은 없는가? 이것과 저것은 어떻게 다른가? 이것과 저것을 어떻게 연결하고 통합할 것인가? 왜 이것이 당연한가? 등등으로 항상 문제의식을 갖고, 열린 사고를 가지고 사물을 대하시기 바랍니다.

02 논술의 예비지식

구어체나 경어체로 쓰지 말라

일상생활에서 흔히 쓰는 어투인 구어체나 경어체는 논술문에 합당한 문체가 아닙니다. 논술은 어떤 사상(事象)에 대한 객관적·논리적 사고의 과정을 기술하는 글이기 때문에 단정적이고 딱딱한 건조체로 써야 됩니다. 친구들 간에 문자메시지 보내는 투의 구어체는 지양해야 하며 반드시 논술문에 합당한 문어체의 문장을 구사하여야 합니다. 특히 은어나 속어, 이모티콘의 사용도 극력 피해야 할 항목입니다. 또한 채점자가 읽을 것을 가정하고 쓰는 글이고 그분을 높여드리고 싶은 마음은 이해하지만 논술문의 문체로써 높일 필요는 없습니다. 오히려 감점의 대상이 되니까 명심해야 합니다.

무엇을, 어떻게 긁어달라는지 파악하자

출제자가 무엇을 요구하는지를 분명히 파악하여 글의 방향을 설정해야 합니다. 머리를 긁어달라는지, 다리를 긁어달라는지 분명하게 인식한 후 글을 써야 된다는 말입니다. 논제에 요구된 사항에 정확하게 응답하는 답안은 아무리 못 써도 중간이상의 점수를 받을 수 있습니다. 반면에 요구사항을 겉돌거나, 다른 방향이거나, 심지어 논제에 반항하는 글을 쓴다면 아무리 잘 써도 좋은 평가를 얻을 수 없습니다. 또 근래의 논술은 과정형, 단계형 논술이 많습니다. 논제에 지시된 그대로 차근차근 그 과정과 단계를 이행하면 되게끔 문제가 출제된다는 말입니다. 이처럼 친절하게 그 과정과 항목을 지시했음에도 불구하고 그것을 어기는 일은 마치 섶을 지고 불속에 뛰어드는 격이라 하겠습니다. 여기에도 논제 해독의 중요성이 강조됩니다. 정확한 논제 해석을 바탕으로 출제자의 요구를 이행하면 그 논술은 아무리 잘못되어도 중간 이상은 되는 것입니다.

감동적인 명문에 집착하지 말라

채점을 맡으신 교수님은 수많은 논문과 글들을 읽은 분입니다. 익히 수준 높은 글들을 너무 많이 보신 분이기에 고등학생 수준의 논술문을 읽고 감동먹을 교수님은 거의 없다고 보는 것이 옳습니다. 명문에 대한 집착(만점 논술을 향한 집착)이 너무 강한 것도 좋지 않습니다. "연습은 실전처럼 실전은 연습처럼"이라는 격언을 염두에 두고 편안한 마음으로 정직하게 답안을 작성하면 됩니다.

겁먹지 말고 침착하라

큰 시험을 앞둔 수험생의 입장을 이해하더라도 초장부터 너무 긴장할 필요는 없습니다. '연습은 실전처럼, 실전은 연습처럼'을 구호삼아 열심히 노력한 사람답게 침착하게, 눈을 크게 뜨고, 심호흡 크게 한 번 하고 논제를 읽어봅니다. 그리고 주어진 과제에 대하여 객관적 관찰을 통하여 최대한의 정보를 빼내서 그 내용을 정리해 봅니다. 이 때 막연히 윤곽만을 그리지 말고 과제 대상을 면밀히 관찰하여 그 세부 사항을 논제와 연결시키는 작업을 합니다.

글씨는 예쁘고, 정성스럽게

논술시험의 채점은 불행하게도 컴퓨터로 하지 못합니다. 순전히 원시적인 수동작업으로 처리할 수밖에 없습니다. 물론 채점 기준이 있고 그에 맞추어 점수를 부과하지만 그것도 채점자가 직접 눈으로 일일이 확인해야 하는 고된 작업입니다. 저의 경험상 글씨가 깨알만 해서 돋보기로 봐야 할 정도거나, 연필로 아주 희미하게 써서 글자 확인이 어렵거나(물론 논술시험에서는 연필 사용이 금지되어 있지만), 자기가 무슨 서예대가라고 자기만의 서체를 따로 만들어 시험삼아 글씨를 썼거나하면 머리에서 열부터 납니다. 당연히 점수 좋게 줄 수 없습니다. "또박또박 쓴 글씨에 침 뱉으랴"라는 속담(?)을 염두에 두고 정성이 담긴 글씨로 답안을 작성하면 여러모로 이익이 됩니다.

구상은 충분하게

　논술시험의 시간은 대학별로 약간 다르지만 대체로 2시간~3시간 정도입니다. 결코 짧은 시간은 아닙니다. 논제를 ①단어 단위로 끊어서 ②번호를 먹여가며 정독한 후에 논제의 핵심쟁점에 유의하여 제시문을 읽습니다. 출제자가 원하는 핵심 쟁점을 정확히 파악하여 논술문의 방향을 정했다면 바로 개요작성으로 들어가면 됩니다. 개요작성의 시간은 넉넉할수록 좋습니다. 만약 2시간 정도의 시간이라면 약 40분~50분 정도, 3시간이라면 1시간 이상을 논제와 제시문 파악 그리고 개요작성에 할애할 것을 권합니다. 너무 많은 시간이 아닌가 하는 학생도 있을 수 있습니다. 아닙니다. 제대로 된 개요작성까지 마쳤다면 이미 목적지에 반절 이상 온 셈이기 때문입니다.

　논제와 제시문도 제대로 파악하지도 못한 채 다급한 심정으로 글쓰기에 들어가는 학생들이 많다고 합니다. 출제자가 원하는 핵심쟁점을 정확하게 파악하지 못한 논술답안은 결코 채점 대상이 아닙니다. 즉 채점할 가치가 없는 답안이 되어버리는 것입니다. 따라서 나보다 먼저 원고지를 메우고 있는 옆 학생들을 부러워하며 자신의 진척이 더딘 것을 초조하게 생각하실 필요 없습니다. 자신만의 시간표를 가지고 목적지를 향해 한발 한발 뚜벅뚜벅 걸어가면 될 것입니다. 개요를 작성할 때는 가능한 한 문장 형태로, 구체적으로 작성하는 것이 나중에 글을 작성할 때 매우 도움이 됩니다. 이때 시간의 배분과 글의 분량까지 염두에 두어 각 부분의 답안 분량을 연필 등으로 원고지에 희미하게 표시해 놓습니다.

유의사항은 덫이다

　논제 분석과 제시문 해석을 아무리 정확하게 했다 하더라도 유의사항에 기재된 덫에 걸리면 안 됩니다. 유의 사항에는 글의 분량 및 필기도구의 제한, 답안 작성시의 조건 등이 제시되어 있습니다. 유의사항은 논제와 관련지어 해석해야 합니다. 그것이 끝난 후에 비로소 구상(개요짜기)에 들어갈 수 있습니다.

원고지 사용법을 준수하라.

글쓰기의 기본적인 소양은 원고지 사용법입니다. 원고지에 글을 쓰면 띄어쓰기, 문단 나누기 등이 한눈에 들어오게 되어 글 전체의 형태를 명확하게 파악할 수 있습니다. 그래서 굳이 원고지에 답안을 작성하게 하는 이유가 바로 그것입니다. 맞춤법, 띄어쓰기, 문단나누기, 문장부호 사용 등의 기본적인 글쓰기 소양이 덜 되어 있는 답안에 대해 좋은 점수를 줄 수는 없을 것입니다. 비록 표현력에 대한 배점이 대학마다 약간씩 다르기는 하지만 그리 높지는 않습니다. 하지만 원고지 사용도 제대로 못하는 학생의 글은 그 글 전체에 대한 불신과 얕보임으로 이어질 수 있습니다.

서론은 곧 첫인상이다

될성부른 나무는 떡잎부터 알아본다는 말이 있듯이 제대로 된 논술답안은 첫 문장부터 도드라져 보입니다. 채점자의 뇌리에 강한 인상을 준 서론은 그 글을 마칠 때까지 남아있을 가능성이 크며 그만큼 점수에 미치는 영향도 클 수 있습니다. 논술은 문예문이 아닙니다. 무턱대고 겉멋이 잔뜩 들어 있는 글로 처음을 장식해서는 곤란합니다. 처음부터 논제와 직접 관련된 화제로 시작하는 것이 좋습니다. 논제를 암시하는 최근의 사건 보도나, 논제와 관련이 있는 속담이나 격언, 논제와 관련하여 생활 주변에서 흔히 일어나는 사례, 논제로 이어질 수 있는 자신의 체험 등으로 시작하는 것이 효과적입니다.

주장은 분명하게

논술은 자신의 견해를 명료하게 드러내는 글입니다. 따라서 자신의 견해를 얼버무리는 표현은 금물입니다. 문장의 끝에 "~인 것 같다", "~인지 모르겠다", "~일 수도 있다고 생각한다" 등으로 종결짓는 것은 감점 요인이 됩니다. 왜냐면 자신의 주장을 '아니면 말고' 식으로 발뺌하고 있기 때문입니다. 분명하고 자신감 있게 마무리 지어야 글쓴이의 주장을 드러내는 것이 됩니다. 여기에서 주의할 점은 주장의 근저(根底)에는 객관적이고 타당한 논거가 반드시 뒷받침되어야 한다는 점입니다. 이러한 논거가 뒷받침되지 않은 주장은 공허한 외침이 될 뿐이며 길가에서 마주치는 썰렁한 광고의 한 구절처럼 의미가 없기 때문입니다. 논술에서 분명한 자기주장 혹은 태도를 취하지 않고 구렁이 담 넘듯 하면 아무리 그럴 듯한 내용의 주장을 하더라도 좋은 평가를 받을 수 없습니다.

괜히 열 내지 말고

앞에서, 논술은 분명한 자기의 주장이 드러나야 한다고 말했습니다. 그러나 너무 분명하고, 너무 강한 주장도 부담스럽습니다. 논술시험의 채점자는 여러분이 쓴 주장의 강도를 보는 것이 아닙니다. 단지 주장의 내용과 그것을 이끌어내기 위해 든 논거의 적절성과 타당성, 객관성을 따져보는 것입니다. 그리고 논지 전개의 합리성과 일관성에 주로 관심을 갖습니다. 그런데도 어떤 학생들의 논술을 읽어보면 괜히 흥분하여 펄펄뛰는 주장을 하는 경우를 봅니다. 이것 아니면 저것의 흑백논리에 빠지거나 성급한 일반화의 오류를 범하는 경우가 대개 그 경우입니다. 그러나 적절하고 타당한 논거만 이끌어낼 수 있다면 강한 어조의 파격적인 주장도 할 수는 있습니다. 그런데 그게 쉽지 않다는 것이 문제입니다.

책임질 수 있는 주장을 하라

주장의 독창성은 분명히 채점자에게 좋은 인상을 심어줄 수 있습니다. 문제는 그 주장을 뒷받침해 줄 수 있는 근거가 객관적이고 타당한가입니다. 적절한 근거가 뒷받침되지 않는 독창적인 주장은 오히려 마이너스 요인이 된다는 점을 명심하셔야 합니다. 깊이 있는 사고를 통한 진지한 주장이라야 좋은 점수를 얻을 수 있습니다. 논술은 기발한 아이디어를 낼 수 있느냐 없느냐를 평가하는 시험은 아닙니다.

책임질 수 있는 단어만을 쓰라

책임질 수 없는 단어를 사용하면 안 됩니다. 자기 스스로 만들어서 사용한 단어는 남들에게 이해시킬 수 없습니다. 그 방면의 전문 학자도 아닌 주제에 용어를 새로 만들어 썼다는 나쁜 인상을 줄 수 있다는 말입니다. 또 의미를 분명하게 지정하기 위해 한자를 써야만 할 경우가 있습니다. 이때 틀린 글자를 쓰면 오히려 역효과입니다. 또 한 단어 내에서 아는 한자와 모르는 한자가 있을 경우 아는 글자는 한자로 표기하고 모르는 글자는 한글로 표기하는 것도 꼴불견입니다.

감정에 호소하지 말고

논술은 자신의 의견을 논리적으로 펼쳐 설득하는 성격의 글이며, 문학작품처럼 읽는 이의 감정에 호소하여 감동을 주기 위한 글은 아닙니다. 그래서 너무 주관적으로 해석할 수 있는 감성적인 어휘나 과도한 비유적 표현은 되도록(전혀 쓰지 말라는 말은 아님) 쓰지 않는 것이 좋습니다. 또 문학에서 주로 쓰이는 어휘와 논술에서 주로 쓰이는 어휘가 다릅니다. 문학의 어휘는 주로 인간의 감정 표현에 적합한 단어들이며 논술의 어휘는 인간의 이성과 관련된 것들입니다. 물론 근본적으로 그 쓰임이 달리 정해져 탄생된 것은 아니지만 논술에서는 인간의 이성적 판단, 객관적 정황을 정확하게 드러내는 데 적합한 어휘를 주로 쓸 것을 권합니다.

문장 길이에 신경 쓰고

문장 길이를 조절할 때에는 균형 감각이 필요합니다. 단문위주의 글이 좋은 면도 있지만 그렇다고 처음부터 끝까지 단문으로만 일관하면 딱딱하며 깊이 있는 사고를 드러내지 못하는 단점이 있습니다. 또 너무 긴 문장만 쓴다면 문제는 더 심각해질 수도 있습니다. 주어가 어디에 몇 개나 있는지, 서술어가 어디에 몇 개나 있는지, 그래서 어떤 주어가 어떤 서술어와 연결되는지 분간하기 힘들 정도라면 채점자의 호흡조절을 방해할 위험이

_논술·면접 휘어잡기

있습니다. 대체로 문장력이 아주 없거나, 지나치게 자신의 글쓰기 실력을 믿는 사람들에게서 나타나는 현상입니다. 이때에는 균형 감각을 발휘하여 두 유형을 적절하게 배치하면 되겠습니다. 그러나 이 경우에도 너무 장황하고 복잡하게 문장을 확장해서 쓰는 일은 없도록 하는 것이 좋습니다.

답안 분량을 지켜라

대학마다 각각 답안 분량이 다르지만 대체로 1200~2500자 내외의 답안 분량을 정해 줍니다. 그리고 오차범위도 또한 정해줍니다. 답안 내용이 아무리 훌륭하더라도 정해진 분량을 너무 초과하거나 미달되면 안 됩니다. 특히 자수가 초과되는 경우는 부족한 경우보다 엄격하여 감점이 되는 경우가 많습니다. 본격적인 글쓰기에 들어가기 전에 미리 원고지에 연필 등으로 각각 해당 항목의 분량에 맞추어 표시를 해 놓는 것도 이것을 지킬 수 있는 하나의 방법입니다.

진부한 표현은 곤란해

표현의 참신성을 위해 일부러 고심해서 쓴 비유나 관용어가 실은 진부한 표현의 리스트에 들어있는 것이라면 여러분은 많은 손해를 보게 됩니다. 또 속담이나 고사성어도 절묘한 타이밍을 포착해서 사용해야만 그 효과를 발휘하지, 시도 때도 없이 사용하다간 고리타분한 애늙은이 흉내 낸다고 점수를 깎이게 됩니다. 진부한 표현의 또 다른 측면은 주장과 견해의 진부함입니다. 누구나 다 알고 있는 상식적인 일에 대해 "마땅히 이래야 한다" 식의 당위(當爲)적 표현, 아무쪼록 잘, 적절히, 적당히, 훌륭히, 등의 계량(計量)화할 수 없는 물타기식 표현 등이 바로 그것입니다.

주어진 논제에 대한 자신의 의견을 솔직 담백하게 드러내면 됩니다. 어떠한 방향으로 주장해야만 채점자의 마음에 들까, 혹은 대부분의 사람들은 어떠한 방향으로 생각할까를 연구하지 말고 마음을 비운 상태로 떳떳하게 글을 쓰는 게 가장 좋습니다. 정직하게 말입니다. 물론 이 경우는 정확하고 심층적인 논제 분석, 제시문 분석이 다 끝난 후에 이루어질 문제입니다. 논제와 제시문 분석이 정확·심층적으로 이루어지지 않고 자기 나름대로 대충 이해한 바탕에서는 아무리 자신감 있게 글을 쓴다 할지라도 그야말로 맨땅에 헤딩하는 불행한 일로 끝날 것이기 때문입니다.

이미 모두 알고 있는데?

모두 알고 있는 것을 마치 자신만이 알고 있는 듯한 태도로 글을 쓰면 재미없습니다. 학생들의 논술답안을 읽다보면 가끔 이런 답답한 친구들과 만나게 됩니다. 천하의 모든 사람들을 능가하는 지식을 가진 사람의 독선적인 글은 외경(畏敬)감을 불러일으키겠지만 우물 안의 개구리임이 분명한 고등학생의 이러한 독선적인 글은 읽는 사람으로 하여금 실소를 자아내게 할 뿐입니다.

퇴고는 필수

글을 다 쓴 후 살펴보면, 맞춤법, 띄어쓰기, 어휘, 문장성분간의 호응 등에 있어 실수를 하기 마련입니다. 아무리 글을 잘 쓰는 사람이라 할지라도 처음부터 완벽한 글을 써내는 사람은 없으며 오히려 글을 잘 쓰는 사람일수록 또 많은 글을 써 본 사람일수록 더 많은 퇴고의 과정을 거칩니다. 답안 작성 시간에서 10분~15분 정도는 반드시 퇴고의 과정을 거치는 시간으로 할애하여 실수를 최소화해야 합니다. 이때 눈으로만 퇴고하지 말고 마음속에서 소리 내어 읽으면서 퇴고하는 것이 효과적입니다. 눈으로만 읽다보면 놓치기 쉬운 잘못도 소리 내어 읽다보면 걸러지게 되는 경우가 많기 때문입니다.

  적합한 단어, 문맥에 맞는 단어를 쓸 것이며, 단어의 의미를 정확하게 알고 써야 합니다. 생각이나 느낌을 글로 나타내기 위해서는 적절한 단어를 선택하는 것이 무엇보다도 중요합니다.(플로베르의 '일물일어설' 참고) 잘못된 단어를 선택하면 문장이 어색해지고 내용 전달이 정확하게 되지 않습니다.

참고 논술의 언어

- 지시적 언어, 정보 전달 기능의 언어를 씁니다. 추상적 · 함축적(비유적)인 단어를 써서 뜻이 애매하게 해석되어서는 곤란합니다.

- 표준어를 써야 합니다. 채점자들이 고향 친구가 아니기 때문입니다.

- 일인칭 대명사 '나' 의 사용을 피합니다. 왜냐면 글쓰는 이가 '나' 인 것은 당연하니까요.

- 어법에 맞는 문장을 써야 합니다. 어법에 어긋나면 문장 전체의 의미가 이상해질 뿐 아니라, 내용의 논리적 관계도 틀어질 염려가 있습니다.

- 어미나 접속어의 기능을 정확하게 알고 적절하게 사용해야 합니다. 즉 인과 관계, 전제와 결론의 관계, 대등 관계, 부연 관계 등의 논리적 연관이 자연스럽게 이루어져야 합니다.

- 하나의 문장에는 하나의 생각만 들어가도록 써야 합니다. 너무 많은 사항을 한 문장에 모두 담으려고 하면 문장이 길어지고 비문법적인 문장이 될 가능성이 큽니다. 그럴 때는 한 문장에 하나의 생각만 들어가게 하여 몇 개의 문장으로 나누어 표현하면 됩니다.

- 맞춤법에 맞게 써야 합니다. 띄어쓰기에도 신경을 써야 합니다. 띄어쓰기에서는 조사와 어미를 앞말에 붙여 써야 한다는 점에 유의하고, 단어끼리는 서로 띄어 쓴다는 원칙을 지켜야 합니다.

- 자신의 생각과 지식을 정확히 전달하기 위해서는 쉬운 말로 쓰는 것이 좋습니다. 흔히 논술은 무조건 어려운 낱말들을 많이 사용할수록 좋은 것이라는 선입견이 있는 것 같습니다. 논술을 강의하시는 분들도 꽤나 생경하고 현학적인, 고품격의 단어들을 많이도 나열합니다. 우스운 말로 논술이 어려운 것이 아니라 논술을 설명하는 선생님(강사님)의 말씀이 더 어려운 경우가 종종 있습니다. 진정으로 아는 사람은 그렇게 어렵게 얘기하거나 글을 쓰지 않습니다. 쓸 데 없는 지적 허영심 때문에 자신도 제대로 이해하지 못하는 어려운 단어나 개념을 사용하여 글을 쓸

경우 앞뒤 문맥에 의해 그 허영이 탄로날 가능성이 있습니다. 당연히 비웃음 받습니다.

■ 간결한 표현을 위해서는 뜻이 겹치는 말을 중복해서 쓰지 않도록 합니다. 이때에는 적절한 지시어를 사용하면 됩니다. 단지 그 지시어가 가리키는 바가 모호해서는 곤란합니다. 또 불필요하거나 지나치게 복잡한 내용은 삭제하거나 문장을 나누어서 글의 긴장감을 살릴 수 있도록 합니다.

■ 번역투의 문장은 곤란합니다. 외국어 문장을 직역한 듯한 표현은 우리 식의 표현으로 바꾸어 표현해야 합니다. 특히 영어문장에서나 쓰이는 피동형의 표현이 광범위하게 쓰이고 있는데 우리말의 관습상 피동표현은 거의 없다는 점을 유의해야 합니다.

☞보장되어지고, ～이해되어져서, 책임이 주어지고, (이런 표현을 하는 사람들의 입은 흔히 주둥이라 불리어집니다.)

■ 문장을 확장해서 쓸 수도 있습니다. 주어, 서술어, 목적어, 보어 등 필수적인 성분으로만 이루어진 문장을 기본 문장이라 합니다. 기본 문장은 단순한 느낌과 함께 그 내용을 간결하고 명료하게 전달하기도 하지만, 복잡하고 미묘한 뜻을 전달하는 데는 부족합니다. 또한 단문위주의 글만을 계속 이어간다면 문장력이 없는 사람이라는 오해를 줄 수도 있습니다. 그렇기 때문에, 자신의 느낌을 효과적으로 나타내려면 부속 성분인 관형어, 부사어 등 수식어를 적절히 사용하여 문장을 확장하면 됩니다.

메 모

02 논술의 형태

논술 문제의 유형은 크게 통합교과형, 일반논술형, 자료제시형, 요약형, 완성형으로 나눌 수 있습니다. 그런데 최근에는 하나의 유형만 주어지는 것이 아니라 이 유형과 저 유형을 혼합하여 출제되는 경향이 있습니다. 즉 하나의 시험에 요약형 문제 1~2개, 단순 논술형 문제 1개가 출제되는 형식입니다. 혹은 하나의 시험에 자료제시형 문제 1개와 완성형 문제 1개, 요약형 문제 1개 이런 식입니다.

통합 교과형

서울대학교에서 실시하겠다고 주장함으로써 본고사부활 논란을 일으켰던 문제유형입니다. 그러나 실은 이런 형태의 시험은 여러 대학에서 이미 몇 년 전부터 시행되고 있는 문제입니다. 단지 본고사 논란에 휩싸일 것을 두려워하는 대학 측에서 조심스럽게 눈 가리고 아웅하며 시행했던 것입니다. 서울대학교에서 공식적으로 이렇게 문제를 내겠다고 하니 아예 드러내놓고 본고사를 치르겠다는 뜻으로 해석되어 문제가 불거진 것일 뿐입니다. 식당에서 개고기를 먹는 것이 합법은 아닐지라도 현재 많은 사람들이 개고기를 먹는 이치와 유사하다고 하겠습니다. 통합교과형 논술이 인정되면 이제 드러내놓고 문과 학생들에게 과학과 수학의 고난도 문제가 날아갈 것입니다. 다행이 이번에 교육부에서 발표한 논술가이드라인을 준수하겠다고 대학들이 선언한 만큼 본고사로 의심받을 만한 논술은 자제할 것으로 예상됩니다.

일반 논술형

「~를 비교 분석하라」, 「~에 대한 의견을 쓰라」, 「~을 논술하라」, 「~을 설명하라」, 「~

을 「비판하라」등으로 나타나는 출제유형입니다. 그런데 이 유형들은 또 2가지로 나누어집니다. 첫째, 자유 반응형은 논제만 제시할 뿐, 논술의 방식에는 간섭하지 않는 개방적 형태입니다. 글쓴이의 능력을 마음껏 평가할 수 있다는 점에서 가장 이상적인 유형이라 할 수 있습니다. 그러나 객관적인 채점이 곤란해서 자칫하면 객관성과 공정성이 의심받게 되는 유형입니다. 둘째, 제한 반응형은 논제에 대한 몇 가지 덫을 설치하고 수험생들이 요리조리 그 덫을 피해가면서 목표에 도달할 수 있나 없나를 평가하는 유형입니다. 제한 조건에 맞추어 각각 점수를 부과하는 객관적 근거를 마련해 놓았기 때문에 출제 빈도는 높지만, 덫을 피하다보면 수험생들의 자유분방한 창조적 사고력을 제대로 발휘할 수 없다는 단점이 있기도 합니다. 이런 유형의 논술에는 먼저 개요를 작성한 뒤에 그것에 따라 글을 전개해 나가는 것이 일반적인 해결 방법입니다. 경희대, 성균관대 등 11개교가 채택하고 있습니다.

자료 제시형

- 자료를 제시하고 이를 발전시켜 나가라고 요구하는 유형(논지 발전형)
- 자료를 제시하고 문제 상황을 발견하여 그 해결 방안을 묻는 유형(문제 해결형)
- 제시된 자료의 전체 또는 일부의 주장에 대해 반박하거나 비판하기(반론 제기형)
- 제시문들에 나타난 유사점과 차이점을 밝히고 변증법적으로 통합하기(통합형)
- 주어진 자료를 정확히 해석하도록 하기(해석형)
- 주어진 제시문을 요약하기(요약형)
- 논점에 대해 옳고 그름을 판단하도록 하기(비판형)
- 단계별로 질문 사항을 세분하여 묻는 유형(세분형)
- 어떤 주장을 제시하고 그것에 대한 찬성과 반대, 또는 제3의 의견 도출(찬반 토론형)
- 제시문에 나타난 대상의 특성이나 의의, 장단점을 진술하는 유형(분석형)

자료 제시형의 논술은 대체로 이러한 유형의 시험이 대부분입니다. 제시되는 자료는 하나 또는 여러 개의 글이 주어지거나 통계 자료나 도표, 그림과 같은 시각 자료가 주어지는 경우도 있습니다. 이러한 시각자료를 제시하는 이유는 텍스트를 읽고 분석하는 능

_논술·면접 휘어잡기

력과는 별도로 아무런 언급이 없는 상태에서 주어진 상황자료를 수험생들이 읽어낼 수 있는가를 파악하기 위해서입니다. 이때에는 먼저 제시된 자료의 내용을 정확히 파악하는 능력이 필요합니다. 그 후, 어떠한 의견을 개진하든 주어진 자료를 바탕으로 그렇게 주장하게 된 타당하고 논리적인 논거를 들어 자신의 주장을 펼쳐야 합니다.

완성형

흔히 완성형은 글의 일부분을 제시하고 글 전체의 흐름이나 어조, 태도에 맞게 나머지를 완성하게 하는 유형입니다. 완성형은 수험생들이 과연 주어진 과제를 해결할 수 있는 능력이 있는가를 알아보기 위한 시험입니다. 어떠한 논술이든 가장 중요한 점은 주어진 과제에 대한 논리적 분석과 파악입니다. 이것을 토대로 미완성의 퍼즐게임을 시작하는 것입니다. 또 논술시의 조건이 주어지는 경우가 있을 수 있는데 이때에는 그 조건에 맞는 논거 · 근거 · 내용 · 사례 등을 이용하여 조건을 충족시켜야 되겠습니다.

요약형

요약이란 글을 정확하게 파악하고 분석하여 한 편의 글로 압축하는 것을 말합니다. 요약은 글의 중요한 부분과 덜 중요한 부분을 가려내고, 중심 문장과 뒷받침 문장을 가려내어 글쓴이의 의도에 가장 근접한 형태의 글로 재구성하는 과정입니다. 또한 주장의 내용과 그것을 뒷받침하는 논거를 찾아내는 과정이기도 합니다. 논술시험의 상당 부분이 바로 요약형 문제입니다. 요약형 시험은 글의 요점을 정확하게 파악할 수 있는 능력의 유무를 판단하는 좋은 평가방법입니다. 요약할 때에는 제시문의 중간중간을 적당히 복사하여 그대로 이어 붙여서는 절대로 안 됩니다. 주어진 글을 완전히 소화한 후에 자기만의 언어로 재구성해야 됩니다.

　　논술의 논제는 그 범위가 무한하여 구체적인 예를 들기가 대단히 어렵습니다. 그러나 여태까지 자주 출제된 내용을 대별해 본다면 다음과 같은 성격의 주제가 출제되었습니다.

● 중·고등학교 교과과정에서 일반적으로 다루는 주제 중 누구나 쉽게 접근할 수 있는 보편적인 것.
● 학생들의 삶과 관련성을 갖는 구체적인 것.
● 예비 대학생들에게 기대할 만한 약간 고차원적인 사고능력, 즉 분석, 종합, 평가 등의 능력.

　　이것들을 더욱 자세하게 세분하여 예를 든다면 다음과 같은 주제가 출제되었거나, 출제될 수 있는 유형입니다.

언어

· 외래어(외국어) 사용이 지나쳐서 큰일 나겠다.
· 그러면 국어 순화 방안을 제시해 볼껴?
· 한글만쓰자파와 한문도같이쓰자파가 머리채 잡고 대판 싸우는데 너는 누구 편이야?
· 요새 젊은애들이 쓰는 채팅 언어, 이모티콘이 점차 확산되어 쓰이는데 문제야, 문제.
· 대중 매체와 언어에 대해서 느끼는 점은 없어?
· 언어와 민족주체성이 어떤 관계가 있다고 생각해?

· 요즘 참되고 깊은 문화는 침체되고 싸구려 문화만 판쳐. 큰일 아녀?

· 그러면 싸구려 문화를 차단하는 방법은 없을까?

· 인간 문명의 발달과 환경의 문제를 변증법적으로 풀어볼래?

· 어쩌자고 사람들은 도시로 도시로만 몰려들까? 이게 좋은 것인가?

· 좋은 것은 도시에 다 있고 농어촌은 손가락만 빨아도 되는 거야?

· 갈수록 도시 교통 문제가 심각해지니 아예 도시 전체를 헐어내고 도로를 만들어?

· 어째서 이리 우리나라 사람들 기초에티켓이 엉망진창인감, 쩝.

· 여가 생활이 인간에게 어떤 영향을 주나?

· 이제는 봉사활동의 방법과 의식이 한 차원 높아질 때 아녀?

· 대중문화가 좋기만 한 것도 아니고 나쁘기만 한 것도 아니거든?

· 가장 한국적인 것이 가장 세계적인 것이다. 맞아? 틀려? 왜?

· 동양적 가치관의 운명은 장차 어떻게 될 것 같아?

· 문화권를 초월한 보편적 규범은 있다고 보는가?

· 어디까지가 예술이고 어디까지가 외설이여? 그 미술교사를 끝내 구속해야 시원하나?

· 도시인과 촌놈들의 인간성이 차이가 있다고 생각하는 거여?

· 문화를 개방할 때 어떠한 제한도 할 필요 없을까?

· 프랑스 여배우 발바리 여사가 보신탕 먹지 말라고 그랬으니 먹지 말아야지?

사회

· 너도나도 웰빙, 웰빙 시끄러워서 나는 웰빙이 안 되는군.

· 언론의 자유는 어디까지 보장해 주어야 가장 적당한 거야?

· 우리나라 경찰들이 어떤 방향의 역할을 맡으면 좋겠어?

· 현대 소비사회에서 소비자는 봉이다. 맞지?

· 대중 매체와 여론 형성에 대해 깊이 한번 생각해 보자

- 여권의 신장이 결국 남자들 권리를 침해하는 것 아닌가?
- 지방 자치제의 허와 실을 논하시오.
- 이제 장례문화에 대한 근본적 검토가 있어야 할 시점인 것 같아!
- 재벌들이 쥐꼬리만한 세금만 내고 대대로 부(富)를 세습하는 것에 대해 어떻게 생각해?
- 현대사회에서의 자살 문제, 왜 그리 유행인가? 이 문제를 어떻게 풀어야 할까?
- 신문 사설에서 흔히 그러거든. 이쪽도 잘못했고 저쪽도 잘못했다. 그러면 저만 잘했네?

교육

- 학교 붕괴, 혹은 교실 붕괴의 원인과 처방을 내놓으시오!
- 해마다 요란하게 업그레이드되는 입시제도, 바꾸면 문제가 해결되는가? 근본적인 문제는 무엇인가?
- 고등학교 평준화, 해? 말아?
- 기러기 아빠의 비극은 스스로 자초한 것 맞아?
- 논술시험이 고교교육에 어떤 영향을 미치는 것 같은가?
- 교육현장의 왕따 현상에 대해 사회적 · 심리적 고찰을 해보시오.
- 교사의 체벌에 대해 말들이 많은데, 교사와 체벌을 모두 없애버리면 되는 것이 아닌가?
- 교육의 결과가 스승의 책임이여? 학생의 책임이여? 아니면 학부모나 사회의 책임?
- 교육은 사회를 평등하게 만드나? 불평등하게 만드나?
- 학교에서의 윤리 점수 잘 맞은 학생은 나중에 착한 시민이 된다고 보시는가?
- 천재는 태어나는 것인가? 길러지는 것인가?
- 가정에서 자녀들을 체벌하는 것은 가정폭력에 해당하는가?
- 영어 조기 교육 시키는 가장 좋은 방법은 어릴 때 미국가정으로 입양시켜버리는 것 아닐까? 쓸데없는 소리라고?

- 경제 블록화가 우리나라에 손해인가, 이익인가? 어떻게 대처해야 되는가?
- 대일 적자의 근본 문제가 무엇인가? 해마다 이게 무슨 일인가?
- 납세 의무와 국민들의 만족도의 관계가 어떠해야 바람직하다고 생각하시는가?
- 해외 관광의 허와 실에 대해서 논해보시라.
- 한류의 인기가 장기적인 경제적 이익으로 직결되기 위한 방안은 무엇인가?
- 자본주의의 본질과 문제점이 뭐라고 생각해?
- 동남아 노동자가 우리 경제에 미치는 영향을 논하라.
- 평등을 위한 분배는 자본주의의 근본이념에 대한 침해 아닌가?
- 품질이 떨어지더라도 국산품을 꼭 애용해야만 애국자 소리를 듣는가?

종교, 도덕, 전통

- 어떤 것이 열렬한 신앙이고 뭐가 광신이야? 차이가 무엇인가?
- 현대 사회에서 신앙의 역할은 어떠해야 한다고 생각하는가?
- 스님들의 각목 패싸움이나 교회 안에서의 헤게모니 전쟁에 대해 논하라.
- 미신과 토속 신앙은 무조건 박살내야 되는 것이 아닌가?
- 미풍양속의 보존과 창조적 계승에 대해 생각해봅시다.
- 뇌사를 인정하면 종교적으로는 문제없을까?
- 세대 차이 난다고 안 놀아주는 나쁜 놈들 어떻게 해야 할까?
- 대가족과 핵가족의 장단점과 전망은?
- 부모. 모셔야 되는 거야? 양로원 보내면 안 될까?
- 정의는 반드시 이긴다고 생각해? 그렇지 않은 경우가 더 많지 않은가?
- 태양 아래 새로운 것은 없다는 것이 확실한가?
- 점 잘 보고 궁합 찰떡같이 믿는 엄마 때문에 마흔을 넘긴 처녀를 누가 책임져야 되나?
- 동성애 부부도 법적으로 허용되어야 하는 거야? 문제가 없을까?

- 자살은 무조건 나쁜 것인가? 인간의 위엄을 더 이상 지킬 수 없을 때도 살아야만 하는가?
- 안락사를 도와준 의사는 무조건 나쁜 것인가?
- 운명론과 인간의 의지 사이에는 변증법적 사고가 필요 없을까?
- 어떠한 약속이라도 꼭 지켜야만 하는 거야? 미생지신(尾生之信)의 미생은 바보인가?
- 잘 입어서 못난 놈 없고 못 입어서 잘난 놈 없다는데 참말인가?
- 다른 동물에게도 사람과 같은 권리가 있다고 보는 거야? 그러면 동물권이라 불러야 하나?
- 사람의 본성은 선한 것인가? 악한 것인가? 아니면 그도저도 아닌가?
- 사람 위에 사람 없고 사람 밑에 사람 없다. 맞아?
- 순수한 이타심이 가능하다고 보는가? 그것도 자기만족이라는 대가를 바라는 것 아닌가?
- 모로 가도 서울만 가면 되는 것인가? 그러한 사고에 의한 폐해는 무엇인가?
- 지하철 앵벌이를 도와줘야 하나 말아야 하나? 그 내막을 뻔히 아는데도 말이야.
- 사랑의 힘이 더 강한가, 증오의 힘이 더 강한가?
- 가는 말이 고우면 오는 말도 고운가? 아니면 가는 말이 거칠어야 오는 말이 고운가?
- 무지로 인한 죄는 죄가 아닌가?
- 낳은 정이 중요한가, 기른 정이 중요한가?
- 왜 모든 계모는 나쁜 여자로 묘사되는 것인가? 콩쥐와 새엄마는 화해할 수 없는가?
- 결혼 연령을 법적으로 제한하는 것은 개인의 자유에 대한 침해 아닌가?
- 인간적 의리가 중요해? 아니면 합리성이 중요해?
- 사마천이 외쳤어, 천도(天道)가 시(是)냐, 비(非)냐고. 어떻게 생각해?
- 소로부터 배울 수 있는 덕목이 현대인에게 어떠한 의미가 있을까?

- 역사는 반복된다고 생각하는가?
- 앞으로는 민족은 없어지고 돈의 흐름만 존재하게 되는 것인가?
- 미래에는 두세 개의 대표적 문화권만 존재하게 될까요? 궁금해요.
- 악법도 지켜야 하나? 악법은 어겨서라도 깨버려야 하는 거 아닐까?
- 절대권력은 국민이 부여하는 것인가? 권력자가 탈취하는 것인가?
- 진정으로 국민의, 국민에 의한, 국민을 위한 국가는 존재할 수 있다고 생각하는가?
- 선진국과 후진국의 차이는 민족성 탓이라고 생각하는가?
- 전체를 위한 개인의 희생은 어쩔 수 없는 것 아닌가? 안 된다고?

학문

- 종교적 진실과 과학적 진리 사이에서 생기는 갈등에 대해 견해를 밝히시오.
- 학문을 위한 학문이 존재할 수 있다고 생각하는가?
- 앎이란 무엇일까?
- 현대 사회에서 동서고금의 고전이 재해석되거나 재창조되는 이유와 의미가 무엇인가?
- 학문도 놀이의 속성을 가지고 있음을 논술하시오.

예술

- 문제가 있는 예술은 꼭 법이 심판해야 하나? 법이 그렇게 잘났나?
- 순수예술과 대중예술은 나뉠 수밖에 없는 것인가? 그 둘을 어떻게 구별하는가?
- 예술과 오락의 본질적 구분이 가능하다고 생각하는가?

03 주요대학 논술경향 확인

　2005학년도 수시에서 논술고사를 실시했던 대학은 몇 되지 않습니다. 고려대, 서강대, 동국대, 경희대, 한국외국어대, 중앙대 등이 실시하였습니다.(성균관대는 2005는 실시했으나 2006에서는 실시하지 않음) 그리고 정시에서는 서울대, 연세대, 고려대, 이화여대, 숙명여대, 한양대, 성균관대, 서강대, 동국대, 중앙대(2006 신설), 한국외국어대, 건국대 등의 대학에서 논술을 실시했습니다. 대학마다 논술유형이 각각 다르므로 지원하고자하는 대학의 기출문제를 확인하고 그 형태와 수준을 가늠하시기 바랍니다. 논술고사를 시행하는 방식은 보통 120~150분 정도의 시간동안 1,200~1,800자 정도의 분량을 요구합니다. 서울대는 180분 동안 2,500자 정도의 분량을 쓰게 합니다. 논술시험이 해를 거듭해감에 따라 논술쓰기의 요령도 많이 늘었고 대처방법도 많이 유형화되어 원고지 8매 정도의 짧은 글로는 수험생들의 본격적인 사고력과 지적 능력을 판단할 수 없다는 계산이 깔린 조치인 것으로 보입니다. 2500자 정도의 긴 글이라면 단기간에 걸쳐 논술학원 등에서 얻어들은 논술요령만으로는 대처하기 어려울 것이라 생각됩니다. 그저 꾸준하고 심층적인 독서와 함께 제반사물과 현상에 대한 근원적인 사고의 체계화만이 진정한 논술준비가 될 것입니다.

　수시논술의 일반적 특징은 다수의 문항에 대하여 짧은 글로 답하는 '논술형 고사'인 경우가 대부분입니다. 정시 논술처럼 한 편의 완성된 논설문을 작성하는 논술고사와는 약간 다릅니다. 또 요약형 문제가 많이 출제됩니다. 인문계와 자연계를 나누어 실시하는 대학이 많고 특히 자연계의 경우 전공 적성 평가의 비중이 높다는 점도 유의하시길 바랍니다.

　대학마다 고차적인 독해 능력을 요구하는 문제들이 늘어나는 경향이 있습니다. 제시문 자체의 난이도가 갈수록 높아지고 있으며 제시문의 종류도 그림이나 도표 등의 시각적 제시문 등으로 다양화되고 있습니다. 그리고 학생들이 어렵게 생각하는 철학 관련 내용을 다루는 제시문의 양과 비중이 늘고 있기 때문에 이에 대한 준비가 필수적입니다. 또한 제시문 각각의 이해에 그치지 않고, 제시문들을 분석하고 비교, 대조를 통한 연결점을 찾아 자신의 견해를 밝히는 문제의 비중이 늘었습니다. 상위권 대학에서는 제시문에 의존하는 데서 벗어나 자신의 배경지식이나 사고 능력을 충분히 발휘해야 좋은 답안을 작성할 수 있는 문제가 출제되는 경향이 더 뚜렷해졌습니다.

■ **2005년 모의논술**

[제시문 1]은 기계의 발달이 시장체계를 발전시켰다는 점을 이야기하고 있고, [제시문 2]는 철도의 부설이 시간과 공간의 의미를 변화시켰음을 이야기하고 있다. 두 제시문의 논지를 발전시키고 그것들을 서로 연결하여 산업혁명 이후 오늘날에 이르기까지 기계의 발전이 인간의 ①사회적 관계와 ②문화적 양식을 어떻게 변화시켜 왔으며, 이러한 변화가 지니는 의미가 무엇인지를 논술하시오.

■ **2001〈인문사회, 예능〉**

제시문 (가)와 (나)에서 '공통으로 나타난 삶의 자세들과 그러한 삶의 자세들이 오늘날 우리 사회에서 가질 수 있는 의미'에 대하여 논술하라

■ **2001〈자연, 체능〉**

· 인간과 동물의 지적 능력의 차이는 선천적인가, 후천적인가, 아니면 또 다른 어떤 것인가?

· 개인과 개인의 지적 · 정서적 능력의 차이를 설명할 수 있는가?

■ **2000**

아래 논점들에 대한 자기 견해를 밝히면서, "도덕성을 갖춘 이성적 인간은 어떻게 형성되는가?"를 논술하라.

· 도덕성을 갖춘 이성적 인간이란 어떠한 인간인가?

· 아이들에게 도덕 교육은 불가능한가?

■ **1999**

다음 중 (가)는 혈족 보존을 향한 동물의 행동을 설명한 글이며 (나)는 민족에로 수렴하는 '아(我)'를 강조한 글이다. (가)의 설명을 고려하여, '대아(大我)'를 강조하는 (나)의 견해에 어떤 의의와 문제점이 있는지 논술하시오.

■ 1998

[제시문-동물농장] 이 글은 '복서'의 죽음을 둘러싼 이야기를 통해 인간 사회에서 일어날 수 있는 여러 가지 문제들을 암시하고 있다. 어떤 문제들이 이 글에 암시되어 있는지 글의 내용에 근거하여 밝히고, '복서'의 죽음에 대해 어떻게 생각하는지 각자의 견해를 논술하라.

■ 1997

현대 사회에서 개인은 거대한 조직에 속해 있으면서 대부분이 익명의 존재로 방치되어 있다고 말하기도 한다. 다음 글은 이 같은 문제를 해결하기 위해 개인과 개인 사이의 참다운 정서적 유대 관계의 형성이 중요하다는 점을 암시하고 있는 것으로 볼 수 있다. 첫째, 이 글에서 다루고 있는 문제가 어떠한 사회적 조건에서 비롯된 것인가를 간략히 밝히고, 둘째, 그러한 사회적 조건에 비추어 볼 때, 참다 운 인간관계를 형성하는 데에 이 글에서 암시하고 있는 개인적 차원의 노력이 어떠한 의의와 한계를 지니고 있으며, 그 한계를 극복할 수 있는 방안이 무엇인가에 대해 자신의 견해를 논술하라.

서울대학교는 2002년도부터 2004년까지 논술을 실시하지 않았기 때문에 경향과 수준을 단정하기 어렵습니다. 다만 2005년 4월에 실시한 모의 논술시험과 2002학년도 이전의 논술시험을 근거로 서울대학교의 논술경향을 짐작할 뿐입니다. 먼저 모의고사 및 이전 시험을 토대로 분석해보면 두 제시문을 관련지으면서 자신의 주장을 펼치게 하는 방식으로 유형화되었음을 알 수 있습니다. 또한 2005년 모의고사에서 나타난 국한문 혼용 제시문이 앞으로도 정착될 것으로 보여 한자를 본능적으로 싫어하는 요즈음의 학생들로서는 읽어나가기 어렵다고 느낄 수도 있을 것입니다. 서울대학을 지망하는 학생들은 꾸준히 한자에 대한 관심을 놓지 말고 한자쓰기 연습과 한자읽기 등을 통해 감각을 익혀두어야 합니다. 주어진 제시문의 독해가 결코 쉽지 않으며 정확하고 심층적인 독해력을 바탕으로 해야만 자신의 견해가 도출될 수 있게 만들어져 있습니다. 주로 고전적이고 보편적 쟁점(학문과 인식의 본질, 인간, 사회, 환경)을 현대사회의 제반문제와 관련지어 견해를 기술하도록 요구하는 대학으로 평가됩니다.

■ **2005년**

[가]지문은 대중문화에 대한 논의이다. 먼저 [나] 지문에 제시된 중심 개념을 도출 · 정리한 후, 이를 분석의 도구로 삼아 [가] 지문을 참조하여 [다] 지문의 '욘사마 현상' 을 분석하시오

■ **2004년**

지문 (가)는 최근의 사회문제에 관한 글이다. 지문 (나)의 관점에 따라 지문 (가)에 제시된 사례들의 원인을 분석한 후, 지문 (다)에서 유추할 수 있는 구체적 해결책을 제시하고 그 한계를 비판하시오. (자살에 관한 제시문 출제)

■ **2003년**

지문 (가)를 읽어 의미를 추출하고, 이를 바탕으로 지문 (나)에 제시된 사례의 문제점을 살펴 그 원인을 설명하시오. 이어서 정보화 사회에서 발생할 수 있는 이와 유사한 문제에 대처하는 방안을 구체적인 예를 들어 서술하시오.(현대 정보 사회의 특성인 상호 연결적 네트워크의 문제점을 언급한 제시문 출제)

■ **2002년**

글 (가), (나)는 서구 문화 및 외국인에 대한 한국인의 태도를 보여주고 있다. 글 (다)는 서구의 식민주의가 비서구 식민지에 끼친 영향에 대한 글이다. (다)에 제시된 개념을 활용하여 (가), (나)에 드러난 태도를 분석하고, 그 문제점을 극복하기 위한 개인적 · 사회적 방안을 논술하시오.

■ **2001년**

(가) (다)는 현대인이 처한 상황을 보여주고 있는 글이다. (가) (다)에서 그 양상을 분석해내고, (라)를 바탕으로 현대인이 처한 상황에서 야기되는 문제점을 극복할 수 있는 방안에 대하여 논술하시오.

■ 2000년

환경 문제는 새 천년에 인류가 해결해야 할 중요한 과제 중의 하나이다
글 (가)와 (나)를 관련지어 환경 문제가 대두된 원인을 분석하고, 글 (다)에서
환경 문제 해결을 위해 얻을 수 있는 시사점이 무엇인지 논술하시오

한양대의 논술 제시문은 길이가 비교적 짧고 평이하다는 점과 아주 현실적이고 구체적인 시사문제에서 출제되어 제시문 독해에 큰 어려움이 없다는 것이 특징입니다. 예를 들면 한류 열풍과 관련하여 2005년도에는 '욘사마 현상' 같은 아주 구체적인 문제가 출제되었습니다. 고전적이고 보편적인 쟁점이라 할지라도 출제 당시의 사회적 쟁점과 직 · 간접적으로 관련된 문제를 다루는 경우가 대부분입니다. 말을 바꾸면 출제 당시의 사회적 쟁점과 관련된 문제들이 근원적이고 보편적인 관점에서 차지하는 위치를 밝히는 문제가 되겠습니다. 한양대를 지원하고자 하는 학생들은 그 해의 중요한 시사쟁점을 꼼꼼히 살펴보고, 그 근본 원인과 해결점에 대한 자기 입장을 정리해 두는 것이 유리할 것입니다.

- **2005년**

지문 (가)에 제시된 '선거'의 양상을 살펴보고, 지문 (나)에 제시된 '추첨'이 대안이 될 수 있는가에 대하여 자신의 견해를 논술하시오.

- **2004년**

지문 (가)의 논지를 근거로 하여 (나)와 (다)에 나타난 가족관의 차이를 밝히고 이에 대한 자신의 견해를 논술하시오.

- **2003년**

아래 두 제시문에서 석저와 자베르가 처한 문제 상황을 분석하고 그에 대한 자신의 견해를 논술하시오.

- **2000년**

글 (가) 속의 토끼가 인간이라고 하는 가정 하에, 글 (가)와 (나)에 나타난 삶의 태도를 비교 분석하고 자신의 견해를 논술하시오.

- **1999년**

글 (가)는 사랑의 본질을 '소유'와 '존재'라는 상이한 두 가지 개념으로 분석한 글이고, 글 (나)는 맏아들의 진로를 두고 빚어진 한 가정의 문제를 다룬 작품이다. (가)의 주장을 바탕으로 해서 (나)에 나타난 세 인물의 행동 양상을 비판하고, 이를 토대로 바람직한 가족 관계를 위해 취해야 할 태도에 대하여 자신의 견해를 밝히시오.

- **1998년**

아래 두 글에는 '아이를 땅에 묻으려 한 행위'와 '딸의 눈에 청강수를 넣는 행위'가 서술되어 있다. 행위의 목적과 결과를 고려하여 두 행위의 정당성 여부에 대한 자신의 견해를 논술하라.

메모

■ **2005년 정시**

다음 제시문에 담긴 '세월이 흘러감'에 대한 생각을 '욕망'과 연관시켜 분석하고 자신의 의견을 논술하시오.

■ **2004년 정시**

다음 제시문은 웃음의 유발과 관계된 것이다. 각각의 경우 웃게 되는 이유와 그 의미를 분석하고, 적절한 예를 통해 그와 같은 웃음의 사회적 기능을 논술하시오.

■ **2004년 자연**

다음 제시문 (가)에 나타난 사회 현상을 제시문 (나)와 (다)의 관점에서 비판하고 대안을 논하시오. [(가)는 데이터스모그 현상에 대한 제시문]

■ **2003년 자연**

아래 제시문에 나타난 여러 측면의 시간 인식을 적용하여 개인적, 사회적 관점에서 시간의 의미와 기능을 논술하시오.

■ **2003년 인문**

이미지에 대해 다음과 같은 세 가지 관점이 있을 수 있다.

1. 이미지는 심오한 현실을 표현한다.

2. 이미지는 심오한 현실을 은폐하고 변질시킨다.

3. 이미지는 심오한 현실과는 관계가 없다.

아래 제시문을 바탕으로, 구체적인 사례를 들어 세 가지 관점을 각각 설명하고 자신의 입장을 논하시오.

(위 세 가지 관점에서 자신의 입장을 취할 수도 있고 다른 관점을 펼칠 수도 있다.)

- **2002년 인문**

    아래 제시문들은 자본주의 경제에 기여하는 각기 다른 문화 사회적 조건에 대해 논하고 있다. 또 제시된 〈표〉들은 한국 사회의 변화 추이 또는 실태를 나타내고 있다. 이러한 자료들을 이용하여 다음의 과제를 해결하시오.

- **2002년 자연**

    인류의 문명은 다양한 문화와 지식의 토대 위에서 이루어져 왔다. 그러나 사회의 변화에 따라 지식과 문화가 특정한 개인이나 집단에 귀속되는 현상도 나타나고 있다. 다음의 제시문을 참조하여 이 문제가 오늘의 현실에 어떻게 작용하는지 구체적 사례를 들어 논술하시오.

2004년도까지 자연계와 인문계의 시험을 달리 출제한 반면 2005년도의 경우 인문계와 자연계 공통으로 일반 논술형 문제가 출제되었습니다. 제시문의 출제범위는 동. 서양의 고전이며, 현대 작품도 종종 포함됩니다. 논술 시험을 치르는 대학의 논술 문제 중 가장 다양하고 폭넓게 문제를 출제하는 대학으로 알려져 있습니다. 벨기에의 초현실주의 화가 르네 마그리트의 그림을 제시문으로 활용하는 경우도 있었습니다. 이처럼 연세대는 문제 유형이나 논제 등을 계속 변화시켜가면서 문제를 출제하고 있기 때문에 동서양의 고전 작품뿐만 아니라 현대 철학, 미학 등 교과서 밖에서 다양한 배경지식을 쌓는 방식으로 준비를 해야 할 것으로 보입니다.

- **2005년 정시**

다음 네 개의 제시문에 공통되는 주제를 말하고 제시문들 사이의 관계를 밝히시오. 그리고 그 주제에 관한 자신의 생각을 논술하시오.(큰 것과 작은 것, 조직의 크기와 개인, 소집단과 거대도시 등에 관한 제시문 출제)

- **2004년 정시**

네 개의 제시문은 모두 하나의 공통된 주제와 관련된 글이다. 제시문 간의 연관 관계를 밝히고, 공통 주제에 관한 자신의 생각을 논술하시오. (진리의 주관성과 객관성에 관한 제시문 출제)

- **2003년 정시**

다음 각 제시문에 나타난 '앎'을 개념화하여 설명하고, 현대사회에서는 어떤 앎이 더 중요하다고 생각하는지 서로 비교하여 논술하시오.

- **2002년 정시**

아래의 글 (다)는 현대 사회에서 전형적으로 나타나는 합리성이 잘 드러난 예이다. (가)와 (나)를 참조하여 (다)에 나타난 합리성이 갖는 특성을 구체적으로 설명하고, 현대 사회의 합리성에 대하여 비판적으로 논술하시오.

- **2001년 정시**

오늘날 우리 사회에서는 소유에 대한 인식의 차이에서 비롯된 여러 사회 현상을 접할 수 있다. 이러한 사회 현상의 구체적인 예를 들어 그 문제점을 지적하고, 예시문에 나타난 관점들을 검토하여 문제 해결을 위한 자신의 견해를 밝히시오.

■ 2000년 정시

  제도에 관한 겔렌과 아도르노의 주장을 밝히고, 그에 대한 자신의 견해를 제
시하되, 반드시 예시문에 언급된 여러 제도 가운데 하나를 택하여 논술하시오.

  고려대는 문·이과 구별 없이 고등학교 교육과정의 범위에서 벗어나지 않는 일반적인
문제, 원론적인 문제들을 많이 다루고 있습니다. 즉, 제시문간의 공통주제를 찾고, 제시문들
의 관계를 밝힌 다음, 자신의 견해를 제시하는 형식으로 유형화되었습니다. 인문사회계열
및 과학 등의 교과에서 배운 원론적인 차원의 문제점, 특히 학문을 하는 태도, 진리를 인식
하는 방법 등에 대한 개념을 확립하고 자신의 견해를 공고히 해놓을 필요가 있습니다. 또한
이러한 원론적인 차원의 문제들이 우리 사회 현실에서 어떠한 문제와 연관이 있는지를 생각
해보고 정리해 두는 습관도 필요합니다.

메모

■ 2005년 정시

　(가), (나), (다)는 환상, 신화, 축제와 같은 비일상적인 것들의 의미를 기술하고 있다. 제시문 (라)에 대한 찬반의 입장을 정하여 현대 사회 안에서 비일상성이나 비현실성이 지니는 기능을 논하시오.

■ 2004년 정시

　다음 (가)의 글은 현대 소비사회의 특성을 묘사하고 있다. 오늘날 (나)와 (다)의 삶의 방식이 (가)의 소비사회와 갈등을 빚는 이유와 양상을 서술하고, 그 갈등을 해소할 수 있는 방법을 자신의 관점에서 논술하시오.

■ 2003년 정시

　소문이나 평판으로 형성되어 나타나는 타인의 시선은 개인의 행동에 일정한 영향을 미치게 된다. 다음 세 글을 논의의 근거로 삼아 타인의 시선이 개인의 행동에 미치는 영향을 자신의 관점에서 비판적으로 논술하시오.

■ 2002년 정시

　다음의 두 글은 인간과 동물의 본래적 지위에 관해 상반되는 입장을 보여주고 있다. 두 제시문을 비판적으로 검토하면서, 오늘날 우리 사회가 추구해야 할 인간과 동물의 바람직한 관계에 대해 자신의 견해를 논술하시오.

■ 2001년 정시

　다음 제시문들은 국가를 이끌어가는 원리와 방법에 대한 동서고금의 다양한 생각들을 보여준다. 제시문 (가) (나) (다)를 논의의 근거로 삼아 현대적 의미의 리더십을 논술하시오.

오늘날 돈은 단순한 교환 수단이나 재화 축적 수단 이상의 복합적 의미를 가지고 있다.

아래의 제시문들을 논의의 근거로 삼아 현대사회에서 돈이 지니는 의미를 개인이 추구해야 할 삶의 질과 관련시켜 논술하시오.

이화여대는 보편적인 인간의 삶과 관련된 문제들을 출제하고 있습니다. 환상, 신화, 축제와 같은 비일상성이나 비현실성의 의미, 돈이 지니는 의미, 현대적 리더십, 인간과 동물의 바람직한 관계, 타인의 시선이 개인의 행동에 미치는 영향, 삶의 방식과 소비생활의 갈등 등의 문제가 출제되었습니다. 이로써 보건대 이화여대는 보편적인 주제에 대한 개인의 입장을 밝히는 문제로 유형화되었음을 알 수 있습니다. 이에 대비하여 한 주제에 대한 깊이 있는 성찰과 견해의 확립이 중요한 논술준비가 될 것입니다. 인문사회계열의 교과서와 시사잡지, 시사칼럼, 등의 읽을거리가 좋은 준비 자료입니다.

메모

■ **2005년 정시**

다음 제시문에는 개인의 실존과 대중(군중)의 익명성에 대한 관점들이 나타나 있다. 이를 바탕으로 오늘날 한국 사회의 문제점을 구체적인 사례를 들어 비판적 관점에서 논술하라.

■ **2004년 정시**

제시문 [가]와 [나]에는 오늘날 우리 사회의 공통적 문화 현상에 대한 상이한 두 가지 견해가 나타나 있다. 이에 대한 자신의 견해를 [다]를 토대로 하여 논술하라.(가상공간에서 표현의 자유와 이에 따른 책임 문제를 다룬 제시문 출제)

■ **2003년 정시**

제시문 (가), (나)를 활용하여 '노동' 과 관련한 (다)의 입장에 대한 자신의 견해를 논술하라.

■ **2002년 정시**

다음 제시문들은 '쾌락' 에 대한 다양한 입장들을 보이고 있다. 제시문 [가]를 긍정적 논거로 활용하여 '쾌락' 의 의미에 대해 논술하라. (단, 반드시 제시문 [나], [다], [라]의 내용을 구체적 논거로 활용할 것.)

■ **2001년 정시**

다음 제시문 (가), (나), (다)에는 죽음에 대해 인간이 가질 수 있는 태도가 각기 다르게 드러나 있다. 이들의 다른 점을 기술하고, 이를 논거로 활용하여 인간이 죽음에 대해 가져야 할 태도가 무엇인지 논술하라.

■ **2000년 정시**

인간은 때때로 극복하기 어려운 역경과 고통에 처한다. 그런데 이러한 상황을 이해하고 거기에 대처하는 방식은 사람에 따라 다를 수 있다. 카뮈의 소설 『페스트』에는 페스트로 인한 재난의 상황(제시문 A)에서 고통받는 오랑 시 주민들의 사고와 행동이 나타난다.

제시문 (가), (나),(다)의 세 인물(기자 랑베르, 신부 파늘루, 의사 리유)이 각각 역경에 대처하는 방식을 정리하고, 그들의 사고 방식과 행동 양식을 자신의 인생관과 관련지어 비판적으로 논술하라.

서강대 논술의 특징은 윤리적, 철학적인 주제 혹은 정의나 종교, 행복, 인간의 정체성 등 인간의 존재와 관련된 제시문이 출제된다는 점입니다. 고전 문학작품 속에서 인간의 보편적인 문제를 제시하고 주인공의 삶에 대한 태도를 비판한다든지, 자신의 견해를 논술한다든지, 오늘날 한국사회의 문제점을 쓰라는 문제가 주류를 이루고 있습니다. 이러한 경향은 앞으로도 계속될 것으로 보입니다. 문제는 제시된 고전작품, 문학작품이 다른 대학의 그것에 비해 꽤나 난해하다는 점입니다. 제시문 해석이 제대로 되어 있지 않으면 출제자가 원하는 답안을 쓸 수 없습니다. 서강대의 논술에서는 특히 정확한 지문 독해 능력과 함께 비판적 사고력이 요구되고 있으며 확고한 자신의 인생관, 세계관을 정립해 둘 필요가 있습니다. 그러므로 서강대를 지원하고자 하는 학생들은 종교, 철학, 역사, 문학 등 인문학적 가치와 관련된 수준 높은 글들을 많이 읽고 위에 언급된 문제들에 관한 자신의 입장을 정리해 두어야겠습니다.

■ 2005년 정시

[제시문 1]은 한 학자가 문화와 관련하여 음악에 대해 쓴 글이다. 이 글의 논지를 자세히 기술하시오. (영어제시문 출제)

[제시문 2]는 다른 학자가 문화와 관련하여 음악에 대해 쓴 글이다. 이 글의 논지를 자세히 기술하시오. (영어제시문 출제)

아래 [제시문 3]은 근래에 음악계에서 일고 있는 현상을 보고한 글이다. 이 현상이 문화발전에 대해 시사하는 바를 위의 표 해석을 바탕으로 논술하시오.

■ 2004년 정시

제시문 (가) (라)를 읽고, 다음 지시에 따라 한 편의 완결된 글로 논술문을 작성하시오.

(가)의 내용을 정리하여 논술문의 도입부로 삼고,

(나)와 (다)의 견해가 어떻게 다른지 설명한 후 자신의 입장을 밝히고,

(라)의 내용에 대해 (가)의 주제와 연관시켜 자신의 견해를 논술하시오.

■ 2003년 정시

다음 중 글(1)은 인류의 역사가 나아가야 할 바람직한 방향에 대한 하나의 이념을 제시하고 있다. Ⅰ. 글(2)와 글(3)에 담긴 내용을 글(1)에 나타난 이념의 실현과 관련지어 분석·평가하고, Ⅱ. 이를 기초로 하여 글(4)와 글(5)가 기술하고 있는 사태에 관한 자신의 (긍정적, 부정적, 비판적, 혹은 절충적) 견해를 논술하라. 단, Ⅰ과 Ⅱ에 대한 논술 분량이 비슷하게 되도록 하라.

■ 2002년 정시

아래 제시문들은 자본주의 경제에 기여하는 각기 다른 문화 사회적 조건에 대해 논하고 있다. 또 제시된 〈표〉들은 한국 사회의 변화 추이 또는 실태를 나타내고 있다. 이러한 자료들을 이용하여 다음의 과제를 해결하시오.

■ 2001년 정시

아래에 제시된 고대의 신화나 설화들은 각기 여러 가지 복합적 의미를 함축하고 있다. 그 함의들 가운데서 오늘날 우리 청소년 문화의 성격을 검토하는 데 유효하다고 생각되는 것을 찾아, 이에 비추어 청소년 문화의 다양한 현상들에 대하여 자신의 견해를 논술하시오.

논술의 대상이 되는 청소년 문화의 어떤 현상에 대해 긍정적인 태도를 취하든 부정적인 태도를 취하든 이는 문제되지 않는다. 다만, 1) 소재(素材)로 제시된 어휘들 및 자료문들을 반드시 모두 활용하고, 2) 논의의 내용들이 각기 자료문 중 어느 것(들)과 관련되어 있는지 드러나도록 하시오. 또, 3) 소재 어휘들 및 자료문들이 제시된 순서에는 구애받지 말고 논술하되, 논술문 가운데 등장하는 소재 어휘에는 밑줄을 그어 그것이 활용되고 있음을 분명히 하시오.

■ 2000년 정시

근대 이래 과학기술의 발달은 삶의 방식에 많은 변화를 가져왔다. 아래 제시문들은 그 중 하나를 공통된 주제로 삼고 있다. 제시문들의 내용을 유기적으로 파악하여 그 논지를 정리하고, 이러한 변화가 앞으로 인간의 삶에 어떤 문제를 초래할 것인지 자신의 견해를 논술하시오.

성균관대학교는 일정한 방향의 논술 주제가 정립되어 있지 않고 해마다 다른 주제의 논술을 출제하는 경향이 있지만, 사회적 측면을 다루고 있는 논제가 주를 이루고 있습니다. 논술문의 분량이 제한이 없다는 점도 특징입니다. B4용지에 원하는 만큼의 분량으로 자신의 답안을 써내게 하고 있습니다. 타 대학에 비해 제시문이 많고 길며 영어 제시문이 출제되어 난이도가 높은 편에 속합니다. 이제 영어제시문은 출제되지 않겠지만 난이도는 더 높아질 것이 분명합니다. 또한 출제자가 요구하는 논의의 범위 및 해결의 방향이 매우 한정되어 있기 때문에 이에 대한 수험생들의 반응이 조금이라도 어긋났을 경우 바로 감점을 각오해야 합니다. 성균관대의 논술에서는 먼저 논제 및 제시문의 정확한 분석이 매우 중요합니다. 시사잡지나 평론, 시사칼럼 등이 좋은 준비 자료가 되겠습니다. 수시모집의 경우 인문계와 자연계의 시험이 달리 출제가 됩니다. 자연계 논술에서 학생들은 수학과 과학에 대한 개념과 원리 중심의 학습이 중요합니다.

■ **2005학년 정시**

다음 제시문 [A], [B]는 인류 문명의 역사에 관하여 각각 다른 관점을 보여주고 있다. 이 두 가지 관점을 간략히 비교 분석하고, 그 중 하나의 입장을 택하여 인류의 미래를 전망해 보시오.

■ **2004년도 정시**

제시문 [가]와 [나]에서 지적하는 민주주의 사회의 문제점에 대한 구체적인 예를 찾아 서술하고, 이와 관련하여 [다]와 [라]의 입장에서 '공동선'이 무엇이며, 민주주의 사회에서 '공동선'을 추구하는 것이 왜 필요한가를 논술하시오.

■ **2003년도 인문**

다음 지문들은 현대문명이 당면하고 있는 주요 문제와 그 해결 방안을 모색하고 있다. 제시된 글들을 바탕으로 이 주제에 관하여 자신의 견해를 논술하시오.

■ **2002년도 교차지원불가학부(과)**

제시문 [가]와 [나]를 읽고, 공통 주제어를 제시한 후, [가]와 [나]에서 제기하고 있는 문제점들에 대한 통합적인 해결방안에 대해 논술하시오. (정보사회의 윤리와 관련된 영어제시문과 국문 제시문 출제)

■ **2001년**

다음 제시문 [가], [나], [다], [라]에 나타난 세계관을 구체적으로 설명하고, 이를 토대로 '개인'과 '사회'의 관계에 대하여 논술하시오.

경희대학교는 수시와 정시 구분 없이 시사적인 문제를 주로 출제하고 있습니다. 여기에 맞추기 위해서는 교양이나 학술적인 주제보다는 신문 기사나 칼럼을 위주로 한 공부가 더 효과적이라 볼 수 있겠습니다. 제시문의 장르가 다양하여 그 연결점(유사점, 차이점, 통합지점 등)을 찾아야 하는 수험생들을 곤혹스럽게 하고 있습니다. 정확한 독해 능력과 비판적 사고 능력, 문제 설정 능력, 논리적인 표현(삼단논법) 등의 훈련이 필요한 대학입니다.

메모

- **2005년 정시**

〈제시문 가〉와 〈제시문 나〉는 도덕의 기원에 관한 두 견해이다. 두 견해의 차이점을 설명하고, 그 중 하나를 근거로 하여 〈제시문 다〉에 나타난 행위의 동기에 대하여 자신의 생각을 논술하시오.

- **2004년 정시**

〈예시문 1〉과 〈예시문 2〉를 읽고 우리가 살고 있는 현시대에 걸맞는 문화의 형성과 교류에 대해 〈제시문〉의 논지를 참고하여 자신의 견해를 제시해보시오.

- **2003년 정시**

〈제시문 1〉에서 사마천은 백이와 숙제를 의로운 사람으로 규정하고, 그들의 불행한 삶에 대해 당혹한 심정을 토로하고 있다. 사마천의 이러한 시각을 〈제시문 2〉와 〈제시문 3〉을 바탕으로 논박하시오.

- **2002년 정시**

다음 〈제시문 1〉에 나타난 문화의 속성을 토대로 〈제시문 2〉와 〈제시문 3〉을 읽고, 디지털 문명 시대에서의 세계화와 문화에 대한 자신의 의견을 논술하시오

- **1999년 정시**

다음 〈제시문 1〉에서 말하고 있는 개인과 사회의 관련성을 설명하고 이 관련성의 관점에서 〈제시문 2〉에 기술된 현상에 대하여 어떻게 생각하는지 자신의 의견을 논술하시오.

　　타문화를 이해하는 데 중요한 열쇠가 되는 문화적 다양성과 관련된 주제가 자주 출제되고 있습니다. 글로벌 센스 함양을 대외적 슬로건으로, 문화와 언어 전문가 양성을 중추적인 교육목적으로 하고 있는 한국외대의 특성이 담긴 문제라고 볼 수가 있습니다. 과거에는 제시문 모두가 영어로 출제되는 일도 있었기 때문에 수험생들의 부담이 컸지만 이제는 그럴 수 없습니다. 다만 수험생들의 변별력을 높이기 위해 이전보다 훨씬 난해한 지문이 등장할 것으로 예상되며 이에 대한 대비가 필요하다 하겠습니다.

메모

04 논술의 실제모습

　　실제 논술의 모습과 채점항목 및 배점 관계를 알아보기 위해 2005년 4월에 실시한 서울대학교 모의논술고사 채점 항목 및 기준을 실었습니다. 실제 논술에서는 배점이 조정될 것이라고는 하지만 아래의 배점에서 크게 벗어나지는 않을 것입니다. 다른 대학들도 채점 항목과 배점 등은 각각 다르겠지만 논술이라는 특성상 별다른 채점항목을 신설할 수는 없을 것으로 보이며 크게 ① 문제 파악 능력 ② 구성의 논리성 ③ 표현의 정확성 ④ 사고의 독창성 ⑤ 논거의 적절성 등을 따질 수밖에 없습니다. 즉 아래의 항목에서 크게 벗어날 수 없다는 말입니다.

구 분	평가내용 및 기준
지시사항 불이행으로 인한 감점	· 답안길이 미충족 · 필기구 종류 및 색깔 위반 · 응시자의 신원노출
이해 · 분석력 (20점)	· 주어진 논제에 대한 정확한 이해 · 분석 능력 · 제시문에 대한 정확한 이해 · 분석(독해) 능력 · 논술문이 논제에 충실한 정도 · 제시문을 적절히 활용한 정도
논증력 (30점)	· 근거 설정 능력 　주장에 대한 적절하고 분명한 논거 제시 여부 　주장과 논거의 논리적 타당성 　논제에 대한 분명한 견해 표현 　표현 견해가 제시문의 논의에 의거해 적절한 뒷받침 · 구성 조직 능력 　전체 논의 전개에 정합성 및 일관성이 유지 　전체 논의 전개에 있어 논리적 비약의 여부 　글의 전체적인 흐름이 체계적이고 조직적으로 전개

구 분	평가내용 및 기준
창의력 (40점)	· 심층적인 논의 전개 　본인의 주장이나 논거에 대해 스스로 가능한 반론들의 고려 　본인의 논의가 지니는 더 나아간 함축이나 귀결들에 대해 고려 　논의가 전개되고 있는 맥락이나 배경 상황에 대한 적절한 고려 　묵시적인 가정이나 생략된 전제에 대한 더 나아간 고찰 · 다각적인 논의 전개 　발상이나 관점 전환을 시도 　가능한 대안들에 대한 고려 　여러 개념들의 종합 　암묵적으로 가정된 전제에 대한 비판적 고찰 · 독창적인 논의 전개 　주장이나 논거에 새로움 　문제를 통찰함에 있어 특이함 　관점이나 논의 지평에 참신함
표현력 (10점)	· 표현의 적절성 　문장표현의 매끄럽고 자연스러움, 적절한 비유 등 　단락구성 및 어휘 사용 　맞춤법, 원고지 사용법

논 제

　　[제시문 1]은 기계의 발달이 시장체계를 발전시켰다는 점을 이야기하고 있고, [제시문 2]는 철도의 부설이 시간과 공간의 의미를 변화시켰음을 이야기하고 있다. 두 제시문의 논지를 발전시키고 그것들을 서로 연결하여 산업혁명 이후 오늘날에 이르기까지 기계의 발전이 인간의 ①사회적 관계와 ②문화적 양식을 어떻게 변화시켜 왔으며, 이러한 변화가 지니는 의미가 무엇인지를 논술하시오.

정교한 기계는 매우 비싸기 때문에 대량의 상품 생산이 이루어지지 않는다면 거래되지 못한다. 그것은 상품의 판매가 적절하게 보장되고 기계에 투입할 원료가 중단없이 공급될 수 있을 때에만 손실없이 작동될 수 있다. 상인의 입장에서 보자면 이것은 모든 생산 요소가 구매 가능하다는 것, 즉 돈만 내면 얼마든지 이것들을 사들일 수 있어야 된다는 것을 의미한다. 이러한 조건이 충족되지 않는다면 대규모 전문화된 기계를 이용한 생산은 자기 자금을 투입하는 상인의 관점에서나 수입·고용·공급을 지속적 생산에 의존하게 된 사회 전체의 관점에서나 상당한 위험을 떠안게 될 것이다.

그런데 농업사회라면 그러한 조건들이 당연하게 주어지지는 않는다. 그것들은 창조되어야만 할 것이다. 그리고 그 조건들이 비록 점진적으로 창조된다고 해도 거기에 포함된 놀랄 만한 변화의 본질은 여전히 같다. 이때의 변화는 사회 성원들의 행위 동기의 변화를 요구한다. 즉 생산의 동기가 이윤 동기로 대체되어야 한다. 모든 거래는 화폐거래로 바뀌고 또 교환의 매개체가 경제생활의 모든 마디 속에 끼어들 것을 요구한다. 모든 소득은 무엇인가의 판매로부터 나오게 된다. 〈시장체계〉라는 용어 속에는 이 말에서 느껴지는 단순한 의미 이상의 것이 함축되어 있다. 그러나 이 체계의 가장 놀라운 독특성은 일단 이것이 성립되면 외부 간섭없이 기능하도록 내버려 두어야 한다는 사실에 있다. 이익은 더 이상 자동적으로 보장되지 않으므로 상인은 그의 이익을 시장에서 만들어내야 한다. 가격은 스스로 규제되도록 허락되어야 한다. 이 같은 시장의 자기조정적(self-regulating) 체계야말로 우리가 〈시장체계〉라는 용어로서 의미하고자 하는 것이다.

이전의 경제로부터 이러한 체계로의 전환은 지극히 완벽한 것이어서 지속적인 성장과 발전이라는 말로서 표현하기보다도 차라리 애벌레의 탈바꿈으로 표현하는 것이 나아 보인다. 여기에서 생산자의 행위를 생각해 보라. 그는 판매를 위해서 구매자를 직접 찾을 필요가 없다. 그는 단지 시장에 상품을 내놓으면 된다. 한편 그가 구매하는 것은 원료와 노동, 즉 자연과 인간이다. 이 역시 시장에서 얻을 뿐이다. 상업사회에서 기계제 생산은 결과적으로 사회의 자연적·인간적 실체를 상품으로 전환시키는 것을 의미한다.

그러나 토지나 노동 같은 것은 분명 상품이 아니다. 매매되는 것들은 모두 판매를 위해 생산된 것일 수밖에 없다는 가정이 이 두 가지에 관한 한 적용될 수 없다. 다시 말해 상품에 대한 경험적 정의를 따르자면 이것들은 상품이 아니다. 노동이란 인간 활동의 다른 이름일 뿐이다. 인간 활동은 인간의 생명과 함께 붙어 다니는 것이며, 판매를 위해서가 아니라 전혀 다른 이유에서 생산되는 것이다. 게다가 그 활동은 생명의 다른 영역과 분리할 수 없으며, 비축할 수도 없고, 사람과 떼어 내어 동원될 수도 없다. 그리고 토지란 단지 자연의 다른 이름일 뿐인데, 자연은 인간이 생산할 수 있는 것이 아니다. 그러므로 노동과 토지를 상품으로 묘사하는 것은 전적으로 허구이다.

그렇다 하더라도 노동과 토지가 거래되는 현실의 시장들은 바로 그러한 허구의 도움을 얻어 조직된다. 이것들은 시장에서 실제로 판매되고 구매되고 있으며, 그 수요와 공급은 현실에 존재하는 수량이다. 어떤 법령이나 정책이든 그러한 생산 요소 시장이 형성되는 것을 억제한다면, 결과적으로 시장체계의 자기조정을 위태롭게 만든다. 따라서 이러한 상품 허구는 사회 전체와 관련하여 결정적인 조직 원리를 제공하는 셈이며, 이 원리를 사회의 거의 모든 제도에 매우 다양한 방식으로 영향을 미친다.

제시문 2

증기기관에 의해 인간과 세계의 공간은 단축되었다. 철도의 출현으로 이질적인 공간은 균질적인 공간으로 탈바꿈했다. 거리의 마찰이 극복됨으로써 각 지역의 고유성은 파괴되고 자본주의적 생산과 소비공간으로 흡수되었다. 철도가 이동하는 곳마다 도시들이 솟아났다. 철도는 인간의 공간지배력을 급속하게 넓혔다. 상품 유통이 촉진됨에 따라 자족적인 지역경제는 국민경제로 수렴되었다. 또 인간이 자연의 순환적 리듬에서 벗어나 인공의 기계적 리듬에 호흡을 맞추게 된 것도 철도 때문이었다. 철도는 인간에게 기계적 시간을 강제했다. 철도시간표는 지역적 시간을 해체하고 통일적인 시간을 부여했다.

철도가 공간과 시간을 없앤다는 생각은 그때까지 우리 마음속에 각인되어 있던 교통 기술이 갑자기 완전히 새로운 것으로 대체되었다고 느끼는 인지(認知)의 현실 상실로 이해할 수 있다. 철도가 만들어낸 공간-시간 관계는 과거 수송 수단이 만들어냈던 공간-시간 관계에 비하면 추상적이고 방향성을 상실한 것처럼 보인다. 철도는 더 이상 이전의 마차와 길처럼 전경(前景)이라는 공간에 묶여 있는 것이 아니라 오히려 이 공간을 관통하고 있는 것처럼 보인다.

하이네는 전통적인 공간-시간 의식이 이렇게 혼란을 겪게 된 순간을 포착해냈다. 1843년 파리에서 루앙과 오를레앙으로 가는 노선이 개통되었을 때 그는〈무시무시한 전율, 결과를 예상할 수 없고 예측할 수도 없는 엄청난 일, 혹은 전례없는 일이 일어났을 때 우리가 느끼는 그러한 무시무시한 느낌〉을 언급하였다. 그리고 그는 철도를 화약과 인쇄술 이래로〈인류에게 커다란 변화를 가져오고, 삶의 색채와 형태를 바꾸어놓은 숙명적 사건〉이라고 불렀다. 나아가서 다음과 같이 적고 있다.〈이제 우리의 직관 방식과 우리의 표상에 어떤 변화가 생길 것임에 틀림없다! 심지어 시간과 공간에 대한 기본적인 개념들도 흔들리게 되었다. 철도를 통해서 공간은 살해당했다……. 이제 사람들은 3시간 반 내에 오를레앙까지, 그리고 꼭 같은 시간 내에 루앙까지 여행한다. 이 노선들이 벨기에와 독일까지 연결되고 또 그곳의 철도들과 연결된다면, 어떤 일이 초래될 것인가? 내게는 모든 나라에 있는 산들과 숲들이 파리로 다가오고 있는 듯하다. 나는 이미 독일 보리수의 향내를 맡고 있다. 내 집 문 앞에는 북해의 파도가 부서지고 있다.〉

여기서 우리는 동일한 하나의 변화가 지니는 두 가지 모순적인 계기들을 분

_논술·면접 휘어잡기

명히 볼 수 있다. 철도는 한편으로 이제까지 마음대로 할 수 없었던 새로운 공간들을 열어놓았지만, 다른 한편으로 이러한 일을, 그 사이의 공간을 없앰으로써 가능하게 했다. 느리고 노동집약적인 원시기술적인 수송에서는 완전히 감내해야만 했던 사이 공간 혹은 여행 공간이 기차 수송에서는 사라졌다. 기차는 단지 출발과 목적만을 안다. 1840년에 쓰여진 프랑스의 한 텍스트는 다음과 같이 쓰고 있다. 〈철도는 단지 장소로 드러나는 출발, 정지 그리고 도착만을 안다. 그리고 이들은 대부분 서로 멀리 떨어져 있다. 철도는 이들 사이를 가로질러 가고, 거기에서 단지 쓸모없는 구경거리만 제공하는 그 사이 공간들과는 아무런 연관도 갖지 않는다.〉

전통적인 여행 공간이었던 목적지들 사이의 공간이 사라지면서, 이 목적지들은 서로서로 접근하고 충돌도 한다. 이 목적지들은 과거의 '지금'과 '여기'를 잃어버렸다. 이런 것들은 중간의 사이 공간을 통해 규정되어 왔다. 그 안에서 장소들이 서로서로에게 공간적 거리를 생겨나게 했던 고립이 지워져버린 것이다.

메 모

2005년 모의 논술고사를 실시한 후 서울대학교 측에서 밝힌 수험생들의 문제점들을 연구해본다면 논술을 준비하는 학생들로서는 큰 도움이 되리라 생각합니다. 수험생들이 범하기 쉬운 사례를 구체적으로 지적받음으로써 그러한 오류를 사전에 바로 잡을 수 있을 것입니다. 앞 수레의 바퀴가 진흙 속으로 빠지는 것을 보고도 그대로 따라가는 사람은 없을 것이기 때문입니다.

지시사항 불이행

모의 논술고사인 점과 감점 사항을 사전에 충분히 공지하지 않은 점을 감안하여 길이 및 필기구에 의한 감점은 적용하지 않았다. 답안 길이 기준(2500자 ± 300)에 미달한 답안은 26개였으며 그 가운데 1400자 이하는 7개였다. 실제 논술고사에서는 감점 사항이 적용될 것이며, 특히 길이 기준에 크게 미달한 답안은 과락 처리할 수 있다. 신원을 노출시킨 학생은 없었다.

이해분석력

이해분석력이란 논제의 핵심을 정확히 파악하고 논제와 제시문의 의미를 찾아 연결하는 능력이다. 제시문이 고등학교 교과서에서 접하기 어려운 추상적인 개념과 표현을 포함하고 있어서 그런지 대부분의 학생들은 익숙한 주제인 기계문명의 폐해에 초점을 맞추었다. 두 제시문은 기계문명의 폐해라는 피상적인 수준을 넘어서 기계적인 체계의 인위성과 자연성사이에 놓인 인간의 모순적 상황을 다루고 있다. 기계의 발전 과정이나 산업혁명에 대한 자세한 설명보다는 인간을 둘러싼 인위적 체계가 작동하는 양상을 시간과 공간에 대한 개념을 중심으로 기술하는 것이 바람직하다. 이해분석력을 키우려면 다양한 텍스트를 접하고 그 속에서 핵심 어구를 찾아내는 연습이 필요하다.

논증력

　논증력은 주장과 논거의 논리적 연관, 논의의 정합성 및 일관성을 의미한다. 자신의 주장을 제시함에 있어서 일관적이지 못한 글의 흐름과 논리적 비약은 빈번히 나타나는 문제점이고 무엇보다도 반대 주장과 논증에 대한 신중한 고려 없이 자신의 주장을 일방적으로 제시하는 경우가 많다. 그 결과 형식적으로는 서론, 본론, 결론의 구조를 갖추고 있지만 내용적으로는 논의가 전개되지 못하고 제자리에서 맴돌고 있다. 또한 자신의 주장을 제시한 후 논거나 사례를 제시하는 경우에도 그것들이 자신의 주장을 적절히 뒷받침하는지 살펴보아야 한다. 특히 (제시문 2)와 관련하여 '사이 공간'의 소멸을 말할 때 고속철의 예는 속도의 문제일 뿐 본질적으로는 같은 내용의 반복이다. 일관적인 논리와 적절한 증명 능력은 자신의 주장을 납득시키는 데 반드시 필요하며, 특히 예증을 할 경우에는 논리의 적합성에 대해 깊이 검토해야 한다. 논증력을 기르기 위해서는 평소에 자신이 쓴 글을 반복해서 읽고 검토하는 습관과 함께 자신의 글이 갖는 문제점을 다른 사람과 함께 토론하는 것이 필요하다.

창의력

　여러 평가 항목 가운데 가장 기대에 미치지 못했으며 점수 편차가 가장 심한 항목이다. 창의력은 심층적 · 다각적 사고를 통한 주장 및 관점의 독창성을 의미한다. 대부분의 학생들은 비슷한 문장으로 같은 주장을 반복하며 교훈조의 결론으로 끝맺는다. 이는 기존 논술 참고서에 제시된 정형화된 방식에 기초하여 비슷한 예상 문제를 가지고 연습한 결과로 추정된다. 학생들은 자신의 독자적인 사고능력을 표출하기보다는 예상문제에 대한 답안을 암기하는 방법으로 논술에 대비하지 않았는지 의심하지 않을 수 없다. 논술의 원래 목표인 논리적, 비판적, 창의적 사고의 표출을 도외시하고 모범답안의 작성에 치중한다면 결코 좋은 평가를 받지 못할 것이다. 이번 채점 결과에서도 독창적인 논리를 전개한 답안은 예외 없이 높은 점수를 받았다.

표현력

　표현력은 단락의 구성 및 어휘사용의 적절성, 어법에 맞는 글쓰기 및 원고지 사용법

등을 말한다. 채점 결과 드러난 대표적인 잘못된 사례는 다음과 같다.

- 구어적 표현
- 불분명한 지시 대명사의 남발
- 논리 전개와 무관한 접속사 사용
- 잘못 사용된 현학적인 어휘
- 부적절한 조사
- 띄어쓰기, 원고지 사용법, 정자법 미숙
- 의미 없는 단락구분

_논술 · 면접 휘어잡기

서울대학 측에서 밝힌 예시답안 및 평가서입니다. 예시답안 1은 비교적 좋은 점수를 얻은 수험생의 예시답안이며 예시답안 2는 비교적 나쁜 점수를 받은 수험생의 예시답안입니다. 띄어쓰기 및 맞춤법은 수험생의 답안 그대로임을 밝힙니다. 어떠한 차이에 의해 그와 같은 평가를 받았는지를 점검하시고 타산지석의 교훈으로 삼으시기 바랍니다.

 **예시답안1 및 평가서**

　　옛 우화중에 이런 이야기가 있다. 산에 원숭이 한 마리가 살고 있었다. 원숭이가 자연 속에서 자유와 행복을 누리며 살던 어느 날, 여우가 꽃신을 들고 찾아왔다. 이걸신으면 발에 돌이 박히지 않고 더 자유롭게 돌아다닐 수 있다는 여우의 말에, 원숭이는 그 후로 계속 여우가 준 꽃신을 신고 다녔다. 처음에는 여우의 말대로 더 많은 자유를 얻은 것 같았지만, 여름이 되어 꽃신을 벗자 발바닥이 아파 더 이상 맨발로는 걸을 수 없는 자신을 발견했다. 그리고 원숭이는 뒤늦게 여우가 자신에게 준 꽃신이 더 큰 자유가 아닌 무서운 속박이었음을 깨닫게 된다. 원숭이와 꽃신의 관계는 인간과 기계문명사이의 관계와 같다. 산업혁명이후로 계속된 교통과 통신등 과학기술의 발달과 공업의 발달은 인류에게 많은 물질적 풍요를 가져다 주었다. '아는 것이 힘이다' 라고 말한 베이컨의 발전지향적 사고에 따라 노력해 온 결과, 재화의 생산량은 증대되고 공간거리는 단축되게 된 것이다. 하지만 원숭이가 더 이상 맨발로 걸을 수는 없었듯이, 문명의 발달에 따른 여러가지 부작용이 나타났다.

　　제시문 1에서도 볼 수있듯이 기계문명은 인간을 기계화, 상품화했다. 카프카의 소설 '변신'에서 보면 주인공 그레고르는 회사에 한 번도 지각하지 않고 집 안의 경제또한 책임지는 성실한 사람 이었다. 하지만 어느 날 아침, 일어난 그레고르는 거울 앞에서 두꺼운 등껍질을 가진 벌레로 변해있는 자신을 발견하게 된다. 늦게까지 일어나지 않는 그레고르를 이상하게 여긴 가족들은 닫힌 문 밖에서 그레고르를 걱정한다. 이에 아직 사회와 자신의 유대관계는 끊어지지 않았다는 기쁨으로 닫힌 문을 열려고 노력한다. 하지만 문이 열리자 그의 모습을 본 가족들은 기겁해서 도끼로 그를 위협하며 다시 문을 닫는다. 일할 수 있는 손대신 징그러운 많은 다리를 가지게 되어 경제적 능력을 상실한 그레고르는 가족에게 외면받는 것이다. 이는 사회의 최소 구성단위인 가정마저도 인간의 기계화와 상품화란 현대문명의 영향력속에서 자유롭지 못함을 상징하는 것이다. 문명에 의한 사회적관계의 변화는 이 뿐만이 아니다. 기계의 발달로 인한 시장체계의 성립은 대량생산으로 인한 인류의 몰개성화를 야기했다. 그렇다면 결국 이러한 사회적 변화들은 인간의 본연성으로 부터의 이탈, 즉 인간소외를 의미한다고 볼 수 있다. 시장자본주의에서 인간은 단지 한 단위의 노동요소로 간주된다. 소설 '변신'에서 그레고르가 벌레로 변한 날만 결근했음에도 불구하고 전화를 걸어 그레고르를 몰염치하고 불성실한 무뢰한으로 몰아붙이는 회사의 태도를 보면 인간소외현상을 볼 수 있다. 일말의 인간애도 없이 결근의 대가로 해직을 선고하는 회사의 행동은 인간자체보다 그 인간의 노동적 가치를 중시하는 사회의 모습을 그대로 보여준다.

　기계문명의 발달은 문화적 측면에서도 여러가지 변화를 가져왔다. 교통과 통신의 발달은 문화의 획일화를 가져왔다. 발달한 정보매체와 운송수단을 통해 중심지의 문화가 주변의 문화를 흡수하기 시작한 것이다. 또한 문명의 발달은 행위동기를 이윤동기로 변화시켰다. 제시문 2에서도 볼 수있듯이 기차는 단지 출발과 목적만은 아는 것이다. 자신의 목표, 즉 이윤이외의 중간지들과는 아무런 연관성이 없는 것이다. 문명발달은 사람들의 전통적인 가치관과 의식에도 혼란을 가져왔다. 문명사회는 인류에게 생각의 변화도 요구하는 것이다. 이러한 문화적 변화는 다음의 두가지를 의미한다고 볼 수 있다. 첫째는 이윤동기가 판단의 주요한 요소가 됨에 따라 소유양식의 삶을 사는 사람이 많아졌다는 것이다.

헤르만 헤세의 '데미안'에서 보면 주인공 싱클레어는 가정에서 어머니의 무조건적이고 따뜻한 사랑을 받으며 산다. 언제나 화목한 이 독실한 크리스트교 가정은 존재양식적 삶을 대변하고 있다. 반면에 싱클레어가 사회에서 접하게 되는 아이인 크로머는 소유양식적 삶을 살고 있다. 자신의 이익을 위해서 싱클레어가 사과를 훔쳤다고 거짓말한 것을 빌미로 싱클레어를 협박하여 돈을 갈취한다. 자신의 이익만을 고려하는 이기주의적이고 모든 것을 가지려고 하는 소유양식의 삶을 살고 있는 것이다. 현대사회도 기계문명아래 오로지 성장과 발전만을 목표로 자연과의 생태학적 관계나 다른 구성원과의 유대는 고려하지 않으며 달려나가고 있다. 결국 이것은 현대사회 역시 소유양식적이라는 것을 반증한다. 둘째는 전통의식의 혼란에 따른 아노미현상을 들 수있다. 증가하고 있는 자살이나 반인륜적 범죄는 아노미현상을 의미한다.

그간 인류는 기계의 발달을 통해 물질적 풍요라는 혜택과 시공간의 단축이라는 혜택을 향유해 왔다. 하지만 이러한 변화는 인간을 자연으로 부터 분리 시켰고 지역의 고유성을 파괴하는 부작용을 가져왔다. 결국 이것은 현대사회가 자본주의를 기반으로 한 이익사회라는 것을 알려준다. 이익사회는 소유양식의 삶을 의미한다. 요즈음 불고있는 슬로우 푸드, 느리게 살기 운동은 이익사회가 반드시 좋은 것만은 아니라는 것을 알려주며 미래의 우리사회, 문화적 모습은 이익사회의 부작용들을 어떻게 고쳐가느냐에 달렸다.

심사평

● 이해 · 분석력 − 16점

제시문에 대한 충실한 이해에 바탕을 두고 제시문을 적절하게 활용하면서 논의를 전개하고 있으며, 이 때문에 창조적인 논의 또한 가능했다. 아쉬운 점은 제시문 밖에서 제시된 예들에 대한 논의가 제시문에 나오는 논의들보다 양적으로 많다는 점과 문화적 양식의 변화에 대한 논의가 미흡하다는 점이다.

● 논증력 - 26점

본인의 주장과 제시문의 주장이 적절하게 결합되어 있다. 글을 구성하는 데 있어서도 서론과 본론 그리고 결론으로 이어지는 논리적인 전개가 체계적으로 이루어져 있다. 다만 아쉬운 점은 기계의 발달이라는 제시문과 논제의 취지에 충실하게 논지를 전개시킨 것이 아니라 이를 현대사회의 제반 문제들로 확장시키고 있다는 점이다. 이러한 식의 논지전개가 갖는 문제는 현대사회의 문제에 관한 천편일률적인 논의로 흐르기 쉽다는 점인데 이 글은 창조적인 예들을 통해 이러한 문제를 피해가고 있다.

● 창의력 - 35점

이 글에서 가장 돋보이는 부분이 바로 창의적인 논리 전개이다. 특히 문학작품에 대한 풍부한 예들과 철학적이고 이론적인 논의를 결부시킴으로써 글의 흐름이 딱딱해지지 않도록 한 것은 이 글의 돋보이는 점이다. 특히 도입부에 나오는 우화는 문제를 고찰하는 신선한 시각을 잘 보여주고 있다. 또한 논의의 중요한 마디마다 구체적인 작품에 대한 검토를 집어넣음으로써 다각적이고 심층적인 논의를 가능하게 해준다.

● 표현력 - 9점

이 글에서 가장 문제가 되는 부분이 바로 표현력이다. 문장이나 어휘의 구사력은 전반적으로 매끄러우나 특히 띄어쓰기의 경우 여러 군데에서 틀린 부분을 발견할 수 있는데, 이는 반드시 시정해야 할 단점이다. 또한 한 문단이 지나치게 길게 작성된 것도 이 글의 단점 가운데 하나인데, 전체를 4문단으로 구성하기보다는 보다 문단을 세분화했으면 더 좋은 글이 되리라는 생각이 든다.

● 최종평가결과 - 86점

　　산업혁명은 인류에게 다양한 사회변화를 가져다 주었다. 그 중 기술의 발달로 인하여 대량생산이 가능하게 되었다. 이러한 생산력의 획기적인 증가로 생산물을 팔아 자신의 다른 욕구를 충족시키기 위한 시장이 형성되었다. 시장체계의 생성과 발달로 인해 인간은 외부의 간섭을 받지않고 좀 더 자유로이 개인의 이익을 추구하게 되었다. 또한 기술은 교통의 발달에도 영향을 주었다. 1800년대까지만 하더라도 서울에서 부산까지의 시간적 거리는 3일이었으나, 오늘날에는 2시간 가량밖에 되지 않는다. 그리고 과거에는 존재조차 알지 못하였던 나라들을 쉽게 오갈수 있게 되었다. 위에서 알 수 있듯이 기술의 발달은 인간에게 많은 영향을 끼쳤다. 그러나 그 영향들이 인간의 삶을 더욱 풍요롭게 하고 삶의 질을 높여준 것인가.에 대한 의문을 가져야 한다.

　　과거에 인류는 자연과 더불어 살며 자신에게 필요한 것만 생산하는 자급자족의 삶을 살았다. 그러다 자신이 생산 할 수 없는 것이 있을 때는 이웃과 교환하는 물물교환 방식을 가지고 살았었다. 이 당시에는 자신의 필요 이상의 물건을 생산하지 않았기 때문에 남김이란 없었다. 그리고 자신의 이익만을 위해 행동하는 개인이기주의도 지금보다 많지 않았다. 그러나 기술의 발달은 개인의 욕망을 무한히 자극하였고, 오직 자신의 이익만을 생각하는 인간을 공장에서 생산되는 제품처럼 무한히 제조하였다. 대다수의 사람들이 자신의 이익만을 추구하기 때문에, 사회는 점점 삭막하고 각박해져가고 있다. 그리고 두레, 향약, 품앗이 같이 우리 조상들의 공동체적 삶의 모습을 더 이상 우리 곁에서 찾아볼 수 없게 되었다. 이처럼 기술은 우리에게 물질적 풍요를 가져다 주었을 뿐, 인간이 개인이기 이전에 한 사회를 구성하는 공동체라는 것을 망각하게 만들었다. 그리고 기술은 교통의 발달을 가지고 왔다. 이 발달은 먼 거리를 더욱 가깝게 만들었다. 지리상 거리가 어느 정도 이던지, 시간적거리만을 중시하는 풍토를 가지고 왔다. 현재 우리 사회에 만연한 '빨리빨리문화' 도 시간적거리만을 중시하는 풍토에 기초하여 생겨난 것 이다. 이 풍토로 인하여 개인에게 수치상으로 볼 수 있는 많은 시간적 이익을 가져다 주었을 지도 모른다. 그러나 그 이익 뒤에는 숨겨진 많은 손해들이 있다. 법정스님의 '무소유'의 한 구절을 인용해 본다면, 사람은 버스 속에서 차창밖으로 재빨리 지나가는 먼 풍경을 볼 수 있어도, 천천히 걸을 때 볼 수 있는 길가에 핀 작은 꽃 한송이를 보는 즐거움을 느낄수 없다. 라는 구절이 있다. 이는 우리가 시간의 단축을 중시한 나머지 천천히 행동할 때 얻을 수 있는 이익을 경시한다는 것을 일깨워 주는 것이다.

　　이처럼 기술의 발달은 우리에게 물질적 풍요, 시간상의 이익 등 많은 것을 주었다. 그러나 우리는 눈에 보이는 이익 챙기기에 급급한 나머지 그 이익 뒤에 숨어있는 많은 손실들을 생각지 못하고 있다. 기술은 우리에게 이익을 주기는 하였지만, 오히려 인간을 더욱 억압하고, 물질, 시간의 노예로 전락시켰다. 이를 생각해 본다면 법정스님처럼 무소유, 느림의 미학으로 돌아감으로서 본디 자연 그대로의 인간 모습을 찾는 것이 어떠할까.

심사평

● 이해 · 분석력 – 11점

제시문의 내용이 충실하게 요약되어 있지 않다. 또는 요약되어 있는 경우에도 제시문의 내용을 기계적으로 나열하고 있는 경우가 많다. 주어진 논제에는 사회적 관계와 문화적 양상의 두 가지에 대해 논의하라고 되어 있는데 문화적 양상에 관한 논의가 거의 찾아볼 수 없다는 점에서 이 두 가지를 동일한 문제로 혼동하고 있다.

● 논증력 – 15점

논의의 초점이 기계의 발달이 미친 영향과 그 의미로 집중되어 있지 않고 기술 발달이 가져온 일반적인 문제 또는 현대 사회의 문제 일반으로 지나치게 확대되거나 추상화되어 있어서 본인의 주장을 찾아보기 힘들다. 또한 서론과 본론을 통해 결론이 논리적으로 도출되게 하지 않고 결론 부분에 와서 본인의 주장만을 제시하다보니 글의 설득력이 떨어진다. 결론 자체는 진부하지만 진부한 결론이더라도 서론과 본론의 논리적 흐름에 연결시켰더라면 훨씬 좋은 글이 되었을 것이다.

● 창의력 – 15점

제시문에 나타난 주장만을 따라가는데 급급하다 보니 자신의 생각을 심층적이고 다각적으로 펼치지 못했다. 또한 너무 짧은 분량으로 논의를 전개하기 때문에 제시문에는 나타나 있지 않지만 얼마든지 생각해볼 수 있는 문제들을 독창적으로 생각하는 단계까지 이르지 못했다. 그리고 구체적인 실례들을 통해 논의가 전개되지 못한 것도 창의력이 충분히 발휘되지 못한 주된 결과 가운데 하나이다.

● 표현력 – 7점

띄어쓰기의 문제도 심각한 수준이지만 특히 문단 구성에 있어 매우 중대한 문제가 있다. 글의 길이가 아무리 짧다하더라도 3개의 문단만으로는 그 글의 논지가 효과적으로 전달되기 역부족이라고 할 수 있다. 이는 보다 섬세하고 논리적으로 생각하는 것과 밀접하게 연결되어 있다.

● 최종평가결과 – 48점

05 논술공부 기초 닦기

논술은 수험생들의 독해력, 사고력(발상), 표현력을 평가하는 시험입니다. 이 항목만을 따로 배울 수 있는 교과는 없으며, 족집게처럼 이것들을 가르쳐주는 사람도 많지 않습니다. 수시를 지원하든 정시를 지원하든 논술이야말로 당락을 결정짓는 중요한 시험인데 책임지고 가르쳐주시는 선생님도 거의 없고, 첨삭지도를 부탁할 사람도 마땅히 없고, 교재도 들쑥날쑥하고, 제대로 가르쳐주는 논술학원에 다니려면 눈 튀어나오는 액수를 달라고 하고, 사면초가가 바로 이런 경우에 쓰이는 말일 것입니다. 정규과목에 논술이 들어있지 않은 학교현장에서는 그야말로 "각자 알아서 준비하고 어쨌든 시험 잘 쳐라"가 아니겠습니까. 논술비중이 4.2%였던 연세대의 경우 2005년 입시결과에서 전체 수험생의 14.9%가 논술 때문에 당락이 뒤바뀌었고, 성균관대도 논술비중이 겨우 3%였음에도 불구하고 무려 44.2%의 수험생의 당락을 뒤바꾸어 놓았다는 사실을 익히 알고 있는 수험생들로서는 이만저만 부담스러운 일이 아닐 수 없습니다. 그렇다고 한숨만 쉬고 허송세월을 할 수는 없습니다. 차근차근 논술의 고수가 되기 위해 노력해야 할 것입니다. 하루아침의 준비로 논술을 잘 쓸 수는 없습니다. 오랫동안 꾸준히 다음의 사항을 준비하셔야 합니다.

다음 글을 읽어보세요.

> 현존재는 언제나 자기 자신을 그의 실존에서부터, 즉 그 자신으로 존재하거나 그 자신이 아닌 것으로 존재하거나 할 수 있는 그 자신의 한 가능성에서부터 이해한다. 현존재는 이러한 가능성들을 그 스스로 선택했든가, 아니면 그 가능성들 안으로 빠져들게 되었든가, 아니면 각기 이미 그 안에서 성장해 왔다. 실존은 장악하거나 놓치는 방식으로 오직 그때마다의 현존재에 의해서 결정된다. 실존의 문제는 언제나 오직 실존함 자체에 의해서만 처리될 수 있다. (중략)…
>
> 현존재는 일상적인 '서로 함께 있음'으로서 타인들에 '예속' 되어 있다. 현존재 자신이 '존재하고' 있는 것이 아니라 타인들이 그에게서 존재를 빼앗아 버렸다. 타인들이 임의로 현존재의 일상적인 존재가능성들을 좌우한다. 이때 이러한 타인들은 '특정한' 타인이 아니다. 오히려 그 반대로, 어느 타인이건 다 그 타인을 대표할 수 있다. 결정적인 것은 오직 '더불어 있음'으로서의 현존재가 뜻하지 않게 떠넘겨 받은 눈에 띄지 않는 타인들의 지배일 뿐이다.
>
> 사람들 자신이 타인들에 속해 있으며 그들의 권력을 공고히 한다. 타인들에 속한 고유한 본질적인 귀속성을 은폐하기 위해서 사람들이 그들을 '남들'이라 명명할 때의 그 '남들'은, 곧 일상적인 '서로 함께 있음' 가운데 무엇보다도 그리고 대체적으로 '거기에 있는' 그들인 것이다. 그 '누구'는 이! 사람도 저 사람도 아니고, 사람들 자신도 아니며, 몇몇 사람들도 아니고, 모든 사람의 총계도 아니다. 그 '누구'는 중성자[불특정 다수]로서 '그들' [세인(世人)]이다.
>
> 공공의 '주위세계'는 가장 가까운 주위세계에 그때마다 이미 손 안에 있으며

함께 배려되고 있다. 대중 교통수단을 사용하든 정보매체(신문)를 이용하든 타
인은 모두 같은 타인인 셈이다. 이러한 '서로 함께 있음'은 고유한 현존재를 완
전히 '타인'들의 존재양식 속으로 해체해 버리며 그래서 타인들의 차별성과 두
드러짐이 더욱더 사라져 버리게 된다. 이러한 눈에 안 띔과 확정할 수 없음 속에
서 '그들'은 그들의 본래적인 독재를 펼친다.

2005년 서강대 정시 논술문제의 제시문 중 일부입니다. 마르틴 하이데거의 '존재와 시
간'에서 인용한 글인데 이 글을 무리 없이 읽어나갈 수 있는 학생들은 별로 없을 것입니다.
대입논술의 시작이 제시문 분석인데 제시문의 독해에서 막힌다면 그 시험은 포기해야 합니
다. 이와 같은 어려운 제시문도 거뜬히 읽고 중심생각을 파악하고 요약할 수 있을 정도로
심층적인 독서 능력을 키워야 합니다.

다음 글은 2005년 서울대 정시 논술 제시문입니다. 무엇을 어떤 식으로 드러내고 있으
며 드러내고자 하는 핵심 논점은 무엇인지 생각해보시기 바랍니다. 아울러 서울대에서는 수
험생들의 한자 능력까지를 평가합니다. 아래의 한자를 무리 없이 읽어나갈 수 있어야 되겠
습니다. 서울대를 지망하는 학생들은 이제 한자공부까지 하셔야겠네요. 축하합니다.

강물은 두 산 사이에서 흘러 나와 돌에 부딪혀 싸우는 듯 뒤틀린다. 그 성난
물결, 노한 물줄기, 구슬픈 듯 굼실거리는 물갈래와 굽이쳐 돌며 뒤말리며 고함
치는, 원망하는 듯한 여울은 장성을 뒤흔들어 쳐부술 氣勢가 있다. 수만의 전차
와 수만의 군사와 수만의 포대와 큰 북으로도 그 통탕거리며 무너져 쓰러지는
소리를 충분히 形容할 수 없을 것이다. 모래 위엔 엄청난 큰 돌이 우뚝 솟아 있
고, 강 언덕엔 버드나무가 어둡고 컴컴한 가운데 서 있어서, 마치 물귀신들이 서
로 다투어 사람을 엄포하는 듯한데, 좌우의 이무기들이 솜씨를 試驗하여 사람을
붙들고 할퀴려고 애를 쓰는 듯하다.

어느 누구는 이 곳이 전쟁터였기 때문에 강물이 그렇게 운다고 말한다. 그러나 이것은 그런 때문이 아니다. 강물 소리란, 사람이 그것을 어떻게 받아들이느냐에 따라 다른 것이다. 나의 居處는 산중에 있었는데, 바로 문 앞에 큰 시내가 있었다. 해마다 여름철이 되어 큰 비가 한 번 지나가면, 시냇물이 갑자기 불어서 마냥 전차와 기마, 대포와 북소리를 듣게 되어, 그것이 이미 귀에 젖어 버렸다. 나는 옛날에, 문을 닫고 누운 채 그 소리를 區分해 본 적이 있었다. 깊은 소나무에서 나오는 바람 같은 소리, 이것은 듣는 사람이 淸雅한 까닭이며, 산이 찢어지고 언덕이 무너져 내리는 듯한 소리, 이것은 듣는 사람이 흥분한 까닭이며, 뭇 개구리들이 다투어 우는 듯한 소리, 이것은 듣는 사람이 교만한 까닭이며, 수많은 축(筑)*의 격한 가락인 듯한 소리, 이것은 듣는 사람이 노한 까닭이다. 그리고 우르릉 쾅쾅 하는 천둥과 벼락같은 소리는 듣는 사람이 놀란 까닭이고, 찻물이 보글보글 끓는 듯한 소리는 듣는 사람이 韻致 있는 性格인 까닭이고, 거문고가 궁우(宮羽)**에 맞는 듯한 소리는 듣는 사람이 슬픈 까닭이고, 종이창에 바람이 우는 듯한 소리는 듣는 사람이 疑心하고 있기 때문인 것이다. 따라서 이러한 모든 소리는, 올바른 소리가 아니라 다만 자기 흉중에 품고 있는 뜻대로 귀에 들리는 소리를 받아들인 것에 지나지 않는다.

그런데, 나는 어제 하룻밤 사이에 한 강을 아홉 번이나 건넜다. 강은 새외(塞外)로부터 나와서 장성을 뚫고 유하, 조하, 황화, 진천 등의 여러 줄기와 어울려 밀운성 밑을 지나 백하가 되었다. 내가 어제 두 번째 배로 백하를 건넜는데, 이것은 바로 이 강의 下流였다. 내가 아직 요동 땅에 들어오지 못했을 무렵, 바야흐로 한여름의 뙤약볕 밑을 지척지척 걸었는데, 홀연히 큰 강이 앞을 가로막아 붉은 물결이 산같이 일어나서 끝을 볼 수 없었다. 아마 천리 밖에서 暴雨로 洪水가 났었기 때문일 것이다. 물을 건널 때에는 사람들이 모두들 고개를 쳐들고 하늘을 우러러보고 있기에, 나는 그들이 모두 하늘을 향하여 묵도를 올리고 있으려니 생각했었다. 그러나 오랜 뒤에야 비로소 알았지만, 그 때 내 생각은 틀린 생각이었다. 물을 건너는 사람들이 힘차게 돌아 흐르는 물을 보면, 굼실거리고 으르렁거리는 물결에 몸이 거슬러 올라가는 것 같아서 갑자기 현기증이 일면서 물에 빠지기 쉽기 때문에, 그 얼굴을 젖힌 것은 하늘에 기도하는 것이 아니라 숫

_논술 · 면접 휘어잡기

제 물을 피하여 보지 않기 위함이었다. 사실, 어느 겨를에 그 잠깐 동안의 목숨을 위하여 기도할 수 있었으랴!

그건 그렇고, 그 危險이 이와 같은데도, 이상스럽게 물이 성내어 울어 대진 않았다. 배에 탄 모든 사람들은 요동의 들이 넓고 평평해서 물이 크게 성내어 울어 대지 않는다고 말했다. 그러나 이것은 물을 잘 알지 못하는 까닭에서 나온 誤解인 것이다. 요하가 어찌하여 울지 않았을 것인가? 그건 밤에 건너지 않았기 때문이다. 낮에는 눈으로 물을 볼 수 있으므로 그 위험한 곳을 보고 있는 눈에만 온 정신이 팔려 오히려 눈이 있는 것을 걱정해야만 할 판에, 무슨 소리가 귀에 들어온다는 말인가? 그런데, 이젠 전과는 반대로 밤중에 물을 건너니, 눈엔 위험한 光景이 보이지 않고, 오직 귀로만 위험한 느낌이 쏠려, 귀로 듣는 것이 무서워서 견딜 수 없는 것이다.

아, 나는 이제야 道를 알았도다. 마음을 잠잠하게 하는 자는 귀와 눈이 누(累)가 되지 않는데, 귀와 눈만을 믿는 자는 보고 듣는 것이 더욱 밝아져서 큰 병이 된다는 것을 깨달았다. 이제까지 나를 시중해 주던 마부가 말한테 발을 밟혔기 때문에, 그를 뒷수레에 실어 놓고, 내가 손수 고삐를 붙들고 강 위에 떠 안장 위에 무릎을 구부리고 발을 모아 앉았는데, 한번 말에서 떨어지면 곧 물인 것이다. 거기로 떨어지는 경우에는 물로 땅을 삼고, 물로 옷을 삼고, 물로 몸을 삼고, 물로 性情을 삼을 것이라. 이러한 마음의 判斷이 한번 내려지자, 내 귓속에선 강물 소리가 마침내 그치고 말았다. 그리하여, 무려 아홉 번이나 강을 건너게 되었는데도 두려움이 없고 태연할 수 있어, 마치 방 안에서 편안히 앉아있는 것과 같았다.

옛적에 우(禹)가 강을 건너는데, 누런 용이 배를 등으로 져서 지극히 危險했다 한다. 그러나 生死의 判斷이 일단 마음속에 정해지자, 용이거나 지렁이거나, 혹은 그것이 크거나 작거나 간에 아무런 關係도 될 바가 없었다 한다. 소리와 빛은 모두 外物이다. 이 외물이 항상 사람의 耳目에 누(累)가 되어, 보고 듣는 機能을 마비시켜 버린다. 그것이 이와 같은데, 하물며 강물보다 훨씬 더 험하고 위태한

人生의 길을 건너갈 적에 보고 듣는 것이야말로 얼마나 致命的인 병이 될 것인 가? 나는 또 나의 산중으로 돌아가 앞내의 물 소리를 다시 들으면서 이것을 經驗해 볼 것이려니와, 몸 가지는데 교묘하고, 스스로 총명한 것을 自信하는 자에게 이를 경계하고자 하는 것이다.

*축(筑) : 거문고 비슷한 현악기.

**궁우(宮羽) : '宮'과 '羽'는 옛날의 음계 이름.

이 글은 조선 후기 실학자 박지원(朴趾源)이 1780년(정조 4) 청(淸)나라 고종(高宗)의 칠순연(七旬宴)을 축하하기 위하여 파견된 사신 일행의 수행원으로 중국에 다녀온 견문을 기록한 책인 『열하일기(熱河日記)』의 〈일야구도하기(一夜九渡河記)〉의 한 부분입니다. 하룻밤에 아홉 번 강을 건너면서 느낀 감회를 적은 것으로, 자신의 마음 상태에 따라 동일한 사물이 어떻게 다르게 인식될 수 있는지에 대하여 기술하고 있습니다.

다음 글은 2000년 고려대 논술기출 제시문입니다. 두 사람의 대화를 읽고 대화 주제가 무엇인지, 각자의 논점은 무엇인지 파악해 보시기 바랍니다.

아도르노: 나는 이렇게 말하고 싶습니다. 인간을 지배하는 제도로부터 비롯된 이 권력은 철학의 용어로 '타율적'이라고 불립니다. 제도는 인간과 맞닥뜨려 있는 낯설고 위협적인 권력입니다. 당신은 불안정한 인간의 본성 때문에 그와 같은 불행을 운명적인 것으로 받아들이는 것 같습니다. 그러나 우리 인간들이 서로를 믿지 못하여 제도의 권력을 용납하게 된 것은 비판되어야 합니다. 그리고 제도가 변경될 수 있는 것인지 아니면 인간에게 엄청난 중압이 되어 개인을 말살하는 위협적인 것이 되고 마침내는 인간의 자유로운 활동을 더 이상 용납하지 않는 것이 되는지 물어야 할 것입니다. 또한 제도가 인간의 본성으로부터 필연적으로 생겨날 수밖에 없는 것인지, 아니면 경우에 따라서 변경될 수도 있는

역사적 발전의 산물인지 물어야 할 것입니다.

겔렌: 동감입니다. 가족 법 결혼 사유재산 등과 같은 인간의 근본적인 제도나 경제는 역사상 다양한 모습을 보여주고 있습니다. 이러한 제도는 언젠가 해체되어 버릴지도 모릅니다. 아마 계속 바뀌겠지요. 그러나 당신은 그 이상으로 묻고 있습니다. "왜 겔렌은 제도를 옹호하느냐"라고 말이죠.

아도르노: 오해하지 마십시오. 나 역시 어떤 점에서는 제도를 옹호합니다. 오늘의 상황에서 우리가 당면한 문제 해결의 열쇠는 인간을 지배하는 제도라고 믿기 때문입니다. 그러나 우리는 서로 다른 결론에 도달하는 것 같습니다.

겔렌: 좋습니다. 어디 봅시다. 우리는 어쨌든 논쟁점을 찾아야 합니다. 나는 아리스토텔레스와 마찬가지로 안전의 관점을 중요시하는 편입니다. 제도는 인간이 스스로 멸망할 수도 있는 것을 막고 인간이 서로 해치는 것으로부터 보호해 주는 장치라고 생각합니다. 물론 자유는 제한되지요. 그러나 혁명가들은 계속 있었습니다.

아도르노: 당신이 강조하는 것처럼 인간이 제도 아래에서 갖는 책임이란 순응과 복종의 형태를 띨 수도 있습니다. 그러나 내가 강조하듯이 인간이 자기실현의 가능성에 따라 살아가는 것이 책임이 될 수도 있습니다. 달리 말하면 잠재해 있는 인간 실현의 가능성을 방해하는 것에 맞서는 것이 책임일 수도 있습니다. 오늘날 제도에 대한 순응은 인간을 심각하게 기형화하는 결과를 초래하고 있지요. 인간의 잠재력은 제도에 의해서 억압되고 불구가 되었다고 말할 수 있습니다.

겔렌: 나는 그렇게 생각하지 않습니다. 우리는 비슷한 연배이고 다 같이 네 번의 정부 형태, 세 번의 혁명, 두 번의 전쟁을 겪었지요. 그 동안 많은 제도가 무너지고 없어졌습니다. 그 결과는 인간의 전반적인 내적 불안정입니다. 내적인 동요지요. 이 사실은 이제 명백하고 공개적인 것이 되었지요. 제도를 보존해야

한다는 것에 나는 찬성입니다. 인간은 제도를 어느 정도 개선할 수는 있지만 새로 시작할 수는 없다는 것을 누구나 알 수 있습니다. 우리는 제도 안으로 들어가지 않으면 안 되고 그 대가로 상당히 많은 제약을 감수하지 않으면 안 됩니다.

아도르노: 그건 나도 인정합니다. 내 견해는 다만 그로부터 얻은 성과가 별로 없다는 것입니다. 인간은 오늘날 기계 장치의 한 부속품이지 자신을 지배하는 주체가 아닙니다. 제가 원하는 것은 인간이 더 이상 쓸모없는 부속품이 되지 않도록 세계가 이루어지고 인간을 위해서 제도가 존재하고 인간이 만든 제도를 위해서 인간이 존재하지 않도록 하는 것입니다. 제도가 인간 본성을 반영하고 있다는 말만으로는 별로 위안이 되지 않습니다.

겔렌: 엄마의 앞치마에 몸을 숨기는 아이는 불안과 동시에 다소간의 안전을 느낍니다. 당신은 물론 성숙의 문제를 논하려 하겠지요. 우리가 자유롭기 위해, 당신은 기본적 문제에 대한 결정을 제도에 맡기기보다 인간 스스로 하게하고, 그로 인해 불가피하게 제기되는 시행착오와 삶의 과오를 감수하도록 모든 인간에게 요구해야 한다고 생각합니까?

아도르노: 그렇습니다. 나는 객관적인 행복과 객관적인 절망에 대한 생각을 갖고 있습니다. 인간이 스스로 결정하고 그에 대한 책임을 지지 않는 한, 이 세계 내에서의 안녕과 행복은 하나의 허상임을 나는 말하고 싶습니다. 이것이 깨어질 때는 심각한 결과가 초래될 것입니다.

겔렌: 이제 우리는 분명히 당신은 '예', 나는 '아니오' 라고 말하는 지점에 도달했습니다. 지금까지 말한 것에 비추어 보면 당신은 인간중심적이며 이상주의적입니다.

아도르노: 나는 그렇게 이상주의적이지 못합니다. 인간이 처한 곤경은 제도에 의해서 지워진 부담입니다. 이것이 오늘날 인류의 근원적인 문제로 보입니다. 인간은 그들에게 재앙을 가져온 바로 그 권력의 품안으로 도망치려 합니다.

심층 심리학의 표현을 빌린다면 자기 자신을 '공격자와 동일화하는 것'이라고 말할 수 있습니다. 당신은 모든 사람과 마찬가지로 당신 자신도 두려워하는 바로 그 권력과 자신을 동일화하고 있습니다.

겔렌: 나는 반대 견해를 피력하고자 합니다. 당신은 아직 인간의 손에 남아 있는 약간의 것마저도 인간으로 하여금 불만스럽게 여기도록 만들고 싶어합니다. 그것은 위험한 일입니다.

아도르노: 그렇다면 그것에 대하여 바로 이런 말을 인용하고 싶습니다. "오직 절망만이 우리를 구원할 수 있다".

(프리드리히 그렌츠, '아도르노의 철학' 중 'A. 겔렌과 T. 아도르노의 논쟁')

제도(制度)에 관한 겔렌과 아도르노의 주장의 차이를 밝히고 자신의 견해를 논술하라는 시험이었습니다. 수험생들이 쉽게 읽고 그 논점의 다름을 찾아내기란 역시 어려울 것이라 생각됩니다.

다음 글은 2001년 서울대 인문계열 논술 제시문입니다. 인간의 삶의 태도와 관점에 관한 이야기입니다.

내가 시골을 떠나 북경(北京)으로 온 지가 어느새 6년이 지났다. 그동안 귀로 듣고 눈으로 본 국가의 대사를 헤아려 보면 무척이나 많다.

그러나 그것들은 내 마음 속에 아무런 흔적도 남기고 있지 않다. 만약 그런 사건의 영향을 찾아내 보라고 한다면, 나로서는 단지 내 신경질만 늘게 하였을 뿐이라고 말할 것이다. 솔직히 말하면, 날이 갈수록 나 자신과 남을 무시하는 인간으로 만든 것뿐이라고 말할 수밖에 없다.

단지, 하나의 작은 사건만이 나에게 의의가 있고, 나를 신경질에서 멀어지게

해 주었다. 나는 지금도 그 일을 잊을 수 없다.

그것은 1917년 겨울, 심한 북풍이 몰아치던 날의 일이었다. 나는 생계를 위한 일로 아침 일찍 외출하지 않으면 안 되었다. 거리에는 거의 사람의 그림자 하나 보이지 않았다. 간신히 인력거 한 대를 붙들어 S문까지 가자고 하였다.

조금 있자 북풍의 기세는 어느 정도 수그러졌다. 길거리의 티끌이 말끔히 바람에 날려가 한 줄기 깨끗한 대로(大路)만 보였다. 인력거꾼의 발걸음도 차차 가벼워졌다. 이윽고 S문에 거의 다다른 지점에서 갑자기 인력거 채에 누군가가 걸려 천천히 넘어졌다.

넘어진 것은 한 노파였다. 머리에는 백발이 희끗희끗하였고, 옷은 남루하였다. 그녀는 길가에서 갑자기 인력거 앞을 가로질러 가려 했던 것이다.

인력거꾼은 급히 방향을 돌렸으나, 솜이 삐져나와 있는 그녀의 저고리 단추가 채워져 있지 않았기 때문에 그녀의 저고리 자락이 바람에 펄럭이면서 인력거 채에 걸렸던 것이다.

인력거꾼이 얼른 걸음을 늦추었기에 망정이지 그렇지 않았더라면 그녀는 틀림없이 거꾸로 넘어져서 머리를 다쳐 피를 흘렸을지도 몰랐다.

그녀는 땅바닥에 엎드린 채 있었다. 인력거꾼은 인력거를 멈추었다. 나는 그 노파가 별로 다치지 않았으리라고 생각하였다. 게다가 아무도 보고 있는 사람이 없었다. 그래서 나는 인력거꾼을 쓸데없는 짓을 하는 녀석이라 생각하였다. 일부러 제가 일을 만들어 나까지 예정을 어긋나게 하다니 …

그래서 나는 그에게 말했다.

"아무 일도 아니야. 그냥 가."

인력거꾼은 들은 척도 하지 않고 – 혹은 귀에 들리지도 않았는지 모르겠다. – 인력거 채를 내려놓고 노파에게 손을 내밀어 천천히 부축해 일어서게 해 주었다.

그리고 물었다.

"어찌 됐어요?"

"부딪혀서 넘어졌단 말이야."

나는 속으로 생각하였다. 당신이 천천히 넘어지는 걸 내 눈으로 똑똑히 보았소.

다치기는 어디를 다쳐요. 미친 수작임에 틀림없어. 정말 밉살스러운데. 인력
거꾼은 인력거꾼대로 또 쓸데없는 참견만 하려고 들어. 스스로 즐겨 난처한 꼴
을 당하고 싶거들랑 마음대로 그래 봐.

인력거꾼은 노파의 말을 듣자, 조금도 주저하지 않고 그 팔을 부축한 채로 한
발 한 발 맞은편 쪽으로 걷기 시작하였다. 내가 이상히 생각하여 그쪽을 보니 거
기에는 파출소가 있었다.

세찬 바람이 분 뒤라 파출소 문 밖에는 아무도 서 있지 않았다. 인력거꾼은
노파를 부축하면서 그 파출소 정문을 향하여 걸어가는 것이었다.

나는 이 순간 갑자기 일종의 야릇한 감정에 사로잡혔다. 먼지투성이의 그의
뒷모습이 갑자기 커다랗게 느껴졌다. 그리고 멀어져감에 따라 더욱더 커져서 우
러러보지 않으면 보이지 않을 것같이 느껴졌다. 더구나 그는 나에게 차차 일종
의 위압적인 존재로 변해갔다.

그리고는 마침내 털가죽으로 안을 댄 내 저고리 속에 감추어져 있는 '비소(卑
小)'를 쥐어짜 낼 듯한 기세였다.

이때 나는 잠시 얼어 붙어버린 듯한 느낌이 들었다. 인력거에 탄 채로 꼼짝도
하지 않고, 아무것도 생각할 수 없었다. 이윽고 파출소에서 순경이 나오는 것을
보고 나는 비로소 인력거에서 내렸다.

순경은 내가 있는 데까지 오더니 말했다.

다른 인력거를 타시죠. 저 인력거꾼은 인력거를 끌지 못하게 되었습니다."

나는 생각할 겨를도 없이, 외투 주머니에서 한 움큼의 동전을 꺼내어 순경에
게 건네며 말했다.

"이걸 인력거꾼에게 …"

바람은 완전히 그쳐 있었다. 길거리는 여전히 조용하기만 하였다. 나는 걸으
면서 생각하였다. 그러나 그 생각이 나 자신에게 미치게 되는 것을 스스로 몹시
두려워하고 있는 것같이 느껴졌다. 그 전 일은 덮어둔다 해도 도대체 저 한 움큼
의 동전은 무슨 뜻이었을까? 그에게 주는 상금? 내가 인력거꾼을 심판할 수 있
단 말인가? 나는 자신에게 대답할 수 없었다.

이 사건은 지금에 와서도 끊임없이 내 마음 속에 떠오른다. 이 일로 인해 나
는 끊임없이 고통을 참으며 나 자신에게로 생각의 방향을 돌리려고 노력하게 되

었다. 지난 몇 해 동안의 문치(文治)나 무력(武力)도 나에게는 어렸을 때 읽었던 "자왈(子曰), 시(詩)에 이르기를 …" 하는 식과 마찬가지로, 한 구절도 기억에 남아 있지 않다.

다만, 이 작은 사건만이 언제나 나의 뇌리에서 사라지지 않고, 때로는 전보다 더욱 선명하게 나타나, 나를 부끄럽게 만들고, 나를 격려하며, 나아가서 나의 용기와 희망을 북돋아 주는 것이었다.

중국의 문호 루쉰(魯迅)의 작은 사건' 의 일부분입니다. 함께 출제된 다른 제시문에 나타난 삶의 자세와 윗글의 삶의 자세가 오늘날 우리 사회에서 가질 수 있는 의미에 대해 논하라'는 문제가 출제되었습니다. 학생들은 이러한 짧은 글을 통해서도 인류가 지향하여야 할 보편 정신과 오늘을 사는 우리가 지향해야 할 삶의 자세를 생각해보는 습관을 가져야 할 것입니다. 이와 같은 수준 높은 제시문들을 거뜬히 읽어내고 핵심논점을 간파한 후에 요약한다든지, 자신의 견해를 밝히는 문제들이 여러분의 앞길에서 기다리고 있습니다.

<u>폭넓고 심층적인 독서를 위해서는 동서고금의 고전을 우선적으로 읽어야 합니다.</u> 1998년 논술시험을 보기에 앞서 서울시내 12개 대학의 관계자들이 모여 논술의 제시문을 "한국 및 동서고금의 고전을 포함한 다양한 소재"에서 출제하기로 합의했었습니다. 그런데 일부 학생들은 고전을 "고대의 명작"정도로 범위를 축소하여 이해했던 것입니다. 물론 몇 년이 지난 지금 각 대학의 제시문이 '고전' 에 얽매어 있지는 않습니다. 당시의 시사쟁점이나, 표나 통계자료, 그림 자료, 등으로 변화해가는 추세에 있습니다. 그러나 아직도 많은 대학의 주요 제시문은 한국 및 동서고금의 고전에서 출제됩니다.

<u>인문사회계열의 교과서를 정독하는 습관을 들여야 합니다.</u> 교과서는 왠지 고리타분한 잔소리에 불과하다고 여기는 학생들이 많을 것입니다. 그러나 그렇지 않습니다. 그 분야의 가장 핵심적인 내용만을 간추려 대한민국 최고수준의 편집과정과 퇴고를 거쳐 만들어진 책이 바로 교과서이기 때문입니다. 아울러 꽤나 많은 논술의 주제가 바로 그 교과서의 내용과 지근(至近)거리였음을 밝힙니다. 예를 들어 "정보화 사회에서 발생할 수 있

_논술·면접 휘어잡기

는 문제점", "현대문명이 당면하고 있는 주요 문제와 그 해결 방안", "타인의 시선이 개인의 행동에 미치는 영향", "개인적, 사회적 관점에서 시간의 의미와 기능", "이미지", "현대사회에서의 앎의 중요성", "기계적 세계관의 한계", "노동문제"등은 실제 서울 주요대학의 기출 논술 주제였으며 이 주제는 이미 윤리 교과서나 사회 교과서에서 중요하게 언급되어 있는 내용인 것입니다. 수능언어영역의 비문학 분야의 제시문도 두 번 세 번 정독해서 그 핵심내용을 파악하고 요약하는 훈련을 하는 것도 좋습니다. 〈고교독서평설〉과 같은 고교생을 대상으로 하는 월간지와 〈시사저널〉, 〈한겨레21〉 등의 주간지도 좋은 읽을거리가 되겠습니다. 자연계열 학생이라면 〈과학동아〉도 추천합니다.

많은 학생들이 신문 사설을 연구하고 있습니다. 이것은 추천하고 싶지 않습니다. 대체로 신문사설에서는 주장이 강하고 그 근거는 약합니다. 차분하지도 않고 감정적인 경우도 있습니다. 특정 신문사의 경우는 더욱 심각합니다. 신문사설을 모범삼아 글을 연습한 학생들이 실제 글쓰기에서 실패할 확률이 많습니다. 차라리 신문, 잡지의 칼럼이나 시론, 평론을 권합니다. 각 분야의 전문가가 차분한 마음으로 쓴 이 자료들이 오히려 수험생들에게 도움이 될 것입니다. 신문이나 특정 잡지를 여러 권 구독하여 틈틈이 정독하는 것도 한 방법이지만 형편이 되지 않는 학생들은 인터넷을 적극 활용하시면 됩니다. 각 포털사이트의 뉴스 홈에 들어가면 단편적인 뉴스 외에 시사저널, 한겨레 21, 주간한국, 뉴스 메이커 등의 매거진 항목이 따로 있습니다. 거기에 유익한 칼럼이나 평론 등이 빼곡히 게재되어 있습니다. 고맙게 잘 활용하면 큰 도움이 될 것입니다.

수많은 학교·기관·단체의 추천도서가 있겠지만 여기서는 서울대학교 추천도서 목록을 소개합니다. 아마 읽은 책보다는 아직 읽어보지 못한 책들이 더 많을 것입니다. 어떤 것은 도서명조차 생소할 것입니다. 학생들이 여가를 이용하여 이 모든 책을 다 읽는다는 것은 물리적으로 불가능할 것으로 생각합니다. 내신 1등급을 향해 끊임없이 공부하랴, 수능시험 1등급을 향해 미리미리 준비하랴, 영어면접, 한자면접 대비를 위한 공부 따로 하랴, 어느 세월에 이 많은 책들을 다 읽을 수 있겠습니까. 단순히 대충 한번 읽고 넘어갈 수준의 글들이라면 또 모르겠습니다만, 아래의 책들은 그리 만만한 책들이 아닙니다. 그래도 가능한 한 이 중의 많은 책들을 접해보시고 자신의 독서 수준을 한 단계 더 높여보시기 바랍니다. 나머지 책들에 대한 대비는 인터넷 웹페이지를 통한 요약문(동아닷

컴에서 연재되고 있음)이라든가, 감상문 또는 요약본 서적을 통해 그 대강이라도 읽어보실 것을 권합니다.

서울대 추천 고전 200선

〈국문학편〉

1. 수이전(殊異傳)
2. 계원필경(桂苑筆耕) – [최치원]
3. 파한집(破閑集) – [이인로]
4. 역옹패설 – [이제현]
5. 송강가사(松江歌辭) – [정철]
6. 열하일기(熱河日記) – [박지원]
7. 다산시선(茶山詩選) – [정약용]
8. 구운몽(九雲夢) – [김만중]
9. 홍길동전(洪吉童傳) – [허균]
10. 남원고사[춘향전]
11. 혈의 루 – [이인직]
12. 무정 – [이광수]
13. 임꺽정전 – [홍명희]
14. 삼대 – [염상섭]
15. 천변풍경 – [박태원]
16. 고향 – [이기영]
17. 무영탑 – [현진건]
18. 상록수 – [심 훈]
19. 탁류 – [채만식]
20. 인간문제 – [강경애]
21. 감자 外 – [김동인]
22. 카인의 후예 – [황순원]

_논술 · 면접 휘어잡기

23. 님의 침묵 – [한용운]

24. 김소월 전집 – [김소월]

25. 정지용 전집 – [정지용]

26. 윤동주 전집 – [윤동주]

〈동양문학편〉

27. 시경(詩經)

28. 산해경(山海經)

29. 도연명시선(陶淵明詩選) – [도연명]

30. 이백시선(李白詩選) – [이백]

31. 두보시선(杜甫詩選) – [두보]

32. 삼국지연의(三國志演義) – [나관중]

33. 수호전(水滸傳) – [시내암]

34. 서유기(西遊記) – [오승은]

35. 홍루몽(紅樓夢) – [조설근]

36. 유림외사(儒林外事) – [오경재]

37. 노잔유기(老殘游記) – [유악]

38. 아Q정전(阿Q正傳) – [노신]

39. 자야(子夜) – [모순]

40. 각비[祥子] – [노사]

41. 가(家) – [파금]

42. 원씨물어(源氏物語) – [무라사키시키부]

43. 도련님 – [나쓰메 소세키]

44. 기탄잘리(Guitanjali) – [타고르]

45. 천일야화

〈서양문학편〉

46. 변신(Metamorphoses) – [오비디우스]

47. 일리아드, 오딧세이아 (Ilias, Odysseia) – [호메로스]

48. 오레스테스 삼부작(Oresteia) - [아이스킬로스]

49. 오이디푸스왕(Oedipus Tyrannus) - [소포클레스]

50. 메데아(Medea) - [에우리피데스]

51. 리시스트라타(Lisistrata) -[아리스토파세스]

52. 아에네이스(Aeneis) - [베르길리우스]

53. 신곡(Divina Commedia) - [단테]

54. 데카메론(Decameron) - [보카치오]

55. 햄릿, 맥베드, 리어왕, 오셀로 - [세익스피어]

56. 걸리버여행기(Gulliver' s Travels) - [스위프트]

57. 오만과 편견(Pride and Prejudice) - [오스틴]

58. 막대한 유산(Great Expectations) - [디킨스]

59. 폭풍의 언덕(Wuthering Heights) - [브론테]

60. 테스(Tess of the DUrvervilles) - [하디]

61. 젊은 예술가의 초상 (A portrait of the Artist as a Young Man) - [조이스]

62. 사랑하는 여인들(Women in Love) - [로렌스]

63. 주홍글씨(The Scarlet Letter) - [호오손]

64. 여인의 초상(The Portrait of a lady) - [제임스]

65. 허클베리 핀의 모험 (Adventures of Huckleberry Finn) - [마크 트웨인]

66. 무기여 잘 있거라 (A Farewell to Arms) - [헤밍웨이]

67. 음향과 분노 (The Sound and the Fury) - [포크너]

68. 가르강튀아의 팡타크뤼엘 (Gargantua et pantagruel) - [라블레]

69. 수상록(Les Essais) - [몽테뉴]

70. 타르튀프(Tartuffe) - [몰리에르]

71. 페드르(Phedre) - [라신느]

72. 고백록(Les Confessions) - [루소]

73. 캉디드 卟 철학적 꽁트(Candide) - [볼테르]

74. 잃어버린 환상(Illusions Perdues) - [발자크]

75. 적과 흑(Le Rouge et le Noir) - [스탕달]

76. 보바리 부인(Madame Bovary) - [플로베르]

_논술 · 면접 휘어잡기

77. 악의 꽃(Les Fleurs du Mal) - [보들레르]

78. 잃어버린 시간을 찾아서 (A la recherche du temps perdu) - [프루스트]

79. 구토(La Nauske) - [사르트르]

80. 페스트(La Peste) - [카뮈]

81. 파우스트〈제1부〉(Faust I) - [괴테]

82. 도적들 - [쉴러]

83. 하인리히 폰 오프더딩엔 (Heinrich von Ofterdingen) - [노발리스]

84. 노래의 책(Buch der Lider) - [하이네]

85. 녹색옷을 입은 하인리히 (Der grune Heinrich) - [켈러]

86. 마의 산(Der Zauberberg) - [토마스 만]

87. 말테의 수기(Die Aufzeichnungen des Malte Laurids Brigge) - [릴케]

88. 수레바퀴 아래서(Unterm Rad) - [헤세]

89. 성 - [카프카]

90. 세푼짜리 오페라 (Die Dreigroschenoper) - [브레히트]

91. 양철북(Die Blechtrommel) - [그라스]

92. 돈키호테(Don Quijote) - [세르반테스]

93. 백년 동안의 고독 (Cien Anos de Soledad) - [마르께즈]

94. 인형의 집, 유령 (Et Dukkehjem, Gengangere) - [입센]

95. 미스줄리, 아버지 (Froken Jlie, Fadren) - [스트린드베리]

96. 카라마조프 형제들 - [도스토예프스키]

97. 안나카레리나 - [톨스토이]

98. 아버지와 아들 - [투르게네프]

99. 어머니 - [고리키]

100. 개를 데리고 다니는 여인(단편집) - [체호프]

〈한국사상편〉

101. 대승기신론소(大乘起信論疏) -[원효]

102. 삼국유사(三國遺史) - [일연]

103. 원돈성불론(圓頓成佛論) -[지눌]

104. 매월당집(梅月堂集) - [김시습]

105. 화담집(花潭集) - [서경덕]

106. 성학십도(聖學十圖) - [이황]

107. 성학집요(聖學輯要) - [이이]

108. 징비록(懲毖錄) - [유성룡]

109. 선가귀감(禪家龜鑑) - [휴정]

110. 성호사설(星湖僿說) - [이익]

111. 택리지(擇里志) - [이중환]

112. 일득록(日得錄) - [정조]

113. 목민심서(牧民心書) - [정약용]

114. 북학의(北學議) - [박제가]

115. 의산문답(醫山問答) - [홍대용]

116. 기학(氣學) - [최한기]

117. 동경대전(東經大典) - [최제우]

118. 매천야록(梅泉野錄) - [황현]

119. 한국통사(韓國痛史) - [신채호]

120. 조선상고사(朝鮮上古史) - [박은식]

〈동양사상편〉

121. 주역(周易)

122. 논어(論語) - [공자]

123. 맹자(孟子) - [맹자]

124. 대학(大學)

125. 중용(中庸)

126. 도덕경(道德經) - [노자]

127. 장자(莊子) - [장자]

128. 순자(荀子) - [순자]

129. 한비자(韓非子) - [한비자]

130. 바가바드 기타(Bhagavad-gita)

_논술 · 면접 휘어잡기

131. 중론(中論) – [용수]

132. 법구경(法句經)

133. 육조단경(六祖檀經) – [혜능]

134. 사기열전(史記列傳) – [사마천]

135. 근사록(近思錄) – [주희]

136. 전습록(傳習錄) – [왕수인]

137. 명이대방록(明夷待訪錄)– [황종희]

138. 대동서(大同書) – [강유위]

139. 삼민주의(三民主義) – [손문]

140. 실천록(實踐錄) – [모택동]

〈서양사상편〉

141. 역사 – [헤르도투스]

142. 국가 – [플라톤]

143. 정치학 – [아리스토텔레스]

144. 의무론 – [키케로]

145. 타키투스의 게르마니아 – [타키투스]

146. 고백론 –[아우구스티누스]

147. 군주론 – [마키아벨리]

148. 유토피아 – [모어]

149. 전쟁과 평화의 법 – [그로티우스]

150. 두 우주 구조에 대한 대화 – [갈릴레오]

151. 신 논리학 – [베이컨]

152. 방법서설 – [데카르트]

153. 리바이어던 – [홉스]

154. 프린키피아 – [뉴튼]

155. 정부론 – [로크]

156. 신학문의 원리 – [비코]

157. 법의 정신 – [몽테스키외]

158. 사회계약론 – [루소]

159. 범죄와 형벌 – [베카리아]

160. 국부론 – [스미스]

161. 형이상학서설 – [칸트]

162. 역사철학강의 – [헤겔(Hegel)]

163. 미국의 민주주의 –[토크빌]

164. 실증철학강의 – [콩트]

165. 권리를 위한 투쟁 – [예링]

166. 종의 기원 – [다윈]

167. 자유론 – [밀]

168. 고대법 – [메인]

169. 자본론 – [마르크스]

170. 짜라투스트라는 이렇게 말했다 – [니이체]

171. 자살론 – [뒤르껭]

172. 꿈의 해석 – [프로이트]

173. 창조적 신화 – [베르그송]

174. 슬픈열대– [레비 스트로스]

175. 생의 비극적 감정 – [우나무노]

176. 일반 언어학 강의 – [소쉬르]

177. 프로테스탄티즘의 윤리와 자본주의 정신 – [베버]

178. 옥중수고(獄中手稿) – [그람시]

179. 존재와 시간 – [하이데거]

180. 중세사회 – [블로크]

181. 아동지능의 근원 – [피아제]

182. 자본주의 사회주의 민주주의 – [슘페터]

183. 예종에의 길 – [하에크]

184. 심리학과 종교 – [융]

185. 지각의 현상학 – [메를로–퐁티]

186. 생명이란 무엇인가? – [슈뢰딩거]

논술 · 면접 휘어잡기

187. 철학적 성찰 – [비트겐슈타인]

188. 시각예술에서의 의미 – [파토프스키]

189. 인간현상 – [샤르댕]

190. 순수법학 – [켈젠]

191. 진리와 방법 – [가다머]

192. 영국노동계급의 형성 – [톰슨]

193. 인식과 관심 – [하버마스]

194. 부분과 전체 – [하이젠베르크]

195. 지식의 고고학 – [푸코]

196. 과학혁명의 구조 – [쿤]

197. 정의론 – [롤즈]

198. 성과 속 – [엘리아데]

199. 물질문명과 자본주의 – [브로텔]

200 책임의 원리 – [요나스]

〈200선 외 작품〉

1. 타이스, 붉은 백합 – [아나톨 프랑스]

2. 간계와 사랑 – [빌헬름 텔쉴러]

3. 고리오 영감 – [발자크]

4. 라신희곡선집 – [라신]

5. 빌헬름마이스터의 편력시대 – [괴테]

6. 당송팔대가의 산문세계 – [당송팔대가]

7. 소순흠시역주 – [소순흠]

8. 천로역정 정편 – [벤야민 킨]

　　논술의 중요 제시문 영역 중의 하나가 시사문제입니다. 교실에서 교과서와 씨름하는 학생들이 현실세계의 시시각각 변화하는 흐름까지도 파악해야 한다는 것은 참 힘든 일이라고 생각합니다. 또 뉴스를 듣더라도 특정한 시사 단어의 개념을 모를 경우 들어도 제대로 듣는 것이 아닐 것입니다. 여기에서는 시사적인 단어의 원리개념만을 설명하고자 합니다. 여기에 언급된 내용은 핵심적인 내용일 뿐이며 세세한 내용은 아니라는 점을 밝힙니다. 시사상식은 논술을 대비하는 공부일 뿐 아니라 구술면접을 대비한 공부이기도 합니다.

정치·경제편

■ 개방형 직위제

　　정부개혁 방안의 한 부분. 공무원 사회에 민간의 활력과 전문성을 이식하기 위해 지난 1999년 말 도입됐으며 주요 직위의 담당자를 민간인과 공무원의 공개경쟁을 통해 선발하는 제도이다. 그러나 공무원들에게 제 밥그릇 빼앗기로 인식되어 활성화되지 않고 있다.

■ 개인파산제도

　　개인소비자가 자신의 능력으로는 도저히 감당할 수 없는 빚을 진 경우 법원에 신청하면 법원은 당사자를 불러 부채 부담경위 등을 심문하는 절차를 밟은 후, 파산선고 결정을 내린다. 당사자는 면책절차를 거쳐 면책허가 결정을 받아야만 채무에서 완전 해방될 뿐 아니라 이전의 모든 권리를 누릴 수 있다.

국가간 거래에서 자본거래를 제외한 상품과 서비스 수출입 등 경상거래를 통해 벌어들인 돈과 지출한 돈의 차이를 말한다. 한 국가의 대외거래 상태를 나타내는 지표 가운데 하나로 무역수지·무역외수지·이전수지(移轉收支)를 합한 것이다.

외국인투자 유치정책의 일환으로서 외국자본과 기술의 활발한 국내유치를 유도하기 위해 각종 인프라 제공은 물론, 세제 및 행정적 특혜 등을 주기 위해 선정된 특정지역 또는 공업단지를 말한다. 처음 중국에서 실시되어 좋은 효과를 거둔 뒤 많은 국가에서 이를 따라하고 있다. 경제특구에서는 각종 세금혜택을 받을 수 있으며 통화의 장벽도 없어진다. 외국인을 위한 각종 편의시설이외에도 도로 표지판이나 안내판에는 국어, 영어, 한문을 함께 쓰게 된다.

경제 현상 중의 하나. 자본주의 경제 체제에서 상품 생산의 과잉, 수요의 저하, 가격의 폭락, 실업의 격증, 기업의 도산 등으로 한 때 모든 경제 활동이 혼란에 빠지는 상태를 말한다.

헌법사항에 관해 오랜 관행이 거듭돼 오면서 국민들 사이에 헌법적 효력을 갖는다고 법적 확신을 가지게 되는 법을 말한다. 헌법재판소는 수도이전 헌법소원 위헌 결정문에서 서울이 수도라는 점은 관습 헌법으로 성립된 불문헌법이라고 언급하면서 관심이 고조된 개념이다.

한 나라의 산업은 경제 발전 단계, 임금 수준 등 여건 변화에 따라 경쟁력이 떨어지는 기업이나 분야가 도태되면서 고부가 가치 산업을 중심으로 산업 구조가 고도화되는 과정을 거친다. 성장성이 희박한 사업 분야의 축소 내지 폐쇄, 중복성을 띤 사업의 통폐합, 기구 인원의 감축, 부동산 등 소유자산의 매각처분 같은 소극적 방법도 있고 국내외의

유망기업과 제휴하여 새로운 기술을 개발시킨다거나 전략적으로 다른 사업 분야와 공동
사업을 추진하는 등의 적극적인 방법도 있다.

■ 구상권

빚을 진 사람 대신 갚아준 돈을 다시 그 사람에게서 받아낼 수 있는 권리를 말한다. 착
오에 의하여 타인의 채무를 변제한 사람이 그 타인에게 생긴 부당이득의 반환을 청구하
는 경우도 있으며 타인을 위하여 손실을 받은 사람이 그 타인에 대하여 가지는 손해배상
청구권이라는 뜻으로 쓰일 때도 있다

■ 국제자유도시

말 그대로 사람과 물자가 국적에 관계없이 자유롭게 드나들 수 있는 지역을 말한다.
홍콩과 싱가포르가 대표적인 국제자유도시로 꼽힌다. 국제자유도시는 비자가 없어도 입
국할 수 있고 관세도 면제하는 지역이다.

■ 그린 마케팅

환경을 덜 손상시키는 소위 그린상품 판매에서 한발 더 나아가 생태학적으로 보다 안
전한 제품, 재활용이 가능하고 썩어 없어지는 포장재, 보다 양호한 오염 통제장치, 에너
지를 효율적으로 활용하는 방안의 개발 등 환경의 효율적인 관리를 통해 인간의 삶의 질
을 향상시키는데 초점을 맞추고 있는 마케팅 활동을 말한다. 기존의 상품판매 전략이 단
순한 고객의 욕구나 수요충족에만 초점을 맞추는 것과는 달리 공해요인을 제거한 상품
을 제조ㆍ판매해야 한다는 소비자보호운동에 입각한 운동이다.

■ 기업사냥꾼(raiders)

기업의 인수합병과 관련한 전문투자가를 말한다. 그들은 필요에 따라 우호적 M&A나
적대적 M&A 방식을 취하지만, 최근에는 적대적 매수자를 지칭하는 경우가 많다. 경영
권을 위협할 정도의 주식을 매입해 시세차익을 노리는 투자가를 말하기도 한다.

■ 그린라운드

지구 환경문제를 다자간 협상에 올려 환경규제기준에 위반한 제품은 수입을 금하며,

관세 부과 등 각종 제재 조치를 가하도록 하는 것으로 미국 등 선진국에서 제기되었다.

■ 내부자거래

특정기업과 특별관계에 있는 사람이 자신의 지위를 악용해 회사정보를 입수, 불공정하게 주식을 매매하는 것을 말한다. 기업체의 임원 등 내부 사정을 잘 아는 사람이 일반투자자들에게 공개되지 않은 중요한 정보를 갖고 주식을 매매하면 부당이익을 취할 수 있기 때문에 증권거래법에 의해 내부자거래가 금지되어 있다.

■ 네오콘

네오 컨서버티브(neo-conservatives)의 줄임말로 공화당을 중심으로 한 미국의 신보수주의자들 또는 그런 세력을 말한다. '선제공격론' 등을 거론하며 힘의 우위에 따른 외교를 내세우고 있다. 딕 체니 부통령과 럼즈펠드 국방장관이 네오콘의 대표적 인사이다.

■ 다국적기업

여러 나라에 계열회사를 가지고 세계적 규모로 활동하는 거대기업. 1950년대 후반부터 미국의 대외직접투자가 급증하고, 거대기업 대부분이 단순하게 제품을 해외에 판매하는 것이 아니라 여러 나라에 생산거점을 가지고 상당한 비율로 해외에서 생산을 하게되었다. 다국적기업은 세계의 제 자원을 효율적으로 사용하여 생산 활동을 행하고 고도의 경영관리기능과 기술개발, 적극적인 시장개척 등을 통해 국가 간의 상호의존관계를 강화하고 기술이전을 촉진시킨다는 긍정적인 측면도 있으나 세율이 낮은 제3국에 자회사를 설립하고 이전가격의 조작을 통해 조세회피를 도모하여 그 기업 활동이 국가주권과 충돌하는 부정적 측면도 동반하고 있다.

■ 더블딥(double dip)

더블딥이란 '두 번(double) 떨어진다(dip)'는 뜻으로 경기침체 후 잠시 회복기를 보이다가 다시 침체에 빠지는 이중침체 현상을 말한다. 즉 경기가 일시 회복했다가 다시 침체에 빠지는 W자형 회복을 의미한다.

■ 독점

어떤 상품이, 시장에서 공급자 또는 수요자의 수가 극히 적어, 그의 공급량 또는 수요량의 증감에 의하여 시장가격을 좌우할 수 있는 시장형태를 말한다. 독점기업은 구매자의 사정은 고려하지 않고, 자기 이윤이 극대가 되도록 가격을 결정한다. 많은 나라에서 독점 방지법으로 독점을 엄격하게 제한하고 있다.

■ 레드오션 전략

기업이 기존 산업과 시장구조 하에서 경쟁기업과 치열한 경쟁을 벌임으로써 수익성과 성장성이 낮아지고 시장은 '붉은 피의바다' 로 전락하는 것을 비유적으로 일컫는 말. 붉은바다는 이미 존재하고 있는 시장으로 점유율경쟁에서 앞서야 할뿐만 아니라 기존 업체는 물론 신생업체와도 싸워 이겨야 살아남는 살벌한 시장을 뜻한다. 붉은 바다에서는 산업간 경계가 불분명한 경우가 태반이며 게임의 규칙이 이미 널리 알려져 경쟁사가 늘어날수록 이익과 성장 가능성은 감소한다.

■ 로드맵(Road Map)

앞으로의 계획, 전략 등이 담긴 구상지도, 청사진, 안내도 등으로 번역될 수 있다. 미국·러시아·국제연합·유럽연합이 중심이 되어 2005년까지 팔레스타인의 독립국가 창설을 통해 중동 지역에 평화를 정착시키려는 중동평화안에서 나타났다. 국가차원에서 로드맵은 어떤 일을 추진할 때 각종 비전과 지원계획을 담은 것이고, 산업 및 기업차원에서는 주로 앞으로의 기술계획과 표준화를 위한 기술로드맵이 쓰인다.

■ 매판자본(買辦資本)

식민지나 후진국 등에서 외국자본과 결탁하여 자국민의 이익을 억압하는 토착자본을 말한다. 원래는 외국자본과 자국의 시장을 중개하는 무역상인 또는 외국상사의 대리업자의 자본을 뜻하였다.

■ 머천다이저(MD)

약자로 'MD' 라고도 한다. 상품화 계획 또는 상품기획을 전문적으로 하는 사람이다. 상품이라는 의미인 'merchandise' 에 'er' 을 덧붙여 상품화 계획, 구입, 가공, 상품진

_논술·면접 휘어잡기

열, 판매 등에 대한 결정권자 및 책임자를 의미한다.

■ 모기지론

주택자금 수요자가 은행을 비롯한 금융기관에서 장기 저리자금을 빌리면 은행은 주택을 담보로 주택저당증권(MBS)을 발행, 이를 중개기관에 팔아 대출자금을 회수한다. 중개기관은 MBS를 다시 투자자에게 판매하고 그 대금을 금융기관에 지급하는 시스템이다.

■ 방카슈랑스

은행과 보험사가 상호 제휴와 업무 협력을 통해 종합금융서비스를 제공하는 새로운 금융결합 형태를 말하는 것으로서 프랑스어로 은행(Banque)과 보험(Assurance)의 합성어로, 기존 은행이 보험회사와 연결하여 보험성격이 짙은 상품을 개발, 판매함으로써 일반 개인에게 종합금융서비스를 제공하는 것. 또는 보험회사가 은행지점을 보험상품의 판매대리점으로 이용하여 은행원이 직접 보험상품을 파는 영업형태를 말하기도 한다.

■ 벌처펀드(Vulture Fund)

파산한 기업이나 자금난에 부딪쳐 경영 위기에 처한 기업을 싼값에 인수하여 경영을 정상화시킨 후 비싼 값으로 되팔아 단기간에 고수익을 올리는 자금으로, 고위험·고수익을 특징으로 하는 자금을 말한다. 벌처란 썩은 먹이를 먹는 독수리를 뜻한다. 벌처 펀드를 이용한 M&A는 M&A의 특수한 유형으로서 부실기업 자산을 싸게 사들인 뒤, 인원감축과 자산매각 등 구조조정을 실시하여 경영을 정상화한 다음 다시 기업을 되파는 수법을 쓴다.

■ 벤치마킹

특정분야에서 뛰어난 업체를 선정해 제품이나 기술, 조직의 강점을 분석해서 그것을 보고 배워 자사의 경영과 생산에 합법적으로 응용하는 것. 이는 타사의 제품을 몰래 복제하거나 특허를 침해하는 범죄행위와는 구별된다.

■ 보이지 않는 손

영국의 고전파 경제학자인 애덤 스미스가 그의 저서 [국부론]에서 사용한 말로서 개개의 모든 이해(利害)는 궁극적 · 자연적으로 조화를 이룬다는 사상이다. 모든 것을 시장에 맡기면 시장이 가장 효율적인 길을 찾아간다는 것이다. 즉, 이윤을 추구하는 수백만 명의 소비자와 생산자가 국가의 간섭 없이 이성적인 결정을 내리는 결과가 바로 '보이지 않는 손'이다.

■ 분식회계(粉飾會計)

기업이 자금융통을 원활히 할 목적으로 고의로 자산이나 이익 등을 크게 부풀려 계산하는 회계로서 분식결산(粉飾決算)이라고도 한다. 회사의 실적을 좋게 보이기 위해 기업이 자산이나 이익을 실제보다 부풀려 재무제표상의 수치를 고의로 조작하는데, 창고에 쌓여 있는 재고의 가치를 과대 계상하거나 허위 매출전표를 끊는 방법, 매출채권의 대손충당금을 고의로 적게 계상하거나 누락시키는 등의 방법이 주로 이용된다.

■ 블루오션 전략

기업이 새로운 수요를 창출하여 경쟁자가 없는 미개척 시장에서 고수익 · 고성장을 추구하는 경영전략을 말한다. 푸른바다(Blue Ocean)는 '아무도 목표로 삼은 적이 없으며 거대한 성장 잠재력을 가지고 있는 미개척 시장'을 뜻한다.

■ 사보타주(Sabotage)

고의적인 사유재산 파괴나 태업 등을 통한 노동자의 쟁의행위를 말한다. 중세 유럽 농민들이 영주의 부당한 처사에 항의하여 수확물을 사보사보(sabot:나막신)로 짓밟은 데서 연유한다. 우리나라에서는 흔히 태업(怠業)으로 번역한다.

■ 상표가치

상표의 인지도만으로 현재 또는 미래에 거둘 수 있는 이익을 금액으로 환산한 수치를 말한다. 인터브랜드사의 평가가 세계적으로 가장 유명하다. 기업의 재무제표와 분석가들의 보고서를 근거로 미래 수익 잠재력을 추산하여 산출, 해당 상표명으로 팔리는 전제품 매출액과 영업이익에 대한 자본투입비율 등을 고려하여 산정한다.

■ 아웃소싱(outsourcing)

기업환경이 갈수록 빠른 속도로 변화하기 때문에 기업의 경쟁력을 제고하기 위해 기업의 핵심적인 분야를 제외하고 기타 서비스를 외부에 위탁하는 것을 말한다. 아웃소싱을 하는 가장 큰 이유는 조직의 유연성과 민첩성을 제고하고 비용절감, 서비스 수준 향상 등이 이루어질 수 있기 때문이다.

■ 알박기

개발지역 내 일부 토지를 확보한 뒤 개발업자로부터 지나치게 높은 보상을 요구하는 행위로서 분양가 올리는 주범으로 지목되고 있다. 이에 정부에서는 '알박기'를 방지하기 위해 민간주택 건설업자에게 사업시행자가 민사소송 낼 경우 매도청구권을 주는 제도를 도입했고 법원에서도 '알박기' 사범에게 땅을 팔아서 얻은 부당이익을 돌려주라고 판결해 투기행위를 응징하고 있다.

■ 자유무역협정(FTA;Free Trade Agreement)

영문 머리글자를 따서 FTA로 부른다. 2개 이상의 국가가 서로 관세와 수입제한 제도를 철폐해 통상을 자유화함으로써 무역의 증진을 꾀하는 지역간 협정을 말한다. 이는 각 나라간 교역을 자유화할 경우 무역거래와 국제간 분업이 확대되어 서로의 이익이 증대될 것이라는 자유주의 경제이론에서 출발했다. 협정이 체결되면 당사국간에는 세금이 면제되고 무역장벽도 없어져 투자나 서비스 및 경쟁시장이 상호 개방된다.

■ 제로섬 사회

미국 MIT의 L.C.더로가 주장하였다. 미국사회는 제로성장에 빠지게 되면, 에너지·환경·인플레이션 등의 까다로운 문제를 해결하는 데 큰 어려움을 겪게 된다. 그것은 어떠한 문제이든 반드시 어느 계층의 이해(利害)와 충돌하게 되어 그들의 반론에 부닥뜨리게 되기 때문이다. 그러므로 제로섬 상황을 타파하기 위해서는 저축을 투자에 결부시켜, 경제성장률을 플러스가 되게 하여야 한다는 이론이다. 또 어떤 시스템이나 사회 전체의 이익이 일정하여 한쪽이 이익을 보면 반드시 다른 한쪽이 손해를 봄으로써 그 사회의 발전이 이득과 손실의 합이 제로(0)가 되는 사회를 의미하기도 한다.

■ 출자총액제한제도

정부가 출자총액 제한을 하는 것은 재벌그룹들이 기존 회사의 자금으로 다른 회사를 손쉽게 설립하거나 혹은 타사를 인수함으로써 기존업체의 재무구조를 악화시키고 무분별한 사업 확장을 방지하기 위해서 1987년 도입됐으며 30대 그룹에 속하는 회사가 순자산액(자기자본금액－자기 계열사가 보유한 지분액)의 25%를 초과해 다른 계열사에 출자할 수 없도록 한 제도이다.

■ 탄핵소추권

대통령을 비롯한 고위직 공직자를 대상으로 그 법적인 책임을 헌법이 정하는 특별한 소추절차에 따라 추궁함으로써 헌법을 보호하는 제도로써 대통령을 비롯하여 특정 고급 공무원헌법 등 일반적인 징계절차로써 파면시키거나 일반 사법기관에서 소추하기 곤란한 인사들을 법률 규정에 의해 소추를 의결할 수 있는 국회의 권리이다.

■ 태스크 포스(Task Force)

본래 '기동부대'라는 군사용어인데 일반화되어서 쓰이고 있다. 어떤 과제를 성취하기 위해 필요한 전문가에 의해서 만들어진 기한이 정해진 임시조직을 말한다. 프로젝트팀(project team)이라고도 불린다.

■ 테크놀로지 라운드(TR)

우루과이 라운드, 그린라운드에 이어 제 3의 국제 질서로 대두되고 있다. 각국 정부의 연구 개발 투자에 대한 지원이 결과적으로 공정 무역 질서에 장애 요인으로 작용할 경우 이를 국가간에 규제하려는 움직임을 말한다.

인문 · 사회 · 문화편

■ 개인

국가 또는 사회를 구성하는 개개의 사람. 사회학적 개념에서의 개인은 사회를 구성하고 있는 원자단위이며, 사회현상의 기본적 원동력이라고 규정하고 있다. 개인은 사회의 유기적·조직적 요소로서 사회와 분리될 수 없는 융합적인 관계에 있다.

■ 개인주의와 전체주의

개인주의는 국가나 사회보다 개인이 어떠한 식으로든 우선한다는 사상이다. 사회 철학이나 정치적 이론, 그리고 실제적인 문제와 도덕적인 사고, 행동에 이르기까지 인간이 어떤 의미에서든 반드시 사회보다 우위에 있어야 한다는 입장이다. 그러나 정치·경제 면에서 국가의 통제·간섭을 없애고 인간의 자연본성(自然本性)인 이기심(利己心)의 자유와 개인이 자신의 의지로 행위를 결정하고 책임을 지게 된다면 상상할 수 없는 일이 벌어질 것이다. 반면 전체주의는 사회를 하나의 '공동체'로 간주하며, 개인은 전체 속에서 비로소 존재가치를 갖는다는 주장을 근거로 강력한 국가권력이 국민생활을 간섭·통제하는 사상 및 그 체제이다. 주로 사회주의자들의 정치적 정책의 근간을 이루고 있다.

■ 계층

사회적 지위가 거의 비슷한 사람들의 층을 말한다. 사회구성을 밝히기 위해 사용하는 구분으로서 계급이 주로 물질적·객관적 기반에 입각하여 경제적인 측면에서 사회구성을 밝히는 개념인 데 대하여, 계층은 여러 지표를 써서 사회 및 집단의 구성을 내부적으로 밝히는 데 사용된다. 정치·경제·직업 등을 지표로 정하고, 그 내부구성을 밝히는 데 사용되는 개념이다. 동일한 계급 내에서도 성(性)·연령·소득·의식수준 등을 기준으로 몇 가지 층으로 나눌 수 있으며, 이에 따라서 사회구성의 구체적 내용이 더욱 명확해진다.

■ 고령화 사회

총인구 가운데 65살 넘는 인구가 차지하는 비율이 7%이상인 사회를 말하며 고령사회의 전단계에 해당한다. 한국은 지난 2000년에 65살 이상의 인구가 7.2%를 기록해 이미 고령화 사회에 들어섰다고 통계청이 발표했다. 2019년에는 65살이상이 14.4%로 고령 사회에 진입하고 2026년이 되면 고령 인구가 20%를 넘는 초고령사회로 진입할 예정이다.

■ 공익제보자

조직 또는 조직내부 구성원의 불법·비윤리적·공공 이익에 반하는 행위 등에 대한 정보를 신고하거나 공개한 사람을 말한다. 공익제보는 기관이나 공익단체에서 실시하고 있지만 가장 큰 문제점은 신고자의 신분보장과 보호 장치가 미비하다는 점이다.

■ 관습

일정한 사회에서 오랫동안 지켜 내려와, 일반적으로 인정되고 습관화되어 온 질서나 규칙을 일컫는다. 특히 의식주·관혼상제, 가족이나 친족 관계, 남녀교제의 관례 등이 포함되는데, 도덕·법과 더불어 사회규범에 속한다. 도덕을 위반하면 사회적 비난을 받고, 개인적으로도 양심의 가책을 느낀다. 그러나 관습을 위배하면 도덕이나 법만큼 엄한 처벌을 받지는 않으나 사회적으로 따돌림을 당하고 눈총을 받는다.

■ 권위주의

외재적인 권위에 대하여 맹목적으로 복종하는 태도 및 그에 따르는 여러 사고방식·행동양식을 말한다. 사실적인 강제 기능으로서의 권력이 장기간 존속한다는 것은 실은 그에 복종하는 사람들이 권력의 소유를 인정하고 있기 때문이다. 권위는 사회의 대중이 권력의 소유를 기대하고 승인할 때 성립한다. 권위주의자 또는 권위주의적 사고에서는 힘에의 맹신·일체화를 볼 수 있으며, 반이성적이고 반근대적인 내용을 가지는 것이 특징이다.

■ 귀속적 지위와 업적적 지위

개인의 기능이나 업적에 의하지 않고, 사회 속에서 계승된 신분에 의하여 얻은 지위. R.린턴은 사회적 신분을 출신에 의한 귀속적 지위(신분)와 업적에 의한 업적적(획득적) 지위(신분)로 나누고, 전자는 개인의 자질이나 재능의 차이와 상관없이 출생시부터 또는 일정 연령에 도달한 때부터 결정되는 지위로서, 성별, 연령, 혈연관계, 피부색, 인종, 계급 등에 의하여 결정되는 것이라고 하였다. 일반적으로 미개사회나 전근대적 사회에서는 세습적 신분과 같은 귀속적 지위가 우위를 차지하였으나, 근대화가 진행됨에 따라 업적적 지위가 중시되는 경향이 있다. 근대사회에서는 학력 등과 같은 새로운 속성도 형성되었으므로 현실사회에서는 귀속적 지위와 획득적(업적적) 지위의 성격을 아울러 지니는 신분이 존재한다.

_논술·면접 휘어잡기

기부금을 내고 대학에 입학하는 것으로 고교등급제·본고사 부활과 함께 정부가 대입 3不 정책으로 묶어놓고 있는 사안이다. 대학 재정위기 해소와 대학교육 부실방지라는 장점이 있는 반면 위화감 조성, 일부 상류층을 위한 특혜시비 등 단점도 많기 때문이다.

■ 네스팅족

단란한 가정 분위기를 가장 중시하고 집안 가꾸기에 열중하는 신세대를 일컫는 신조어이다. 그 동안 치열했던 사회활동과 개인주의 성향, 서구화 등으로 인해 가정 본래의 의미가 퇴색하고 해체의 기미까지 보이는 데 대한 반발 심리와 최근의 여가 중시 풍조가 겹쳐 새로 등장했다.

■ 노블레스 오블리주(Noblesse oblige)

'귀족은 귀족다워야 한다' 는 프랑스 어 속담 Noblesse oblige에서 유래한 것으로, 지금은 사회의 지도적인 지위에 있거나 여론을 주도하는 위치에 있는 사람들이 마땅히 지녀야 할 도덕적·정신적 의무를 뜻하는 말로 사용되고 있다. 높은 사회적 신분에 상응하는 도덕적 의무를 위해 검소한 삶을 살고 신중하게 소비하는 것. 부와 사회적 위세를 과시하지 않는 것, 물질보다는 정신적 가치를 소중히 여기는 것 등이 이에 포함된다.

■ 느린 도시(Citta Slow)

현대사회의 바쁜 속도를 포기하고 느릿느릿하고 조용하고 여유 있는 삶을 즐기며, 지방색을 보존하는 동시에 모더니즘에서 해방되기 위해서 설립된 도시를 말한다. 최근 이탈리아 투스카니와 움부리아 지방의 그레베시 등 33개 소도시가 느린 도시를 세우겠다고 발표했다. 그 구체적 내용은 일단 자동차를 추방하고 자전거 이용을 권장하며 공해 없이 조용히 움직이는 전기버스를 늘리려 한다. 자동차 운행이 불가피한 곳에서는 경적의 사용을 금한다는 점도 있다.

■ 니트족(NEET族)

'Not in Education, Employment, or Training' 의 머리글자를 딴 신조어이다. 아예 직업을 가지려고 생각도 하지 않는 사람들이다. 취업과 일에 대한 의욕을 아예 접고 살아가는 까닭에 일할 의지가 있지만 일자리를 구하지 못하는 실업자나 아르바이트로 연명하는 프리터족과는 다르다. 니트족 문제는 경제침체기인 1990년대 영국 등 유럽에서 먼저 제기됐다. 고용환경이 악화된 상황에서 취업난으로 자포자기하는 사람들이 증가하면서 동시에 니트족들도 기하급수적으로 늘어났다.

■ 님비 현상(NIMBY)

'Not in my backyard'의 약자로 자기 주거 지역에 환경을 파괴하는 혐오시설 등이 들어오는 것을 반대하는 집단 이기주의를 말한다. 핵폐기물처리장, 하수종말처리장, 쓰레기매립장, 시립화장장 등을 자신들이 살고 있는 지역에 들어오는 것을 반대하는 행위들이 이에 해당한다. 주로 주민들과 중앙정부 혹은 주민들과 지방정부와의 갈등이 님비현상의 구체적 사례들이다.

■ 대량살상무기(WMD)

'Weapons of Mass Destruction'의 약자이다. 생화학 무기 · 핵무기 · 중장거리 미사일 등 짧은 시간에 대량의 인명을 살상할 수 있는 무기를 가리킨다. 막대한 파괴력 때문에 여러 국제협약에서는 대량살상무기 개발을 금지하고 있다.

■ DINS족(Double Income No Sex)

세계적인 경제 불황으로 치열한 경쟁사회에서 생존하려고 몸부림치는 맞벌이 부부들에게 물리적인 시간의 부족과 스트레스, 피로누적 등의 이유로 성(sex)없는 결혼생활을 영위하는 세태를 가리키는 말이다. 이는 맞벌이를 하면서 아이를 갖지 않는 딩크족과 더불어 나타나는 사회현상이다.

■ 딩크족(Dink)

'Double Income, No Kids'의 약어로 여피 다음 세대를 지칭하는 말이다. 이들은 정상적인 부부 생활을 영위하면서도 의도적으로 자녀를 두지 않고 맞벌이를 하며, 돈과 출세를 인생의 목표로 삼는 현세대의 대표적인 유형이다. 그들은 넓고 깊은 사회적 관심과 국제감각을 지니고 상대방의 자유와 자립을 존중하며 일하는 삶에서 보람을 찾으려고 한다. 또한 돈과 출세를 인생의 목표로 삼는 현세대의 표상적인 인간 군상을 가리키기도 한다. 중국에서도 이른바 중국어로 딩커주(丁克族)라 불리는 이들은 현재 사회지도층의 자녀들이나 의사, 변호사 등의 젊은 전문직 종사자 부부들 사이에서 급속도로 형성되어 전국적으로 확산된 것으로 알려지고 있다.

■ 라마단

1400년 전 예언자 마호메트가 이슬람 성전인 코란을 계시 받은 이슬람력의 9월을 뜻한다. 아랍어로 '더운 달'이라는 뜻의 라마단은 성직자들이 육안으로 초승달을 확인하는 날부터 시작된다. 이 기간에 이슬람교도들은 해가 떠서 질 때까지 음식물을 섭취하지 않고 부부관계를 금하는 등 철저한 금욕과 절제 생활을 해야 한다. 다만 여행자, 병자, 임산부, 노인 등은 이 의무가 면제되는 대신 후에 별도로 수일간 지켜야 한다. 라마단 기간 각 관공서와 직장에 근무하는 모슬렘들은 하루 6시간만 근무한다.

■ 롤리건(roligan)

'조용하다. 질서 정연하다. 평화' 등을 뜻하는 덴마크어(語) '롤리그(rolig)'에서 이름을 땄다. 뒤에 붙은 '건(gan)'은 축구장에서 난동을 부리는 영국식 축구 팬들을 일컫는 훌리건(hooligan)에서 유래한 것이다. 열광적인 축구팬인 의미에서는 훌리건(hooligan)과 같지만 훌리건이 폭력적인 반면 롤리건은 평화적이며 긍적적인 관전태도로 일관한다. 영국과 독일출신의 축구장 난동꾼들인 훌리건과 비교해 80년대 덴마크 축구팬들을 지칭, 만들어졌다. 우리의 '붉은 악마'와도 비슷하다. 이들은 '폭력 없는 축구'를 모토로 덴마크팀의 경기가 열리면 세계 어디든지 달려가 열광적으로 응원한다.

■ 루키즘(lookism)

외모가 개인간 우열과 인생의 성패를 가르는 기준이라고 믿으며 집착하는 외모지상주의 또는 외모차별주의를 말한다. 미국 뉴욕타임스의 저명 칼럼니스트 윌리엄 새파이어가 최근 외모주의 '루키즘'(lookism)이 부상하고 있다며 그의 칼럼 '온 랭귀지(On Language)'에서 주장한 말이다. 인종, 성, 종교, 이념 등과 함께 인류 역사에 불평등을 만들어낸 원인의 하나로 '외모'를 지목, 처음 사용했으며 용모가 개인 간 우열과 인생의 성패를 가르는 잣대로 부각되고 있다고 주장했다. 그러나 외모에 너무 집착하다 보면 병증으로 발전할 수도 있다는 것이 가장 큰 문제점으로 지적되고 있다. 막대한 돈을 들여

성형수술을 하고, 그것도 모자라 몇 번씩이나 되풀이하여 성형수술을 하면서 외모를 가꾸는 데 열과 성을 다한다. 이 과정에서 강박증이 생기기도 하고, 심하면 신체변형 장애까지 일어나게 된다.

■ 메세나

문화예술·스포츠 등에 대한 원조 및 사회적·인도적 입장에서 공익사업 등에 지원하는 기업들의 지원 활동을 총칭하는 용어이다. 문화예술 보호운동에 헌신했던 고대 로마 제국의 시인이자 정치가인 가이우스 마에케나스의 이름에서 연유된 프랑스어이다. 오늘날 메세나는 주로 기업의 예술, 문화, 과학에 대한 후원과 지원을 의미한다. 이는 기업이윤의 사회적 환원이란 측면과 홍보전략의 수단으로 기업지명도 향상 및 이미지 제고라는 양면성을 갖는다.

■ 메트로 섹슈얼(Metrosexual)

남성성을 유지하면서도 패션, 헤어스타일 등 외모 가꾸는 것에 대해 관심을 기울여 자신 안에 내재돼 있는 여성성을 긍정적으로 즐기는 현대남성을 뜻하는 신조어이다. 이들은 외모 가꾸는 것을 자연스럽게 생각해 피부와 헤어스타일에 시간과 돈을 투자하며, 쇼핑을 즐긴다. 또 음식, 문화 등에 관심을 보인다. 20~30대 초반의 도시 남성들에게 이러한 경향이 많이 나타난다. 패션 감각이 뛰어난 이들은 유행을 이끌어가며 패션산업의 새로운 소비층으로 떠오르고 있다. 1994년 영국의 문화비평가 마크 심프슨이 일간지 '인디펜던트'에 기고한 글에서 여성적 취향의 남성들을 '메트로섹슈얼'로 표현한 것이 시초이다.

■ 매스 미디어

미디어란 매체(媒體), 수단(手段)이란 뜻으로, 불특정 대중에게 공적, 간접적, 일방적으로 많은 사회정보와 사상(事象)을 전달하는 신문, TV, 라디오, 영화, 잡지 등이 대표적이다. 최근의 기술적 발달과 도시에의 인구집중, 교육의 확산, 경제적 여유와 여가시간의 증대 등으로 매스 미디어는 더욱 다양화하고 있다.

_논술·면접 휘어잡기

■ 멘토링(Mentoring)

혈연·지연·학연에 얽매인 배타적인 관계가 아니라 같은 분야에서 일하는 선배와 후배가 일정한 기간 동안 서로를 끌어주고 밀어주는 관계를 맺는다는 뜻을 가진 말이다. 멘토링을 맺으면 선배(멘토)는 싹수있는 후배(멘티)를 만나 자신의 리더십을 기를 수 있고 후배는 경험 있는 선배를 통해 구체적인 업무와 기술, 사회생활의 노하우를 배울 수 있다. 어원은 그리스 신화에서 비롯됐다. 오디세우스가 여행을 떠나면서 아들 텔레마코스의 교육을 멘토르라는 이름의 선생에게 맡겼다고 한다.

■ 문화 상대주의와 문화 절대주의

문화 상대주의는 세계 문화의 다양성을 인정하고 각 문화는 독특한 환경과 역사적·사회적 상황에서 생성, 발전했음을 이해해야 한다는 견해다. 세계 여러 민족은 각기 다른 환경과 풍토 그리고 사회적 조건에서 문화를 발전시켜 왔기 때문에 각기 나름의 문화를 형성하고 있다는 것이다. 따라서 각 문화의 가치를 인정해야 한다는 입장이다. 다양한 문화를 올바르게 이해하기 위해서는 그 사회의 입장에서 이해하려는 태도가 필요하다. 문화의 상대성을 부정하는 극단적 태도는 자민족 중심주의로 자기 민족의 모든 것이 타민족의 문화보다 우월하다고 믿고 타민족의 문화를 배척하기 쉽다. 그러나 모든 경우에 이 관점을 적용할 경우, 히틀러의 나찌즘도 옳고, 스탈린의 독재로 옳으며, 인도의 카스트 제도도 옳다고 말할 수밖에 없는 한계에 부딪힌다. 반면 문화 절대주의는 진화론적 관점에서 문화를 바라보는 입장으로 문화는 모두 원시적이고 저급한 단계에서 여러 단계를 거쳐 고급의 우수한 문화로 발전한다고 본다. 이 견해는 자연스럽게 중국의 중화사상(中華思想)이나 영국이나 독일 등의 유럽 사상처럼 문화 우월주의의 입장을 취하게 된다.

■ 반달리즘(Vandalism)

5세기 초 유럽의 민족대이동 때 아프리카에 왕국을 세운 반달족(族)이 지중해 연안에서 로마에 걸쳐 약탈과 파괴를 거듭한 일에서 유래된 말이다. 근년에 미국이나 유럽의 대도시에서 약탈과 살인, 공공시설에의 방화(放火)·파괴 등의 도시범죄가 격증하고 있다. 유네스코는 '전시문화재 보호 협약' 등 문화재 보호를 위한 국제협약을 만들어 시행해오고 있다. 이 협약에 따르면 보존가치가 있는 문화재는 식별표시를 해놓고 전쟁이 발생했을 경우 문화재 집중 분포지역은 보호할 수 있도록 해놓았다. 그러나 유네스코 및 국제사회의 수차례에 걸친 경고와 청원에도 불구하고 문화재를 파괴하겠다고 나서면 막아내기가 어려운 것이 현실이다.

■ 반크(VANK; Voluntary Agency Network of Korea)

'대한민국을 해외에 알리기 위한 자발적인 모임'(Voluntary Agency Network of Korea)을 뜻하는 영문 표현의 약자이다. 처음에는 외국의 학생들에게 한국을 알리기 위해 펜팔 사이트로 출발했으나 외국 학생들이 한국에 대해 잘못 알고 있는 게 너무 많다는 사실 때문에 이를 시정하기 위해 창립됐다. 현재 국내 1만5000명과 해외 3500명의 회원이 있으며 한국 문화나 기타 정보에 대한 140건 이상의 크고 작은 오류를 지적해 수정하게 하는 등 많은 성과를 거두었다.

■ 범죄시계

얼마나 범죄가 자주 발생하느냐를 알아보기 위한 것으로 사건 수를 시간으로 나눈 수치를 말한다. 범죄의 종류별 발생빈도를 시간 단위로 분석한 것으로 경찰청이 9월29일 국회 행자위에 제출한 '범죄시계' 자료에 따르면 2002년 현재 7월말까지 전국적으로 살인은 9시간30분에 1건 꼴로 발생했고 강도와 강간은 1시간30분당 각 1건, 방화는 6시간 12분당 1건이 발생한 것으로 집계됐다. 이는 일본보다는 발생 빈도가 높고 미국보다는 낮은 수치이다.

■ 베타 버전(beta version)

소프트웨어, 하드웨어를 개발하는 회사에서 새로운 제품을 개발하거나 또는 기존에 판매되던 제품의 개정판을 발표하기 전에 미처 발견하지 못한 오류를 찾아내기 위해 특정 사용자들에게 배포하는 테스트용 제품이다. 참고로 회사 내부에서 개발자들이 자체적으로 테스트해보는 제품의 상태를 알파버전이라 부른다.

■ 보보스

부르주아(bourgeois)의 물질적 실리와 보헤미안(Bohemian)의 정신적 풍요를 동시에 누리는 미국의 새로운 상류계급을 가리키는 용어로, 부르주아와 보헤미안의 합성어이

다. '보보'라고도 한다. 이 용어는 데이비드 브룩스(David Brooks)란 미국의 언론인이
처음으로 만든 개념이다. 그는 새로운 계층의 등장을 감지하고 미국의 새로운 황금기를
이끌 엘리트로 보보스를 지목하였다. 대표적인 특징은 ① 정보에 강하고 ② 자신만의 독
특한 소비 감각이 있으며 ③ 자유롭게 사고하고 ④ 유행에 개의치 않으며 ⑤ 엉뚱하고 기
발하며 ⑥ 일을 즐기고 ⑦ 여유가 있으며 ⑧ 적극적이고 ⑨ 돈이 많더라도 낭비하지 않는
다는 점 등이다.

■ 블로그(Blog)

웹(web) 로그(log)의 줄임말로, 1997년 미국에서 처음 등장하였다. 새로 올리는 글이
맨 위로 올라가는 일지(日誌) 형식으로 되어 있어 이런 이름이 붙었다. 즉 블로그는 네티
즌이 웹에 기록하는 일기나 일지를 의미한다. 무엇을 기록할지는 사용자 마음이다. 주제
를 정해 깊은 사회적 문제나 영화에 대해 다룰 수도 있고, 개인의 사소한 일상생활을 다
룰 수도 있다. 웹 게시판, 개인 홈페이지, 컴퓨터 기능이 혼합되어 있고, 소프트웨어를
무료 또는 싼 가격에 구입할 수 있으며, 인터넷 홈페이지 제작과 관련된 지식이 없어도
자신의 공간을 만들 수 있다는 장점이 있다.

■ 사이버펑크족(Cyberpunk)

자동기계의 제어 및 전달기술 등을 연구하는 '사이버네틱스(Cybernetics)'와 불량기
를 내포한 '펑크(Punk)'의 합성어이다. 컴퓨터에 대한 전문지식을 가지고 일반 관습이
나 기존 질서에 대항하는 새로운 반(反)문화세대를 이르는 말이다.

■ 사회

서로 협력하며 공동생활을 하는 인류의 집단, 또는 온갖 형태의 인간의 집단적 생활.
원래는 결합·교제·모임·동료·사교 등의 뜻을 지니며, 공동 집회장에서의 여러 개인
상호간의 교류(커뮤니케이션)라는 집합행위를 나타내는 말이다. 그리고 이 집합행위가
일군의 사람들 사이에서 되풀이되어 안정적으로 고정되어 가면 사교계라든지 상류사회
또는 지역이나 각 직업 범위에서의 사람들의 관계, 사회관계, 또는 집단을 형성하게 된
다. 따라서 사회라는 말은 일군의 사람들이 어떤 공통목적을 위하여 서로 자유로운 주체
로서 대등한 입장에서 모여 공동행위에 참가한다는 것을 뜻한다. 사회과학적 용어로서

의 사회에는 다음과 같은 여러 가지 의미가 있다. ① 인간의 결합·관계, 생활의 공동일반이라는 추상적인 의미 ② 가족과 지역·직장의 집단같은 구체적인 집단 ③ 한국사회라고 일컫는 것처럼 그것들을 포괄한 전체사회(국민사회) ④ 역사적으로는 봉건사회라든지 자본주의사회와 같이 일정한 발전단계에 있는 사회체제 또는 사회구성체 ⑤ 이념적으로는 근대 이후 시민층에 의하여 담당되며 국가라는 좁은 지역적 한계를 넘어 이와 대립하여 전개되는 인류적 규모로 확대된 시민사회 등이다.

■ 사회안전망

넓은 의미로 실업·질병·노령·빈곤 등 사회적 위험으로부터 국민을 보호하기 위한 제도적 장치를 말한다. 즉 국민연금, 의료보험, 실업보험 및 산재보험의 4대 사회보험과 사회부조를 포괄하는 말이다. 우리나라에서도 1997년 IMF이후 실업자 수가 급증하자 정부가 최소한의 생계를 유지할 수 있도록 해 주는 '사회안전망(Social Safety Net)'을 구축해야 한다는 사회적 요구가 일어나기 시작했다.

■ 사회화

인간이 그 집단이나 사회의 일원이 되기 위해 그 사회가 허용하는 지식·행동양식 등을 습득해 가는 과정을 말한다. 각 개인은 다른 사람들과의 상호작용을 통하여 행동방법, 사물에 대한 사고방식, 그리고 감정의 표현이나 통제방법을 학습하는데, 이러한 학습과정을 사회화라고 한다. 사회화는 인간의 성장과정에서 볼 때, 유년기사회화·청년기사회화 및 성인기사회화의 3단계로 나뉜다.

■ 생체인식

지문, 얼굴, 홍채, 정맥, 음성 등 사람마다 다른 고유한 신체적 특성을 구별해 내는 것으로 기존의 비밀번호나 카드 보다 편리한 사용자 식별 수단이란 점에서 각광받고 있다. 지문을 이용한 인증은 소형으로 비용면에서도 저가격화가 진행되고 있으며, 특히 PC에 접속하기 쉽다는 간편함이 있으므로 가까운 시일 내에 보급될 전망이 높다. 그러나 인공물에 의한 위조물이 생길 수 있다는 실험결과도 있다.

_논술·면접 휘어잡기

■ 셰어웨어

상업용으로 판매되는 소프트웨어와 대별되는 이른바 '공개 소프트웨어'의 한 종류. 제조사들이 정품 구매를 확대하기 위해 공급하는 일종의 샘플로, 자유롭게 사용하거나 복사할 수 있지만 판권은 공개한 쪽에 남아 있으며 일정기간 사용한 뒤에는 대금을 지불하고 정식사용자로 등록해야 한다. 이와 유사한 개념인 프리웨어는 아무런 금전적 대가 없이 배포되는 형태의 소프트웨어로서, 다만 재배포상의 모든 통제권리를 제작자(저작권자)가 갖는다.

■ 쇼비니즘(chauvinism)

맹목적·광신적·배타적 애국주의를 뜻하며 징고이즘(jingoism)과 유사하다. 조국의 이익과 영광을 위해선 방법과 수단을 가리지 않으며 국제정의도 고려치 않는 비합리적인 배외주의이다. 쇼비니즘은 단순히 대외적 억압이나 침략의 경우뿐만 아니라 국내에 거주하는 다른 민족에 대한 억압, 국제주의적인 사회운동가들에 대한 탄압에도 이용된다.

■ 스팸메일

무작위로 추출한 E-mail 주소목록을 이용, 네트워크를 통해 불특정 다수에게 유포된 광고성 메일. 정크메일(Junk Mail) 또는 벌크메일(Bulk Mail)이라고도 한다. 홍보 및 유통업체들이 비용절감을 이유로 메일을 홍보 마케팅 수단으로 적극 이용하면서 스팸메일의 부작용은 더욱 확산되고 있다. 스팸메일은 네트워크를 통해 무차별적으로 대량 살포된다는 점에서 사용자에게는 불편을 주고, 네트워크 업체에게는 서버 부하 등 비용낭비를 야기하는 주범이다. 스팸메일의 어원은 본래 Hormel Fllds사의 통조림 상품명 SPAM이 Monty Rython의 콩트에 이용되면서 전용되었다는 것이 정설로 되어 있다.

■ 실존

실존이라는 말은 근대철학에서 매우 다양하게 쓰이는 말이기 때문에 한마디로 정의(定義)한다는 것은 어려운 일이다. 대체로 합리주의나 실증주의에 반대하며 인간을 이성이나 과학으로써는 파악할 수 없는 독자적 존재라 하여, 그 인간 실존의 구조와 문제성을 밝히려는 철학이라는 의미로 쓴다. <실존>은 독일어로 <엑시스텐츠(Existenz)>

이며 이 말은 원래 <존재>를 의미하나, 20세기에 들어와 실존철학이 특히 인간의 개별
적인 현실존재를 가리키는 말로 사용된 이후로 <현실존재>를 줄여서 <실존>이라는
말로 사용하게 되었다. 대표적인 학자로는 키에르 케고르, 하이데거, 야스퍼스, 사르트
르 등이 있다.

■ 아바타(Avatar)

원래 '분신'이나 '화신'을 뜻하는 말로 사이버 공간에서는 가상현실에서의 또다른
'나'를 의미한다. 아바타는 가상공간에서 사람의 역할을 대신하는 애니메이션 캐릭터로
표현되기도 한다. 컴퓨터그래픽 관련 기술이 발달하고 인터넷 속도가 빨라지는 최근 흐
름과 맞물려 상상에 그치는 것이 아니라 인터넷 채팅 서비스 등에서 사람처럼 현실화되
고 있다.

■ 옵트인(Opt-In)&옵트아웃(Opt-out)

e메일이나 전화, 팩스 등에 보내는 광고성 정보(스팸 메일)에 대한 규제 방식을 말한
다. 옵트인은 수신자의 권리를 중시해 수신자가 사전에 동의해야만 광고 e메일이나 전화
를 할 수 있게 하는 방식이며 옵트아웃은 수신자가 발송자에게 수신 거부 의사를 밝혀야
만 e메일 발송이 금지된다는 점이 다르다.

■ 여피족(Yuppie)

여피란 젊은(young), 도시화(urban), 전문직(professional)의 세 머리글자를 딴
'YUP'에서 나온 말이다. 도시 주변을 주된 생활 기반으로 하여 지적 직업에 종사하며
새로운 삶을 지향하는 젊은이들을 일컫는다. 이들은 개인의 취향을 무엇보다도 우선시
하며, 매사에 성급하지 않고 여유가 있다. 또 모든 행동거지에 거짓이나 꾸밈이 없으며,
대인관계에서는 부족하지만, 그런 가운데서도 깨끗하고 세련된 인간관계를 추구한다.
또한 사회적 광장(廣場)에 중점을 두는 전통적인 규범보다는 오히려 개인적인 밀실(密室)
에 더 큰 가치를 부여하고 있다

■ 역할

연극에서 비롯된 용어로서 원래는 배우와 그 배역간의 구분을 강조하는 용어이다. 사

회학적으로 역할은 개인이 사회에서 차지하는 특정한 위치를 결정하는 수단으로서 사회에서 인정되는 포괄적인 행동 유형을 지칭한다. 사회적 인간인 개인은 사회생활을 하는 동안 일정한 사회집단에 속하게 되며 그 속에는 일정한 규제가 따르게 된다. 이러한 일정한 구속에 따라 개인에게 기대되는 역할이 부여된다. 역할에는 개인의 선택과 무관하게 선천적으로 부여되는 역할(아버지, 자식, 어머니)과 개인의 능력이나 노력에 따라 얻어지는 역할(군인, 경찰관, 판사)이 있다.

■ 웰빙(Well-Being)

유럽에서 시작된 슬로푸드(slow food), 슬로비족(slow but better working people), 보보스(bobos) 등이 웰빙의 한 형태이다. 웰빙이라는 용어가 본격적으로 나타나기 시작한 것은 2000년 이후이다. 웰빙을 추구하는 사람들은 육체적으로 질병이 없는 건강한 상태뿐 아니라, 직장이나 공동체에서 느끼는 소속감이나 성취감의 정도, 여가생활이나 가족간의 유대, 심리적 안정 등 다양한 요소들을 웰빙의 척도로 삼는다. 고기 대신 생선과 유기농산물을 먹는다든지 마음을 안정시킬 수 있는 운동을 하며, 인스턴트 음식이나 외식을 지양하고 가정에서 만든 슬로푸드를 즐겨 먹고 여러 다양한 취미생활을 한다는 특징이 있다.

■ 위성항법장치(GPS)

비행기·선박·자동차뿐만 아니라 세계 어느 곳에서든지 인공위성을 이용하여 자신의 위치를 정확히 알 수 있는 장치로서 미 국방부가 60억불을 들여 만든 군사 목적의 시스템이다. 오늘날에는 일부를 민간에게 개방하는 것을 전제로 미 의회에서 승인되어 민간에서도 사용되고 있다. 나침반과 달리 위성항법시스템은 위도·경도·고도의 위치뿐만 아니라 3차원의 속도정보와 함께 정확한 시간까지 얻을 수 있다. GPS 수신기는 동시에 처리하는 위성신호의 개수에 따라 4채널, 8채널 등이 있다.

■ 유비쿼터스(Ubiquitous)

사용자가 네트워크나 컴퓨터를 의식하지 않고 장소에 상관없이 자유롭게 네트워크에 접속할 수 있는 정보통신 환경을 말한다. 원래의 뜻은 물이나 공기처럼 시공을 초월해 '언제 어디에나 존재한다' 는 뜻의 라틴어(語)이다. 이 개념은 컴퓨터에 어떠한 기능을 추가하는 것이 아니라 자동차 · 냉장고 · 안경 · 시계 · 스테레오장비 등에 컴퓨터를 집어넣어 커뮤니케이션이 가능하도록 해 주는 정보기술(IT) 환경 또는 정보기술 패러다임을 뜻한다. 유비쿼터스가 이루어지면 가정 · 자동차는 물론, 심지어 산꼭대기에서도 정보기술을 활용할 수 있고, 네트워크에 연결되는 컴퓨터 사용자의 수도 늘어나 정보기술 산업의 규모와 범위도 그만큼 커지게 된다.

■ 이성

사물을 옳게 판단하는 법, 또는 진위(眞僞) · 선악(善惡)을 식별하는 능력. 때로는 미추(美醜)를 식별하는 기능까지 이성으로 보는 경우도 있다. 칸트는 본능과 감성적 욕망에 기초한 행동이 아닌, 의무 또는 당위성의 의식에 의해서 결정되는 행위를 이성적이라고 했다. 우리의 마음속에는 자율적으로 자신의 의지를 결정하는 이성적 능력이 있는데 그것에 의해 도덕적인 행위가 가능해진다. 이것이 이론이성(理論理性)과 구별되는 실천이성(實踐理性)이다.

■ 인간 소외

현대 산업사회에서 인간이 본래 가지고 있는 인간성을 박탈당하여 비인간화되는 일을 말한다. 현대 산업사회 속에서 인간이 자아를 상실하고 점점 파편화되며 인간 상호간의 의사소통이 단절되는 상황에서 인간이 가지는 상실감, 불안감, 절망감, 비인간화, 냉담, 사회해체, 원자화, 고독감, 무력감, 고립감, 비관주의 등의 심리상태 혹은 사회현상을 포괄하는 용어로 쓰이고 있다. 인간 상호간의 소통이 단절된 사회는 아무리 사회가 물질적으로 풍요하고 사회적 질서가 견고하다고 하더라도, 개개의 사회 구성원들이 뿌리를 잃게 되고 결국 소외감을 느끼게 된다. 이와 같은 현상은 이미 J.J.루소에 의하여 지적되었고, 또한 K.마르크스는 그 원인이 자본주의 체제에서 유래한다고 하였으나, 오늘날에는 산업사회에서 나타나는 병리현상(病理現象)이라고 파악한다.

■ 인권

인간의 생존에 있어서 불가결한 기본적인 권리. 형식적으로 말하면 국가의 기본법인 헌법에 의해서, 즉 단순한 법률에 의해서 규정되는 권리보다도 우위에 선 것으로서 가장 우선적으로 보장되는 권리를 말한다. 프랑스의 <인간 및 시민의 권리선언>이나 미국의 <버지니아주헌법> 또는 1791년 <미국헌법부가조항> 등의 권리선언은 모두 시민계급이 확보한 기본적인 인권을 선언하고 있다. 이들 권리선언에 나타난 공통점을 보면, 첫째, 인간은 태어나면서부터 자유롭고 평등하며, 이 권리는 어떠한 권력에 의해서도 박탈당할 수 없다는 이른바 자연법적·천부인권적인 사상을 표명하고 있고, 둘째 국가권력은 시민이 시민사회를 유지하기 위하여 만든 것이라는 이른바 사회계약론적·국민주권론적 국가관을 표명하고 있다. 현재 각국의 헌법은 종래의 고전적인 기본적 인권뿐만 아니라 국가에 의한 생활배려를 내용으로 하는 현대적인 기본적 인권도 규정하고 있다. 또 어떤 경우에는 참정권이나 재판을 받을 권리, 즉 통치구조에 관련되는 권리도 헌법상 기본적 인권으로 열거하고 있다.

■ 정보사회

자본과 노동력을 기반으로 발전해온 공업사회에서 벗어나 지식을 기반으로 하며 다양한 정보의 생산과 전달 및 저장을 중심으로 전개되는 사회를 말한다. 선진국에서 추진하고 있는 INS(고도정보통신시스템)나 전국 규모의 VAN(부가가치통신망)이 보급될 21세기에는 실현이 가능할 것이다. 이 사회에서는 재화를 대신하여 정보가 중요한 가치를 갖게 되며, 자택근무·교외사무소·홈쇼핑(home shopping)·홈뱅킹(home banking) 등이 생겨 기업이나 가정생활에 큰 변화가 예상된다. 정보사회는 '탈공업사회(脫工業社會:post industrial society)'라고 불리기도 한다.

■ 제국주의

다른 나라를 정복·지배하려는 일체의 침략주의적 경향. 넓은 뜻으로는 정치·경제·사회·문화·군사 등 다방면에 걸쳐 이루어지는 국가나 민족의 침략주의적 경향을 의미하며, 좁은 뜻으로는 V.I. 레닌의 개념으로 19세기 말부터 시작된 자본주의의 최후단계를 의미한다. 대개 이 용어는 침략에 의하여 영토를 확장한다는 점에서 팽창주의 또는 식민주의와 거의 동일한 의미로 사용되어 왔다. 20세기에 접어들면서 이 말은 근대자본주의 사회의 성격이 자유경쟁단계의 산업자본에서 독점·금융자본으로 변화함으로써 선진자본주의국가들이 세계 시장을 지배하고 식민지를 획득하기 위해 벌인 대립과 분쟁을 가리키게 되었다.

■ 제도

사회의 구성원 사이에서 여러 가지 생활 영역을 중심으로 한 규범이나 가치 체계에 바탕을 두고 형성되는 복합적인 사회 규범의 체계이다. 단적으로 말하면 규범의 복합체이다. 이 '규범'의 내용은 형식화되고 정리되어 공권력(公權力)을 수반하는 법률에서부터 형식화되지 않은 채 일상생활에서의 막연한 약속과 같은 습속(習俗)이나 관습에 이르기까지 그 범위는 광범하다. 즉, 정치제도·경제제도·교육제도·가족제도·종교제도 등에서부터 도덕이나 언어 같은 것까지 포함한다. 이 제도가 존재함으로써 사회를 구성하는 모든 개인의 행동은 얼마간 틀에 박히고 방향이 부여되기 때문에, 사람들은 시행착오의 낭비를 절약하여 큰 불안 없이 어느 정도 자동적으로 행동할 수 있다. 제도는 첫째 사회구성원 다수에 의해 수용되며, 둘째 이탈에 대해서는 제재를 가함으로써 보장되고, 셋째 개개인의 인격형성 속에서 내면화된다.

■ 좀비족(Zombie)

좀비란 예부터 서아프리카의 부두(Voodoo)족이 숭배하는 뱀의 신에서 유래된 말로, 현대의 관료화된 사회조직에서 요령과 처세술만 터득하여 무사안일주의로 살아가는 대다수의 화이트칼라들을 꼬집는 말로 쓰인다.

■ 지니계수

이탈리아의 통계학자 C. 지니가 제시한 '지니의 법칙'에 나오는 소득불균형 상태를 나타내는 수치로 쓰인다. 0에서 1까지 숫자로 표시하는 지니계수는 가계간의 소득분포가 완전히 평등한 상태를 0으로 상정해 산출하는 지수로 1에 가까울수록 불평등 정도가 높아 '부익부 빈익빈' 현상이 심화됨을 의미한다. 0.4를 넘으면 상당히 불평등한 소득 분배의 상태에 있다고 할 수 있다. 지니계수를 통해 근로소득이나 사업 소득 등 소득분배 상황은 물론 부동산과 금융자산 등 자산분배상황도 살펴볼 수 있다.

■ 지위

집단이나 사회의 계층구조상 부여되는 특정한 위치를 말한다. 어떤 사회에서도 그곳에서 생활하는 사람들 사이에는 어떤 형태이든 계층구조가 만들어져 있으며, 그것을 통해서 사회질서를 유지하고 있다. 지위를 규정하는 요인에 따라 지위는 2가지로 나뉜다.

하나는 생득적 지위로, 태어나면서 가지게 되는 것을 규정요인으로 한다. 성이나 인종, 또는 혈통·가문·유산 등의 규정요인에 기초한 것으로서 그 사람의 기본적인 생활양식을 규정한다. 또 하나는 획득적 지위로, 개인적인 노력의 결과나 행운 등에 의해 손에 넣을 수 있는 것을 규정요인으로 한다. 교육정도와 직업 등이 이에 포함되며, 사회생활을 하는 데 결정적인 중요성을 가진다. 생득적 지위이건 획득적 지위이건, 특정한 지위를 차지하는 개인이나 집단이 그 지위에 근거한 우월성을 표시하기 위하여 사용하는 것이 지위의 상징이다.

■ 차상위계층

차상위계층에 대한 명확한 개념 정의는 없지만 사회복지 전문가들은 실제 소득이 최저생계비(4인가족 113만6천 원)의 100~120%(136만3천원) 범위 안에 들면서도 기초생활수급자로 선정되지 못한 잠재적 빈곤층을 차상위계층으로 정의하고 있다. 4인가구 기준 월136만3천 원도 못 버는 사람들은 국민기초생활보장 수급권자에 해당하며 최저빈곤층이라고 한다.

■ 철인 정치

플라톤의 정치사상으로 대표되는 이상적인 정치 형태. 추상적 의미로 이상정치(理想政治)를 가리키기도 한다. 플라톤은 《국가》에서 정치의 목적을 국가의 이데아인 정의의 실현이라 보고, 이를 가장 잘 아는 철학자가 통치하는 국가를 이상적인 정치형태로 생각하였다.

■ 치우미(球迷)

중국의 열광적인 축구응원단. 치우미는 말 그대로 '공에 미친 사람' 이란 뜻. 원래는 구기종목의 열렬한 팬을 아우르는 말이었지만 중국 축구 대표팀이 2002 월드컵 본선에 진출하는 과정에서 축구열기가 고조되며 '열혈 축구팬' 을 일컫는 말이 됐다. 치우미는 중국 전역에 1억여 명의 회원을 보유하고 있으며 이중 7천만 명 정도는 광적인 축구팬으로 중국의 축구 열기를 주도하고 있다.

■ 코쿤족

'누에고치' 라는 말에서 유래한 용어로, '나홀로족' 이라고도 한다. 누에고치처럼 주위를 껍데기로 싼 채 골치 아픈 사회와 단절하고 껍데기 안에서 안락함을 추구한다. 코쿤족은 집이나 차, 가상현실(사이버 공간) 등 자신만의 세계에서 모든 것을 해결한다. 코쿤족은 안정된 수입원을 갖고 있으면서 업무능력이 뛰어나고, 스트레스 등 외부 자극에 대한 확실한 해결책을 가지고 있는 것이 특징이다. '에너지 충전' 의 성격이 짙어 긍정적인 면도 있지만 전통적 가치관과 마찰을 빚을 가능성도 크다.

■ 콘트라 섹슈얼

전통적인 여성상과 다른 젊은 여성들을 뜻한다. 영국의 미래학 연구소가 "반대"의 뜻을 가진 라틴어의 콘트라와 "성"이란 의미의 섹슈얼을 조합한 신조어이다. 결혼이나 출산보다 자신들의 삶을 중시하여 보다 열심히 일해 성공하고 많은 돈을 버는 것을 우선시한다. 이들의 특징으로는 1) 사회에서 성공하고 많은 돈을 벌길 바라며 이를 위해 나머지 것은 뒤에 놓고 있으며 2) 적어도 30대 중반 까지는 결혼이나 아이에 대해 관심을 갖지 않고 3) 아무 조건 없는 섹스는 즐기지만 섹스나 데이트를 가장 중요한 것으로는 생각하지 않는다는 점을 들 수 있다.

■ 프로파간다(propaganda)

라틴어로 선전(宣傳)을 의미하는 프로파간다는 많은 사람들에게 정보를 흘려서 의도하는 방향으로 설득하는 행위를 말한다. 이 말의 어원은 본래 종교상의 포교(布敎)에서 비롯되었지만, 오늘날 선전활동이 전개되는 장(場)은 인간생활의 특정 분야에 국한하지 않고, 종교·도덕·정치·사상·경제 등 광범한 분야에 이르고 있다. 사회주의 국가의 교육은 자유주의 국가에서 볼 때 사회주의의 선전이나 다름없는데, 이처럼 선전과 그 관련활동(교육활동·포교활동)과의 한계는 명료하지 않으며 상대적이다.

■ 한류(韓流)

1996년 한국의 텔레비전 드라마가 중국에 수출되고, 2년 뒤에는 가요 쪽으로 확대되면서 중국에서 한국 대중문화의 열풍이 일기 시작하였다. 한류는 중국에서 일고 있는 이러한 한국 대중문화의 열기를 표현하기 위해 2000년 2월 중국 언론이 붙인 용어이다.

이후 한국 대중문화의 열풍은 중국뿐 아니라 일본·타이완·홍콩·베트남·타이·인도네시아·필리핀 등 동남아시아 전역으로 확산되었다. 특히 일본에는 배용준과 최지우가 주연한 '겨울연가'가 열풍을 불러일으키면서 한류붐의 주도적인 역할을 했다. 2000년 이후에는 드라마·가요·영화 등 대중문화만이 아니라 한국 관련 제품의 폭발적인 선호현상까지 나타났는데, 베트남에서는 호치민시를 비롯하여 각 도시마다 '메이드인 코리아'가 선풍적인 인기를 끌고 있다. 자동차, 전자제품, 화장품 등을 비롯하여 한국제품이 최고의 품질을 지닌 명품으로 대접받고 있는 것이다.

심지어 대중문화의 수용 차원을 넘어 한국의 가수·영화배우·탤런트, 나아가 한국인과 한국 자체에 애정을 느껴 한국어를 익히거나 한국 제품을 사려는 사람들이 늘었다. 배용준에게 인사하기 위해 한국어를 배운다는 일본의 아주머니들이 그 예이다. 한류열풍의 대표적인 연예인으로는 배용준, 원빈, 최지우, 보아, 비, 윤손하, 김남주, 장동건 등이 있다.

■ 합리주의

비합리적·우연적인 것을 배척하고, 이성적(理性的)·논리적·필연적인 것을 중시하는 태도. 합리론·이성론·이성주의라고도 한다. 합리주의는 경험론 특히 감각론에 대립하는 이론으로 사유(思惟)만을 진리의 기준으로 삼고, 인식의 감각적인 단계를 기만적이며 혼란스러운 것이라 하여 배척한다. 대표적인 철학자로는 데카르트, 스피노자, G.W.F.라이프니츠, C.볼프 등을 들 수 있다

자연 과학편

■ 가이아 이론

1978년 영국의 과학자 제임스 러브록이 『지구상의 생명을 보는 새로운 관점』이라는 저서를 통해 주장함으로써 소개된 이론이다. 가이아란 그리스신화에 나오는 '대지의 여신'을 가리키는 말로서, 지구를 뜻한다. 지구와 지구에 살고 있는 생물, 대기권, 대양, 토양까지를 포함하는 하나의 범지구적 실체로서, 지구를 환경과 생물로 구성된 하나의 유

기체로 보는 것이다. 즉 지구를 생물과 무생물이 서로에게 영향을 미치는 생명체로 바라보면서 지구가 생물에 의해 조절되는 하나의 유기체임을 강조한다. 현재 이 이론은 지구상에서 자행되고 있는 인간의 환경파괴문제 및 지구온난화현상 등 인류의 생존과 직면한 환경문제와 관련하여 많은 과학자들의 관심을 불러일으키고 있다.

■ 디엠비(DMB)

Digital Multimedia Broadcasting의 약자로서 방송과 통신이 결합된 새로운 개념의 차세대 이동멀티미디어 방송서비스를 말한다. 전송 방식과 네트워크의 구성에 따라 지상파 · 위성 DMB로 구분한다. 언제 어디서나 깨끗한 방송을 끊기지 않고 시청할 수 있는 장점이 있다.

■ 배아줄기세포

인간의 수정란이 처음 분열할 때 형성되는 만능줄기세포들이 계속 분열해 만들어지는 세포로서 분화능력이 있는 세포이다. 서울대 황우석 교수팀이 난치병환자 체세포를 복제하는 방식으로 치료용 배아줄기세포를 만들어 내는데 성공함으로써 세계의 주목을 받고 있다. 배아줄기세포를 환자에게 주입할 경우 특별한 치료법이 없던 난치병치료의 가능성이 열린다는 점에서 세계인들의 관심이 집중되고 있다.

■ 생명과학

생명현상이나 생물의 여러 가지 기능을 밝히고 그 성과를 의료나 환경보존 등 인류복지에 응용하는 종합과학을 말한다. 생명과학은 생명현상의 해명, 그것을 기초로 한 인간의 이해, 생태계의 해석, 인간과 환경관계의 파악 등을 탐구하여 얻은 성과를 사회에 유용하게 쓰도록 하는 종합적인 학문으로 출발하였다. 그러나 한편 의료기술의 고도화에 따라 인공장기 · 장기이식 · 체외수정 등 인간을 직접 대상으로 하는 기술이 진보하여, 인간이 인간답게 취급되지 않는다는 새로운 문제가 생겨났다. 생물학적 기술이라 할지라도 반드시 긍정적이라고는 할 수 없는 측면인 것이다. 따라서 현재는 자연과학뿐만 아니라 심리학 · 사회학 · 종교 · 철학 등 인문 · 사회과학도 포함하여 인간 · 생물 · 자연을 이해하는 종합과학으로 생명과학을 키워 나가는 일이 중요하다는 인식을 갖게 되었다.

■ 쓰나미

동 · 서남아를 강타한 '지진 해일'을 말한다. 해안(津)의 일본어 쓰(tsu)와 파도(波)의 나미(nami)가 합쳐진 말이다. 산더미 같은 파도가 해안을 덮치는 것으로 해저에서 지진 발생하거나 화산이 폭발할 때 거대한 지각이 함몰되어 발생한다.

■ 우울증

우울한 기분에 빠져 의욕을 상실한 채 무능감과 고립감 · 허무감 · 죄책감에 자살충동 까지 느끼는 일종의 정신질환이다. 2005년 배우 이은주씨의 죽음으로 세간의 관심이 고조되었다. 성인 10명중 1명은 일생동안 한번 이상 경험한다고 하며 평균 40세에 발병하는 경향이 있는데 연령이 점차 낮아지는 추세이다. 성격이 강박 · 양심적이며 융통성이 적고 책임감이 강하며 예민한 사람에게 잘 나타난다.

■ 유기발광다이오드(OLED)

Organic Light Emitting Diode 약칭으로서 모니터 · TV등에 적용되는 차세대 디스플레이이다. 화질 반응의 속도가 초박막 액정표시 장치인 TFT-LCD보다 천배 이상 빠르고 화질도 훨씬 선명한 것이 특징이며 국내 업체간 개발 경쟁이 치열하게 전개되고 있다.

■ 인간 광우병

광우병이 사람에게 전염된 '변종 크로이츠펠트 야곱병'이다. 광우병에 걸린 소의 고기를 먹은 사람에게 나타나는 전염병으로서 수혈 · 장기이식을 통해서도 감염된다. 기억력 감퇴와 치매 증세를 보이다 결국 움직이거나 말도 하지 못하고 석 달에서 1년 내에 사망한다. 잠복기가 10 40년이며 영국을 중심으로 지금까지 160명이 숨졌고 최근 일본서도 인간 광우병 환자가 처음으로 공식 확인되었다.

■ AI(인공지능)

사람의 인식 · 판단 · 추론 · 문제해결 및 이 기능들의 수행 결과로서의 발화(發話)나 행동의 지령, 더 나아가서는 학습의 기능 등 대뇌의 기능을 이해하는 것을 연구 대상으로 하고, 궁극적으로는 대뇌의 기능을 기계에 의거하여 인공적으로 실현되게 하는 것을 목적으로 하는 인지과학(認知科學)의 한 분야이다. 인공지능은 인간이 경험과 지식을 바탕으로 하여 새로운 상황의 문제를 해결하는 능력, 시각 및 음성인식의 지각능력, 자연언어 이해능력, 자율적으로 움직이는 능력 등을 컴퓨터로 실현하는 기술이며, 인공지능의 목표는 사람처럼 생각하는 기계를 개발하는 데 있다.

■ 패러다임

다양한 관념을 서로 연관시켜 질서지우는 체계나 구조를 일컫는 개념. 범례(範例)를 뜻하는 그리스어 <파라데이그마>에서 유래하였다. 현대 사상에서는 1962년 T.S. 쿤이 『과학혁명구조』에서 과학의 역사와 구조를 설명하기 위하여 이 개념을 도입한 뒤 쿤의 의미로 널리 사용되었다. 즉 쿤은 어떤 과학영역의 전문적 과학자 공동체를 지배하고, 그 구성원 사이에 공유되는 ① 사물을 보는 방법 ② 문제를 삼는 방법 ③ 문제를 푸는 방법의 총체를 패러다임이라 하였다.

■ 폐연료봉

원자로에서 타고 남은 연료봉으로 핵폭탄 제조물질인 플루토늄 추출이 가능하다. 북한의 영변 원자로 폐연료봉에서 수거한 플루토늄을 재처리 하면 앞으로 6개월 후 북한은 핵무기 1 2개 정도를 추가로 제조할 수 있다고 한다.

■ 환경호르몬

생물체에서 정상적으로 생성 · 방출된 물질이 아니라 인간의 산업 활동을 통해 생성 · 방출된 화학물질로서 다이옥신이 대표적이다. 극히 적은 양으로도 생태계와 인간의 생식 기능 저하 · 성장장애 · 기형 · 암 등을 유발하는 중대한 영향을 끼쳐 심각한 문제로 대두되고 있다. 근래에는 아이들 입으로 들어가는 구강용 장난감과 딸랑이 등 일반 완구 · 풍선류에서 일종의 환경호르몬으로 추정되는 물질이 검출되기도 했다

_논술 · 면접 휘어잡기

03 요약하기

요약은 독해의 통합적 과정으로서 남의 글을 정확하게 파악하고 분석하여 한 편의 글로 압축하는 것을 말합니다. 요약하기 과정은 글의 중요한 부분과 덜 중요한 부분을 가려내는 연습이 되기도 하고, 중심 문장과 뒷받침 문장을 가려내는 훈련이 되기도 합니다. 또한 주장의 내용과 그것을 뒷받침하는 논거를 찾아내는 과정이기도 하지요. 따라서 요약하기의 훈련을 거듭하다보면 글의 요점을 정확하게 파악할 수 있는 능력이 배양되는 것입니다. 논술의 상당 부분을 차지하고 있는 문제가 바로 요약문제입니다. 채점 배분도 꽤나 높습니다. 요약이 제대로 되었다는 것은 주어진 글을 정확히 읽었다는 이야기이고, 그 중에서 중요한 논점을 완전히 파악했다는 의미가 되므로 제시문의 요약이야말로 수험생의 독해능력을 평가하는 가장 좋은 방법 중의 하나라 할 수 있겠습니다. 일반적으로 요약하기는 다음과 같은 방법에 의해 진행됩니다.

일반화의 방법 : 제거해도 크게 문제되지 않는 뒷받침 문장이나, 보조 단락의 장황하고 구체적인 내용을 제거하고 일반적이고 추상적인 진술로 일반화하는 방법입니다. 여기에서는 사소한 내용, 불필요한 내용, 구체적인 예시나 부연 등의 문장을 걸러내고 가장 중심적인 내용을 추려내는 작업이 필수적입니다. 이 때 중요한 내용이라 할지라도 반복되는 것이 있으면 아울러 걸러냅니다.

재구성의 방법 : 글의 중심내용이 명확하게 드러나지 않거나, 주제가 중첩되어 하나가 아닐 때, 혹은 중심 내용이 여기저기 분산되어 있을 때 작자의 의도를 파악하여 글의 주제를 재구성하는 방법입니다. 이 방식은 문단 정도의 짧은 글 요약에는 효과가 있겠으나, 한편의 이야기나 긴 글에는 대응하기 곤란한 점이 있습니다.

요약의 단계

제일 먼저 문단을 나눕니다. 문단에는 형식문단과 내용문단이 있습니다. 이때 주의할 것은 눈에 확연하게 드러나는 형식문단과는 달리, 그 내용을 살펴봐야만 알 수 있는 내용문단에 주의를 기울여야 합니다. 이때는 대강의 줄거리를 파악한 다음, 내용의 흐름을 생각하며 화제(시간, 장소, 대상 논지 등)에 따라 나누도록 합니다. 또한 중요한 문단과 중요하지 않은 문단을 구분해냅니다. 예시나 부연상술 문단은 글 전체의 맥락에서 중요하지 않습니다.

문단 나누기가 끝나면, 문단의 소주제문을 파악합니다. 나누어진 문단을 읽으면서 그 문단에서 제일 중요한 문장(소주제문)과 그것을 뒷받침하는 문장들을 찾아냅니다. 이때 주제문이 명시적으로 드러나 있으면 다행이지만 그렇지 않은 경우 문단 전체 내용과의 관련성 속에서 중심생각을 일반화시켜 생성해내야 합니다. 그렇지 않고 글의 내용만으로 주제문을 작성하면 글 중간 중간을 베껴낸 요약문으로 전락할 위험이 있기 때문입니다. 이 부분은 요약하기 능력과 밀접한 관련을 맺습니다. 나중에 문단의 중심내용(소주제문)만을 따로 모아 합하여 일반화시키면 그 글 전체의 주제(핵심논제)가 되기 때문입니다.

각 소주제들을 종합하여 글 전체의 주제문을 생성해냅니다. 문단 내에서 중심문장과 뒷받침 문장이 있듯이 글 전체의 구조도 주지 문단과 뒷받침 문단으로 이루어집니다. 뒷받침 문단에는 예시문단, 부연상술문단 등이 있으며 글 전체의 구조상 삭제해도 큰 무리가 없는 문단입니다. 글 전체의 주제는 주지 문단에 숨어있습니다. 글 전체의 주제문이 명시되어 있는 경우도 있으나 각 문단과의 연결 관계 등을 통하여 유추해 내야 하는 경우도 있습니다. 주제문을 생성하는 방법은 자주 반복되는 단어가 무엇인지를 찾아 무엇에 대한 내용인가(가주제)를 파악한 뒤에, 그것의 어떤 측면에 관한 내용인가(참주제)의 순서를 밟아 가면 됩니다.

각 문단의 중심내용을 바탕으로 개요를 작성합니다. 개요에는 핵심적인 어구를 나열하는 화제개요와 하나의 완전한 문장으로 나타내는 문장개요가 있습니다. 논술을 작성할 때에는 될 수 있으면 문장개요로 작성할 것을 권합니다. 왜냐하면 화제개요에는 그 글의 방향성이 제대로 제시되지 못하는 까닭에 시간이 조금 흐른 후 글로 작성할 때 어떠한 방향으로 논지를 전개해야할지 몰라 애를 먹는 경우가 많기 때문입니다.

개요를 요약하여 문장으로 다듬고 퇴고하면 됩니다. 이때 글의 주요 논점과 논거가 잘 요약되었는가를 살펴야하며 요약문이 전체적으로 일관성, 통일성, 긴밀성을 갖추고 있는지를 점검해야 합니다.

논술에만 쓰이는 어휘가 따로 있는 것은 아니지만, 논술과 같은 논리적이고 지적인 글에 주로 쓰이는 어휘가 있습니다. 이 어휘의 개념에 대한 온전한 이해와 그 쓰임에 대해 숙지해 두시면 좋겠습니다. 아울러 평상시의 말하기와 글쓰기에서도 이와 같은 고급어휘를 의도적으로 사용함으로써 자신의 표현능력을 한 단계 높여보시기 바랍니다. 여기에 언급되어 있는 어휘는 서울대를 비롯한 주요대학의 논술시험의 제시문에 등장한 어휘입니다. 각각의 개념을 숙지하고 그 쓰임에 대해 연구하시기 바랍니다.

■ 예속(隷屬) : 종처럼 남의 뜻대로 지배되어 따르다. 남의 지배 아래 매이다.

☞ 현존재는 일상적인 '서로 함께 있음'으로서 타인들에게 예속되어 있다.

■ 세인(世人) : 세상 사람들

☞ 그 사건은 한동안 세인들의 관심을 끌었다

■ 운위(云謂) : 일러 말하다.

☞ 1930년대 대중독재 체제에 대한 동시대인들의 증언에서 폭력이나 테러보다는 파시스트 정치의 종교적 차원이 더 자주 운위된다는 사실은 매우 흥미롭다.

■ 존재(存在) : 있음 또는 있는 사물. 근원적인 실재. 변증법적 유물론에서 객관적인 물질세계. '실재'보다 추상적이고 넓은 개념이다.

☞ 개별적 존재로서의 인간은 항상 이런 차이를 의식한다.

■ 임의적(任意的) : 강제나 제한이 없이 마음대로 하는 것.

☞ 개인은 법과 여론의 보호를 받아야만 타자의 임의적인 간섭에서 벗어나 비로소 사고와 행동의 자유를 누릴 수 있다.

■ 욕구(欲求) : 욕망과 요구
☞ 문제의 핵심은 삶의 현장에서 일어나는 욕구의 대립을 오로지 당사자들의 자유경
쟁으로써 해결하는 것이 언제나 옳다고 볼 수 있느냐 하는 점이다.

■ 미온적(微溫的) : 태도에 적극성이 없이 미적지근한.
☞ 한국에서도 약자 보호의 기본적 장치를 도입하고 있으나 그 실천이 미온적이어서
유명무실한 경우가 많다.

■ 패러다임 : 생각이나 인식의 틀.
☞ 과학지식은 과학자 공동체가 공유하는 패러다임 위에서 이루어진 일련의 합의 내
용들이다.

■ 오류(誤謬) : 생각이나 지식 등의 그릇된 일.
☞ 아이의 머리 속에 새겨진 최초의 잘못된 관념은 오류와 악덕의 씨가 된다.

■ 도덕적(道德的) : ①도덕에 관한. 또는 그것. ②도덕의 규범에 맞는. 또는 그것.
☞ 당신이 말하는 도덕적인 세계에 대해 평생 지울 수 없는 환상적인 관념에 사로잡히
고 말 것이다.

■ 동기(動機) : 마음을 먹거나 행동을 하게 하는 원인이나 근거.
☞ 어른이 합리적인 동기에 의해 무엇인가 아이에게 요구한다는 것에는 반드시 탐욕
이나 불안, 허영심 따위가 결부되어 있다.

■ 금욕주의(禁慾主義) : 육체적 · 정신적 욕망이나 욕심을 억제함으로써 도덕적 이상을
성취하려는 주의.
☞ 소비억제와 근로활동은 필연적으로 금욕주의적 절약행위를 통한 자본 형성을 초래
한다.

■ 소비(消費) : 욕망의 충족이나 재화의 생산을 위해 어떤 재화나 노력 따위를 이용하

는 일.

☞ 재산의 소비 억제는 자본의 생산적 투자를 가능하게 하여 궁극적으로 소비를 증가
　시키게 된다.

■ **자본(資本)** : 상품을 만드는 데 필요한 생산수단이나 노동력을 통틀어 일컬음.

☞ 엄격한 칼빈주의가 7년간 지배했던 네덜란드에서는 종교적으로 독실한 사람들이
　거대한 부(富)에도 불구하고 매우 소박한 생활을 해서 막대한 자본을 축적했다.

■ **중상주의(重商主義)** : 상업 자금을 중심으로 하여 나라의 부를 늘리려고 상업을 중히
　여기는 주의.

☞ 17세기 영국의 중상주의 저술가들은 네덜란드의 자본력이 영국을 능가하게 된 원
　인을, 영국과는 달리 네덜란드에서는 새로 벌어들인 재산을 대체로 토지에 투자하
　지 않았다는 데서 찾았다.

■ **연한계약(年限契約)** : 일정한 기간을 정해 계약을 맺음

☞ 북미식민지의 초기 시절에도 연한(年限)계약 노동자의 노동력으로 농장을 건설하
　고 영주처럼 살려했던 '모험가'와 특별히 중산층적 삶을 지향하는 청교도가 날카
　롭게 대립한 바 있다.

■ **위계질서(位階秩序)** : 관등이나 직책의 상하 관계에서 마땅히 있어야 하는 복종 · 예절
　등의 질서.

☞ 기업의 구성원 사이에 신뢰가 붕괴되는 순간, 구성원 간의 통합 정도에 따라 시장
　관계로 변질되거나 위계질서를 갖는 구식 기업으로 추락하게 된다.

■ **관료적(官僚的)** : 상대편의 의향이나 처지 등을 무시한 형식적 · 권위주의적인 태도나
　경향 즉 관료주의의 경향이 있는 (것).

☞ 자본주의 경제 구조와 관료적 근대 국가가 모두 이 합리화의 결과로 파악되고 있
　다.

■ 담론(談論) : 이야기하고 논의함, 논담.

☞ 담론은 말이 오고 가는 과정, 즉 대화이고, 담론 윤리는 말하고 듣는 규칙, 즉 더불어 사는 규칙이다.

■ 번복(飜覆) : 이리저리 뒤집음. 또는 그렇게 뒤집힘.

☞ 어떤 사람이 어떤 것을 옳다고 동의하였다면 그것을 실천해야 하는가 아니면 그 동의를 번복해도 좋은가?

■ 존속(存續) : 멸망하거나 없어지지 않고 그대로 있음.

☞ 자네는 한 나라에서 일단 내려진 판결이 아무 효력도 거두지 못하고 한 개인의 임의대로 무효가 되고 파괴될 경우, 그 나라가 멸망하지 않고 존속할 수 있다고 생각하는가?

■ 각인(刻印) : 도장을 새김. 새긴 도장. 도장을 새긴 듯이 분명한 인상을 남김

☞ 갓 부화한 새끼거위는 적당한 소리를 내며 움직이는 적당한 크기의 물체를 접하게 되면, 그 물체를 따라다니기 시작하는 행동, 즉 각인된 행동을 보인다.

■ 소산(所産) : 생겨나는 것. 생산되는 것.

☞ 고대로부터 현재까지 모든 인류의 업적은 문화적 진화의 소산인 것이다.

■ 선험적(先驗的) : 경험에 앞서 선천적으로 있거나 이루어지는 것. 인식은 경험에 앞서 인간에게 주어진 선험적 주관인 의식일반에 의해 가능하다는 칸트의 철학 이론.

☞ 정신은 특정한 유형의 지식이나 선험적 지식을 가지고 있으며 이것이 감각 경험을 받아들이고 해석하는 인식의 틀이 된다고 생각했다.

■ 제도(制度) : 관습 · 도덕 · 법률 따위의 사회의 종합적 규범.

☞ 제도는 본래 불안정한 존재인 인간들이 서로 견뎌내고 믿을 수 있도록 하기 위하여 찾아낸 형식이다.

■ 피력(披瀝) : 속마음을 털어놓음.

☞ 나는 반대 견해를 피력하고자 합니다.

■ 고안(考案) : 무슨 안을 생각해 냄.

☞ 큰 조직에서의 규칙은 인간에 의해 고안되었지만 인간 자체는 아니다

■ 유대(紐帶)감 : 개인 · 기구 · 단체 · 나라 따위가 서로 인연을 맺은 관계.

☞ 서로 잘 알고 있으며 또 개인적인 유대감으로 결속되어 있는 집단에서는 매우 강력
　 하면서도 눈에 잘 띄지 않는 통제 메커니즘이 일탈자나 일탈할 가능성이 있는 자에
　 게 항상 발휘된다.

■ 토대(土臺) : 흙으로 쌓아 올린 높은 대라는 뜻으로 어떠한 사물의 밑바탕.

☞ 국가에 있어서도 신화적 토대보다 더 강력한 힘을 지닌 불문율은 없다.

■ 천착(穿鑿) : 깊이 파서 연구함.

☞ 황우석교수의 연구 성과는 불철주야 기초과학을 천착한 결과로 나타난 것이다.

■ 말살(抹殺) : 어떤 현상이나 대상을 세상에 전혀 남아있지 않게 없앰

☞ 제도가 변경될 수 있는 것인지 아니면 인간에게 엄청난 중압이 되어 개인을 말살하
　 는 위협적인 것이 되고 마침내는 인간의 자유로운 활동을 더 이상 용납하지 않는
　 것이 되는지 물어야 할 것입니다.

■ 필연(必然) : 반드시 그렇게 될 수밖에 없는 속성.

☞ 제도가 인간의 본성으로부터 필연적으로 생겨난 것인지 물어야 한다.

■ 시행착오(施行錯誤) : 어떤 목표나 과제를 해결할 때까지 여러 가지의 시행과 실패를
　 되풀이하면서 추구하는 일.

☞ 제도가 아닌 인간에게 기본적인 문제에 대한 결정을 내리게 함으로써 제기되는 시
　 행착오와 삶의 과오를 감수하도록 모든 인간에게 요구해야 한다.

■ 요원(遙遠) : 멀고멀다.
☞ 그런 변화가 다시 일어나는 것은 현재로서는 요원하다는 것이 많은 사람들의 공통
된 견해다.

■ 치부(置簿) : 잊지 않고 새겨 두거나 그렇다고 여김.
☞ 대부분의 주류 과학자들은 이런 유형의 과학은 근거가 없는 것으로 치부한다.

■ 미혹(迷惑) : 마음이 흐려서 무엇에 홀리거나 정신이 헷갈려 갈팡질팡 헤맴.
☞ 개념과 상징을 실재 그 자체로 착각하는 미혹을 떨쳐 버리게 하는 일이 바로 동양
신비 사상의 주요한 목적 가운데 하나이다.

■ 직관적(直觀的) : 추리나 판단에 따르지 않고, 감각적 또는 직접적으로 사물을 파악하
는
☞ 직관적 통찰이 일관성 있는 수학적 논리 체계를 갖추고 있지 않거나 일상적 언어로
그 의미를 쉽게 풀어낼 수 없다면 물리학자들에게는 아무 의미가 없다.

■ 간파(看破) : 속내를 꿰뚫어 보아 알아차림.
☞ 금강산을 처음 대면하는 감흥 속에서 겸재는 이미 금강산의 정신을 간파하게 되었
다.

■ 이데올로기 : 정치나 사회에 대한 기본적인 사고방식. 사상 경향. 관념 형태(觀念形
態).
☞ 광고는 하나의 물건에 이데올로기적 주제를 입히고, 그렇게 함으로써 그 물건에 현
실과 상상이라는 이중적 존재를 부여한다.

■ 사유(思惟) : 생각, 어떠한 사실을 헤아리고 간추려서 일정한 개념·판단·추리로 파
악하는 일.
☞ 기계적 세계관은 인간 이성과 자연과학의 힘을 사유(思惟)와 행동의 기준으로 삼
고, 필요에 의한 인위적 욕구 충족을 위해 테크놀로지의 무한 발전을 요구한다.

■ 공리적(公利的) : 그 행위가 공공의 이익이 되는가 어떤가를 첫째로 생각하는 것.
☞ 복제기술의 공리적 효과를 완전히 부정한다는 것은 현실적으로 어렵다.

■ 가치관(價値觀) : 가치에 관한 관점이나 태도
☞ 문명마다 철학적 전제, 밑바탕에 깔린 가치관, 사회 관계·관습 – 삶을 바라보는 총체적 전망은 크게 다르다.

■ 거시적(巨視的) : 어떤 대상을 드러나는 전체적 구조로 보는 것.
☞ 거시적 차원에서 보면, 지배적 대립은 서구 대 비서구의 양상으로 나타나겠지만, 가장 격렬한 대립은 이슬람 사회와 아시아 사회, 이슬람 사회와 서구 사회에서 나타날 것이다.

■ 상대적(相對的) : 서로 맞서거나 비교되는 관계에 있는 것
☞ 해시계와 같은 과학기구는 대부분 해와 달과 별들의 상대적 위치에 따라 시간을 측정하지만, 시간의 흐름은 천체를 고려하지 않아도 측정할 수 있다.

■ 계량(計量)적 : 수량으로 환산하거나 계산할 수 있는
☞ 우리는 시간을 측정할 수 있지만, 그렇다고 해서 시간이 무엇이며 시간을 계량적으로 재는 것이 과연 타당한가를 제대로 이해하고 있다고 단언할 수는 없다.

■ 토로(吐露) : 드러내어서 솔직하게 말함.
☞ 아우구스티누스가 토로했듯이, 측정 가능한 단위로 시간을 매기려는 시도는 모두 실패로 끝날 수밖에 없다.

■ 탐닉(耽溺) : 지나치게 마음이 쏠리어 빠짐
☞ 그는 사치와 향락에 탐닉하였으며, 엄한 형벌제도를 만들어 백성을 탄압하였다.

　다음은 2005년 서울대 모의논술에 나타난 한자단어입니다. 독음을 채워 보세요. 영어제시문이 출제되지 못하는 상황에서 수험생들의 변별력을 위한 대학들의 노력은 한자로 방향을 틀 가능성도 있습니다. 일단 서울대에서 이와 같은 시도를 하고 있고 사회에서도 한자지식을 요구하고 있기 때문입니다. 한자문화권의 기업에서 날아온 팩스 한 장을 해석하는데 한나절을 소비하는 신입사원의 모습에서 기업경영자들은 우리나라 교육을 의심하게 되었다는 것을 대학측에서는 이미 알고 있기 때문입니다. 몇몇 기업에서 신입사원을 대상으로 한자시험을 치르고 있는 것과 일맥상통합니다.

氣勢 ( )	形容 ( )	試驗 ( )
居處 ( )	區分 ( )	淸雅 ( )
韻致 ( )	疑心 ( )	下流 ( )
性格 ( )	洪水 ( )	危險 ( )
暴雨 ( )	光景 ( )	道 ( )
誤解 ( )	性情 ( )	判斷 ( )
生死 ( )	關係 ( )	外物 ( )
耳目 ( )	機能 ( )	致命的 ( )
自信 ( )		

정의

정의의 개념 : 정의란 밝히고자 하는 개념(=종개념)이 속하는 가장 가까운 상위 개념(=유개념)을 들어 그 종개념이 차지하는 위치를 밝히고, 같은 체계 속에 있는 다른 하위 개념과 구분되는 특징(=종차)을 밝혀 본질을 규정하는 방법입니다.

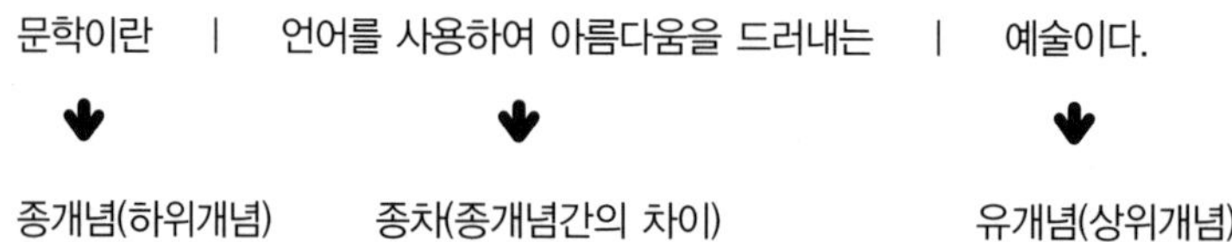

　예를 들어 예술의 하위개념으로는 문학을 비롯하여 미술, 음악, 건축, 영화, 연극, 무용 등등이 있습니다. 그러면 문학과 미술의 차이, 문학과 음악의 차이 등등이 바로 종개념간의 차이 즉, 종차(種差)입니다. 그리고 앞의 예에서 든 '문학이란' 까지가 피정의항(정의를 당하는 부분) 그 나머지 부분이 정의항(정의를 내리는 부분)인 것입니다.

정의의 규칙

① 정의항은 피정의항과 그 외연이 일치해야 합니다.

▶ 형용사란 어떤 대상의 성질, 상태, 움직임을 나타내는 단어이다.(☞ '움직임'은 형용사의 특성이 아니다.)

▶ 차량은 짐을 실어 나르는 기구이다.(☞ 손수레는 차량이 아니다.)

▶ 학생이란 매일 학교에 가는 사람을 말한다.(☞ 선생님도 매일 학교에 간다.)

② 정의항은 피정의항의 본질적 속성을 드러내야 합니다.

▶ 비행기란 하늘을 나는 물체이다.(☞ 비행기는 단순히 하늘을 날기만 하는 것은 아니

다.)

▶ 아빠란 돈 벌어오는 사람을 말한다.(아빠는 돈 벌어오는 일만 하는 사람이 아니다.)

③ 피정의항의 용어나 개념이 정의항에서 되풀이되어서는 곤란합니다.

▶ 삼각형이란 각이 세 개 있는 도형이다.(☞ 삼각이란 각이 세 개란 말씀)

▶ 독재자란 독재를 실시하는 사람이다.(☞ 앞에 한 말 또 하고 있음)

④ 피정의항이 부정적이 아닌 한, 정의항이 부정적이어서는 안 됩니다.

▶ 환자란 건강하지 못한 사람이다.(☞ 몸이 부실하다고 모두 환자는 아니다.)

▶ 동물은 식물이 아닌 것이다.(☞ 식물이 아닌 것에는 동물 말고도 여러 가지가 있다.)

▶ 정직이란 거짓말을 하지 않는 것이다.(☞ 침묵을 지키고 있어도 정직한가?)

⑤ 정의항이 애매하거나 비유적으로 표현되어도 안 됩니다.

▶ 학문은 흐르는 강물을 거꾸로 거슬러 오르는 행위이다.(은유법)

▶ 삶은 달팽이 껍질 속의 몸부림이다.(은유법)

▶ 책은 인류 양심의 보물창고이다.(은유법)

논거

주장에 대해 그것의 객관성, 타당성, 정당성을 입증하는 논리적인 근거를 논거라고 합니다. 주장으로만 끝나는 글을 그대로 믿을 수는 없습니다. 믿을 수 있게 논리적인 근거를 제시해야 완전한 주장이 되는 것입니다. 논거가 빈약한 글은 읽는 사람으로 하여금 그 의견이나 주장의 타당성을 의심하게 할뿐만 아니라 주장 자체가 오류에 빠지게 될 가능성이 큽니다. 또한 부족하거나 한쪽으로 치우친 논거를 사용한 논술은 객관성을 잃기 쉽습니다.

논거가 갖추어야 할 요건

■ 논거는 정확하고 구체적인 것이어야 합니다. 결코 독자로 하여금 의심을 품게 만드는 논거를 사용해서는 안 됩니다. 따라서 출처가 명백한 것, 사실과 의견이 분명하

게 구별된 것, 합리적으로 해석되어 누구도 의심할 수 없는 논거를 사용해야 합니다. 또 보편적인 논리나 객관적인 사실, 공인된 통계나 권위 있는 의견 등도 좋은 논거가 됩니다. 불확실한 사실을 논거로 제시한다면 그 논술은 신뢰성이 떨어지게 되며 진실이 밝혀질 경우 그 논술은 회복불능의 상처를 입게 됩니다. 책의 저자를 다르게 언급한다든지, 인용한 말의 주인공을 달리 밝힌다든지, 통계숫자의 오류 등도 이 경우에 해당합니다.

■ 주제를 뒷받침하는 것이어야 합니다. 이것은 글의 통일성과 관계되는 것으로 주제에 어긋나거나 관련성이 없는 논거가 끼어들지 않도록 해야 합니다. 논거가 주장의 정당성, 타당성, 객관성을 돕는 작용을 하지 못한다면, 그 논거는 적합하지 않은 것입니다. 게다가 적합하지 않은 논거로 주장을 입증하려고 하면, 논리적 오류가 발생하게 될 수도 있습니다. 주제를 꿰뚫는 맥락에서 벗어난 논거는 논점일탈의 오류에 빠지기 쉽습니다. 예를 들어 '현대과학 기술의 발달과 인간 삶의 향상'이라는 주제에 대해 논술할 때 단순히 '나노기술의 진보'만을 논거로 제시한다면 이는 주제를 뒷받침하는 역할을 할 수 없습니다. '나노기술의 진보'를 제시하더라도 '나노기술의 진보가 인간의 삶에 어떠한 기여를 할 수 있는가' 하는 측면을 중점적으로 기술해야 하는 것입니다.

■ 수긍할 수 있는 논거를 사용해야 합니다. 일반적으로 널리 통용되는 합당한 논거, 이성적인 사람이라면 받아들일 수밖에 없는 논거를 사용해야 합니다. 이미 검증되어 일반화된 주장이나 결론, 당연한 신념이나 일반적 원칙, 곰곰이 생각해보면 명백히 증명될 수 있는 생각, 대표성을 갖춘 논거 등이 이에 해당합니다. 앞서 언급한 논거와 모순되는 것, 기존의 신뢰할 만한 자료와 어긋나는 것, 아직 검증이 끝나지 않은 가정이나 사례 등은 사용해서는 안 되는 논거입니다. 이미 잘 알려진 역사적 사실의 의미를 이성적인 사람들이 납득하기 어려운 방향으로 해석하는 것도 마찬가지입니다.

■ 논거는 풍부하고 다양할수록 좋습니다. 자기가 주장하고 있는 내용을 모두 명쾌하게 밝히기 위해서는 한 점 의혹도 없을 정도로 논거를 충분히 제시하는 것이 좋기

때문입니다. 논거가 부실하다면 그 주장은 정당성과 객관성 확보가 어렵게 됩니다. 자신의 주장과 논증에 대해 합리적인 반박까지도 예상하고, 그에 대응할 수 있는 다양한 논거를 제시해야만 자신의 주장을 효과적으로 증명하는 논술이 될 수 있습니다. 이와 달리 불충분한 논거를 사용하여 일반화시킨다면 성급한 일반화의 오류에 빠지거나 논증부족의 오류에 빠질 위험이 있습니다. 그러나 너무 풍부하거나 다양해서 중언부언하는 논거가 되거나, 글의 흐름이 이리저리 갈라져 산만하게 되면 글의 통일성을 해치게 된다는 점에 유의해야 합니다.

■ 필자의 해석을 거쳐 순화된 논거여야 합니다. 아무런 설명이나 해석 없이 그냥 제시되는 논거는 독자로 하여금 어리둥절하게 만들 수 있습니다.

■ 흥미를 끌 수 있는 것이어야 합니다. 독자들은 대체로 논거에 해학과 풍자, 기지(機智), 독창성, 희소성, 사실성, 친근감, 긴장감, 등이 드러날 때에 흥미를 갖습니다.

■ 논거를 자기의 주장 관철을 위해 과장하거나 왜곡해서는 안 됩니다. 이 부분은 글의 진실성과 관련된 문제로 이러한 논거를 사용한 논술문은 나중에 진실이 밝혀졌을 때 큰 곤욕을 치를 각오를 해야 합니다.

사실(事實)논거 : 모든 사람들이 상식으로 알고 있는 일반화된 지식과 정보, 역사적으로 널리 알려진 사실, 객관적인 실험 결과, 자연 법칙에 따른 사실, 정확한 통계 수치 등을 논거로 사용하는 것을 말합니다. 여기에서 사실이란 누구나 인정할 만큼 구체적이고 확실하여 더 이상 검증을 거칠 필요가 없다고 생각되는 것입니다. 이 논거는 그것이 사실이냐, 믿을 수 있느냐 하는 것이 문제가 됩니다. 그래서 그 논거의 출처를 밝혀주는 것이 좋습니다. 사실이 아닌 논거, 믿을 수 없는 논거를 사용한다면 그 논술은 진실성이 떨어지는 논술이 되겠습니다. 논술을 작성할 때 흔히 자신이 체험하거나 보고 들은 것을 논거로 사용하는 경우가 많습니다. 이때에는 거의 모든 사람들이 공감할 수 있는 사례를 드는 것이 효과적입니다. 특수한 경험이나 사례는 일반화하여 논거로 거론하기에 곤란합니다.

소견(所見) 논거 : 소견논거란 전문가나 그 분야 권위자의 주관적 생각이나 판단으로 이루어진 뒷받침 자료를 말하는데 대개 인용문의 형태로 나타납니다. 이것은 신뢰성이 중요합니다. 전문가나 권위자라 할지라도 그 방면의 전문가, 권위자의 의견이어야만 합니다. "문화의 상대성"에 관한 논술에서 배우 장동건의 의견을 논거로 삼으면 사람들이 코웃음 치겠지요? 또 우리 옆집 수다쟁이 아줌마의 의견은 신뢰성을 주지 못합니다. 글쓴이 자신의 의견이나 경험자, 목격자의 증언 등도 소견논거에 해당합니다. 이 경우에는 공정성에 대한 검증이 끝난 후에 인용되어야 합니다. 공정성 검증의 방법으로는 그 의견을 뒷받침하는 실례나 가상 사례를 들어 구체적으로 예시하거나, 의견의 정당성을 입증하는 보편타당한 증거들을 제시하면 됩니다. 소견 논거의 유효성은 권위에서 나오는데, 권위는 시대에 따라, 사람에 따라 변한다는 것을 염두에 두어야 합니다. 한물 간 시대의 한물 간 사람의 의견(권위가 상실된)을 소견논거로 사용해봐야 득될 것이 없다는 애기입니다.

메모

_논술 · 면접 휘어잡기

논술은 논리적인 글쓰기입니다. 그러니 논술의 과정이 논리적 오류에 빠지면 그 논술은 치명적인 잘못을 범하고 있는 셈입니다. 오류에는 크게 형식적 오류와 비형식적 오류가 있습니다. 아래의 오류 유형을 눈여겨보고 논술 작성시 아래와 같은 논리적 오류에 빠지는 일이 없도록 해야 하겠습니다.

형식적 오류

■ **선결 문제 요구의 오류(순환 논리, 순환논증):** 결론에서 주장하고자 하는 바를 전제로 제시하는 오류(결론에서 주장한 내용이 전제에서 이미 밝힌 말에 불과합니다.)

☞ 이 책에 쓰인 내용은 사실이다. 왜냐면 이 책에 그렇게 적혀 있기 때문이다.

☞ 그의 행위는 불법이다. 왜냐하면, 그의 행위는 명백히 실정법에 위배되기 때문이다.

☞ 너는 술을 마시면 안 된다. 왜냐하면 술은 나쁘기 때문이다. 왜 술이 나쁘냐 하면 술을 마시면 해롭기 때문이다.

■ **자가 당착의 오류(비정합성의 오류):** 앞뒤의 주장이나 전제와 결론 사이에 모순이 발생함으로써 일관된 논점을 갖지 못하는 오류입니다.

☞ 지독한 외로움에 쩔쩔매본 사람이면 알 것이다. 인간의 고독이야말로 생명을 소진하는 가장 끔찍한 방법이라는 것을. 인간에게 고독을 선물하는 것이야말로 가장 나쁜 일이라는 것을. 그런데 요즘 들어 부쩍 개인의 자유, 개성, 나만의 것, 나만의 영역을 강조하는 사람들이 생겨나고 있다. 태양아래 그 무엇도 양면성이 없는 것이 없다. 그러한 점을 강조함으로써 얻는 장점 못지않게 고독이라는 제일 끔찍한 악마가 찾아온다는 것을 그들은 느끼지 못한단 말인가. '나는 나야' 를 외치는 사람들은

앞으로 완전히 소외시켜서 영원히 혼자 살도록 해야 할 것이다.

■ 선택지 불완전의 오류

☞ 그 사람은 학생이든가 성인이든가 등산가이다. 그런데 그 사람은 학생이다. 따라서 그 사람은 성인도 아니고 등산가도 아니다.

■ 전건 부정의 오류

☞ 비가 오면 교통이 두절된다. 비가 오지 않았다. 따라서 교통이 두절되지 않았다.

■ 후건 긍정의 오류

☞ 비가 오면 교통이 두절된다. 교통이 두절되었다. 따라서 비가 왔다.

비형식적 오류

 ① 심리적 오류

■ **연민에의 호소(감정, 동정에의 호소):** 논점과 관계없이 동정심에 호소하여 결론을 받아들이게 하는 오류.

☞ 존경하는 재판장님. 만약 피고가 유죄 판결을 받는다면 그의 병든 아내와 어린 자식들은 어떻게 살아가겠습니까? 죄는 미워할망정 사람은 미워하지 말라는 말도 있는데 하물며 그의 가족들이 무슨 죄가 있겠습니까? 무죄방면을 부탁합니다.

☞ 검사들의 업무가 편한 줄 알고 있는 사람들이 많습니다. 실은 검사들의 업무란 것이 일반인들은 상상할 수 없을 만큼 많습니다. 아파도 병원 갈 시간도 없습니다. 그런 우리들이 술 마실 시간이 따로 있겠습니까? 시도 때도 없이 마실 기회 있으면 마시는 거지요. 마셔도 양주만 마시면 독하잖아요? 그래서 맥주와 타서 마시는 거예요. 점심 먹을 때 몇 잔 먹고 돌아오다 가벼운 접촉 사고 좀 냈기로서니 그게 큰 죄가 되겠습니까. 넓게 이해해 주시기 바랍니다.

■ **증오(분노)에 호소하는 오류:** 인간의 증오심리를 이용하여 논점을 합리화하려는 오류.

☞ 인간의 역사는 가진 자와 못 가진 자, 배운 자와 못 배운 자와의 투쟁이었다. 이러한 투쟁의 궁극은 프롤레타리아 혁명으로 귀결될 것이다. 자! 동지들이여 가진 자들을 타도하자. (어느 공산주의자의 주장)

■ **사적 관계에의 호소:** 친구, 동창, 동향 등의 관계에 있는 사람들의 인정에 호소함으로써 논지를 받아들이게 하는 오류.

☞ 친구 좋다는 게 뭔가. 비록 술을 많이 마시고 운전은 했지만 사고는 안 났지 않은가. 자네가 경찰에 있을 때 잘 좀 봐주게.

■ **유머(농담)에의 호소:** 어떤 논지에 대하여 유머나 농담으로 받아들이게 오류.

☞ 모든 생물의 시초는 어류에서 출발했다고 말씀하셨는데, 그렇다면 당신의 조상도 메기나 피라미였단 말씀이죠?

■ **성적 쾌락(로맨스)에 호소하는 오류:** 성적 쾌락이나 달콤한 로맨스를 들먹이며 논점을 합리화하려는 오류

☞ 요즘 멋쟁이들은 모두 이 구두를 신습니다. 이 구두를 신으면 키가 10cm이상 크게 보이는 효과가 있습니다. 키가 작아 데이트 한번 못 해본 남성들이여! 이 구두를 신고 멋진 아가씨 앞에 당당히 나서십시오.

■ **인신공격의 오류:** 논지와는 상관없이 상대방의 약점이나 잘못, 처해 있는 상황 등을 끌어들여 상대방을 깔아뭉개거나, 자신의 잘못을 합리화하는 오류.

☞ 앞도 못 보는 주제에 사람의 앞일을 맞춘다고? 그 맹인 점쟁이 그냥 가라고 해!

■ **피장파장의 오류(역공격):** 자신이 비난받고 있는 만큼 상대방도 잘못한 점이 있다고 역공격하는 오류.

☞ 대팔 : 얘. 광팔아! 너 왜 이래? 장기를 두는 사람이 장기에만 신경 써야지, 뭐해?

☞ 광팔 : 사돈 남 말하네. 너는 어쩌고? 너도 아까 컵라면 먹고 왔잖아.

■ **정황에의 호소(사람에의 호소):** 어떤 사람의 직책, 직업, 처지, 과거의 행적 등 정황을 비난함으로써 논제를 공격하는 오류.

☞ 사마천의 '사기'는 읽어볼 가치가 없는 책이다. 왜냐하면 그는 잘못을 저질러 궁형(남성을 제거하는 옛날의 무식하기 짝이 없는 형벌)을 받아 수염도 빠지고 가슴도 봉긋하게 나온 내시였으니까.

☞ 그는 중학교밖에 나오지 않은 사람이다. 그러므로 그의 말은 신빙성이 없다.

☞ 두나라당 홍길동 의원은 과거 군사독재정권 때 정보부서에서 악명을 떨치던 인물이다. 그렇기 때문에 그는 민주주의를 언급할 자격조차 없다.

■ **대중에의 호소:** 자기의 주장을 합리화시키기 위해서 대중의 편견, 감정, 군중 심리를 이용하는 논증.

☞ 이 책은 아주 훌륭한 책이다. 왜냐면 이 책은 엄청 팔렸으니까.

☞ 국회의원 모씨는 지역주의를 부추기는 나쁜 사람이다. 왜냐면 "강남의 귤도 강북에 심으면 탱자 되더라"라는 말을 했다가 강북에 사는 네티즌들에게 호되게 얻어맞고 자신의 잘못에 대해 용서를 빈 사람이기 때문이다.

■ **권위에의 호소(부적합한 권위에의 호소):** 논의하는 문제를 적합하지 않은 권위나 명성을 앞세워 정당화하려 할 때 빚어지는 오류.

☞ 현재 우리의 태권도 규칙은 문제가 있다. 왜냐하면 그 유명한 서태지도 "점수 따기 위주의 현재 규칙은 선수들로 하여금 화려한 기량을 보여주기보다는 방어위주의 쩨쩨한 경기를 보여주게 만들어 결국 관중들로부터 외면당할 것이다"라고 비판했기 때문이다.

☞ 외계에는 분명히 지각이 있는 생명체가 존재하고 있다. 노무현 대통령이 올해 연두 기자회견을 할 때 분명히 밝혔기 때문이다. 즉, 수천 억 개의 행성 중에서 오직 지구만 생명체가 존재한다면 우리 인류는 너무 외로울 것이고, 또 신이 우주를 만들 때 오직 지구에만 생명체를 만들어 놓고 다른 행성들을 비워 놨다면 그것은 엄청난 공간의 낭비에 불과할 것이라고 말했던 것이다.

■ **위력에의 호소(힘, 방망이에의 호소):** 자기의 주장을 정당한 논리에 의하지 않고 지위,

관직, 학위 등을 이용하여, 상대방에게 공포감을 주거나 무력감을 느끼게 하여 자기의 주장을 관철하려는 오류.

☞ 내 말에 하자가 있는 것처럼 보여? 내가 이래봬도 논리학 박사야.

☞ 내가 누군 줄 알고 까부는 거야. 나 강호동이야.

☞ 자네가 신호위반 딱지를 떼고 있는 사람이 누군 줄 아나? 경찰청장님이야. 자네 직속상관 영점 오 초 내로 사표 써 가지고 내 사무실로 오라고 그래.

■ **원천 봉쇄(우물에 독약 뿌리기)오류:** 반론이 제기될 수 있는 원천을 미리 봉쇄함으로써 반론 제기 자체를 불가능하게 만드는 오류.

☞ 너는 입이 열 개 있어도 할 말이 없어. 네거리 길을 막고 물어봐라. 열이면 열 모두 네가 잘못했다고 할 테니.

☞ 당신은 책임이 없다고 말하지 마시오. 그 호프집에 화재가 났을 당시 당신은 그 동네의 반장이었소. 동네 주민들의 생명과 재산을 책임져야할 막중한 지위에 있으면서, 그 호프집이 화재에 취약한 구조라는 것을 몰랐다면 당신은 무능한 것이고 알고도 방치했다면 그것은 직무유기요. 무능한 것은 죄가 아니라고 말하지 마시오. 마당쇠가 무능하면 마당만 더러워지면 그만이지만 반장이 무능하면 그 동네 주민은 생명을 부지하지 못하오. 그러니 어쨌든 당신은 사형이오. 땅땅땅.

 **② 자료적 오류**

■ **발생학적 오류:** 어떤 사실, 이념 또는 사물의 기원(근원)을 그 사물의 속성으로 잘못 생각하는 오류.

☞ 유도를 배우지 마라, 유도는 일본에서 발생했기 때문에 유도를 배우면 왜색에 물들 염려가 있다.

☞ 공주는 박찬호를 배출한 고장이다. 박세리도 공주 출신이니까 야구를 기가 막히게 잘할 것이다.

■ **허수아비 공격의 오류:** 상대방의 주장을 공격하기 쉬운 허수아비처럼 제멋대로 바꾸어놓고 상대방을 공격하는 오류.

☞ 손오공 : J프로젝트는 이 지역을 거대한 관광특구로 만들어 낙후된 지역 경제를 살
리자는 취지입니다.

☞ 사오정 : 당신은 이 지역에 골프장을 비롯한 위락시설을 만들어 생태계를 파괴하자
는 말입니까?

■ **분할의 오류(분해의 오류)**: 전체에 대하여 참인 것을 부분에 대하여도 참이라고 단정
하는 오류.

☞ 이 노트북은 비싸다. 따라서 이 노트북에 달린 마우스도 비싸다.

☞ 물은 액체이다. 물은 수소와 산소로 구성되어 있다. 따라서 수소와 산소는 액체이
다.

■ **합성(결합)의 오류**: 부분에 관하여 참인 것을 전체에 대하여 참이라고 단정하는 오류.

☞ 우리 구단의 선수는 모두 뛰어나다. 그러므로 우리 구단은 훌륭한 구단이다.

☞ 5와 7은 홀수이다. 12는 5와 7의 합이다. 따라서 12는 홀수이다.

☞ 한 시간 컴퓨터게임에 몰두한다고 몸이 축나지 않는다. 하루 컴퓨터게임에 몰두한
다고 몸이 축나지 않는다. 그러니 아무리 컴퓨터 게임에 몰두해도 몸이 축나지 않
는다.

■ **범주 혼동의 오류**: 범주의 영역을 혼동함으로써 생기는 오류.

☞ 아빠. 내가 음식점 주인이 되는 게 좋아, 아니면 햄버거집 주인 되는 게 좋아? (용하
가)

☞ 야! 이 무식한 녀석아. 목포 인구가 만 명만 넘겠냐? 천명도 넘는다! 천명도 넘어!
(아빠가)

■ **합리화의 오류**: 참된 원인을 숨긴 채 다른 원인을 들먹이며 합리화하려는 오류

☞ 우리는 이제까지 지속해온 결혼생활을 끝내고자 합니다. 우리는 너무도 사랑하기
때문에 헤어지는 것입니다. (거의 모든 연예인들의 이혼 기자회견)

■ **무지에의 호소**: 알지 못함을 근거로 하여 결론을 이끌어 내는 오류.

☞ 하느님 존재에 대해 있다, 아니다 말들이 많다. 그러나 하느님이 TV에 나와서 '나 하느님이야' 하고 자신의 존재를 밝힌 바 없다. 따라서 하느님은 없다고 보는 것이 이성적일 것이다.

☞ 대통령까지 나서서 외계에 지적 생명체가 있다고 주장하며 믿어달라고 호소하지만 어떤 경로를 통해서건 아직까지 외계 생명체가 존재한다는 확실한 신호가 없었다. 따라서 외계 생명체는 없다.

■ **우연의 오류(원칙 혼동의 오류):** 어떤 일반적인 규칙을 특수한 경우에는 그대로 적용할 수 없는데도 무차별로 적용함으로써 빚어지는 오류를 말합니다.

☞ 살인은 크나큰 죄이다. 그런데 안중근 의사는 이토 히로부미를 쏴 죽였다. 이유야 어쨌든 안중근 의사는 살인죄를 범했으니 학생들 교과서에서 그 분과 관련된 내용을 모두 삭제해야 한다.

☞ 옛날 중국에서 무식한 사람들이 아이 이름 지을 때 신생아의 무게를 달아 그 무게로 이름을 짓는 방법도 있었더란다. 그래서 어떤 사람 이름이 출육근(出六斤)이 되었거든. 여섯 근이 조금 넘는다는 뜻이렷다. 성인이 된 이 사람이 볼일이 있어 그 고을 원님을 면회하려고 찾아갔거든. 문지기에게 자기의 이름을 대고 면회신청을 했는데 허락이 된 거야. 그런데 원님이 이 사람의 이름을 부를 때 '출육근'으로 부르는 게 아니고 '육근반'이라고 계속 잘못 부르는 거야. 그래서 내 이름은 '출육근'이다. '육근반'이 아니고. 기분 나쁘다. 그랬단 말여. 황당해진 원님이 문지기를 잡아다 족쳤거든. 왜 손님의 성명을 네 맘대로 바꾸었냐고. 문지기 왈, '出六斤'이라니까 여섯 근은 넘고 일곱 근은 안 되니까 사사오입으로 계산할 것 같으면 여섯 근 반이 되는 거 아닙니까? 그래서 제가 '육근반'으로 기록했습니다. 왜? 제가 계산을 잘못했나요?

■ **성급한 일반화의 오류:** 몇몇의 특수한 경우나 몇 개의 우연적 사례를 근거로 하여 성급하게 일반화함으로써 빚어지는 오류.

☞ 용하가 어젯밤 노래방에서 '네 박자 뽕짝'을 불렀다. 이로 보아 용하는 구세대다.

☞ 조선 놈 하나가 길에다 오줌 누는 걸 보고 일본 놈 소리친다. "조센징와 쇼가나이네"(조선 놈들은 할 수 없어!)

☞ 어제 밤에 용문객잔 주방장과 주인이 노름을 하였다. 그 결과는 주방장이 주인 되고 주인이 주방장이 되었다. 역시 중국 사람들은 통이 커!

■ **논증 부족의 오류:** 대표적일 수 없는 표본이라든가, 적절하지 못한 표본을 근거로 해서 결론을 뽑아내려 할 때의 오류입니다.(성급한 일반화의 오류와 유사한 점이 있어요.)

☞ 우리나라 청소년들이 각 국가에 대해 느끼는 선호도를 조사하기 위해서 전국 3대 도시 50명의 청소년을 상대로 조사하였다. 결과는 예년과 똑 같았다.

■ **사소한 반박의 오류:** 어떤 현상이나 사실의 중요하지 않은 곁가지를 붙들고 늘어지는 쩨쩨한 오류.

☞ 나는 우리나라 가수들의 음악성을 인정할 수 없습니다. 그들은 립싱크를 하기 때문입니다.

■ **복합 질문의 오류:** 둘 이상으로 나누어야 할 것을 하나로 묶어 질문함으로써, 긍정할 수도, 부정할 수도 없게 만들어버리는 교묘한 오류.

☞ 수사관: 당신이 받은 밍크코트는 대가성이 있는 것이었지요?(예, 아니오로 대답할 수 없어요)

☞ 어제 당신이 훔친 차는 모두 다섯 대이지요?(마찬가지입니다)

■ **흑백 사고의 오류:** 어떤 집합의 원소가 단 두 개밖에 없다고 여기고서 이것 아니면 저것이라고 단순, 과감, 무식하게 추론하는 오류.

☞ 그 사람은 현 정부를 좋아하지 않는다. 따라서 그는 빨갱이다.

☞ 너 나 좋아하니? / 아니 / 너는 어떻게 그렇게 나를 미워할 수 있는 거니?

■ **의도 확대의 오류:** 의도하지 않은 결과에 대해 그럴 의도가 있었다고 보는 오류.

☞ North West Air Line 항공사 소속 비행기가 막 이륙하려는 찰라 외로움에 지친 크낙새 한 마리가 엔진 속으로 투신자살하였다. 이 때문에 항공기는 미끄러져서 승객 10여명이 부상을 입었다. 당연히 항공사측 변호인은 정릉 수목원의 조류관리 담당자를 업무방해 및 과실 치상 혐의로 고소하였다.

■ **잘못된 인과 관계의 오류(원인 오판, 거짓 원인의 오류):** 전혀 인과 관계가 없는 단순한 선후 관계를 인과 관계가 있는 것으로 잘못 추리하는 오류.

☞ 까마귀 날자 배 떨어졌다. 그러니 배를 떨어뜨린 범인은 까마귀여.

☞ 오늘 비가 내린 것은 어제 마을 앞길을 정신이 온전하지 못한 여자가 지나갔기 때문이다.

■ **도미노의 오류:** 한 가지를 허용하면 연달아 또 다른 현상들이 일어날 것이라고 추론하는 오류

☞ 기차에서 한 노신사가 젊은이에게 하는 말. "내 옆에 앉지도 말게. 왜냐면 일단 옆 자리에 앉게 되면 서로 인사를 하게 될 것이고, 그 다음에는 무슨 일을 하는지를 묻게 될 것이고, 그 다음엔 가족 관계를 묻게 될 것이고, 그 다음엔 저녁 식사에 초대하게 될 거야. 그러면 당연히 내 딸을 만나게 될 것이고 둘인 사랑에 빠질 게 아니겠나. 내 딸을 어떻게 키웠는데 자네 같은 날건달에게 주겠는가? 그러니 내 옆에는 얼씬도 말어."

■ **논점 일탈의 오류:** 논점에 관한 결론을 내리지 않고 이와 관계없는 새로운 논점을 제시하여 전혀 엉뚱한 결론에 이르게 되는 오류.

☞ 옛날옛날 호랑이 담배 먹던 시절 어떤 조선 돈키호테가 영국으로 배를 팔러 갔겠다. 영국 신사가 물어보지. 당신의 전공이 무엇입네까? 학위는 어떤 걸 받으셨습네까? 조선의 돈키호테가 허허벌판을 찍은 사진 한 장과 배 설계도를 떡 허니 내놓고 가로되, 요것이 나의 박사학위 논문이요. 당신 눈에는 허허벌판으로 보이겠지만 앞으로 금방 세계적 규모의 조선소를 세워서 세계적 성능의 배를 만들어 납품할 것잉께, 잔소리 말고 계약서에 사인이나 해. 이 사람아! 이랬단 말여. 영웅은 영웅을 알아보는 법. 코 큰 영국 신사 단박에 사인하고 계약하더란다. (옛날 전설 중에서)

■ **전통에 호소하는 오류:** 합리적인 이론이나 논리에 의하지 않고 막연하게 전해 내려오는 습관이나 전통에 의해 옳고 그름을 판단하려는 오류

☞ 아침에는, 여자들은 행동에 주의를 기울여야 한다. 가게에 함부로 들어가서도 안 된다. 왜냐면 장사하는 사람들의 오랜 관습에, 첫 손님이 여자면 그날 하루 재수가

없다고 굉장히 꺼려하는 경향이 강하기 때문이다.

■ **잘못된 유추의 오류:** 유비 추리를 적용할 때, 서로 다른 사물의 우연적이며 비본질적인 속성을 비교하여 결론을 이끌어 냄으로써 생기는 오류.

☞ 중국에도 이(李)씨가 있고 한국에도 이(李)씨가 있다. 따라서 중국과 한국의 이(李)씨의 조상은 본래 한 사람이었을 것이다.

■ **말 앞에 마차 놓기:** 어떤 일의 원인과 결과를 혼동하는 오류.

☞ 성공한 남편을 둔 여인들은 모두 진품 밍크코트를 선물 받아 입고 다닌다. 따라서 남편을 성공시키고 싶은 여자들은 먼저 고급 밍크코트부터 선물 받아야 할 것이다.

③ 언어적 오류

■ **애매어의 오류:** 두 가지 이상의 의미를 가진 말을 동일한 의미의 말인 것처럼 애매하게 사용하거나 이해함으로써 생기는 오류.

☞ 모든 죄인은 교도소에 가야 한다. 모든 사람은 죄인이다. 그러니 모든 사람은 감옥에 가야 한다.

■ **애매한 문장 사용의 오류:** 문법적 구조의 애매함 때문에 어떤 문장의 의미가 두 가지 이상으로 해석되는 오류.

☞ 아내는 나보다 돈을 더 좋아한다.

☞ 이 책은 톨스토이의 책이다.

☞ 제임스 본드는 수일 전에 임무를 마치고 돌아왔다.

■ **은밀한 재정의(再定義)의 오류:** 사전적인 의미에 자의적인 의미를 은밀하게 덧붙임으로써 생기는 오류.

☞ 앞으로의 세계는 지식사회다. 지식사회는 지식공유사회라고 말할 수 있다. 지적 재산을 공유할 수 있어야 한다는 말이다. 따라서 소프트웨어는 얼마든지 그냥 복제해서 써도 된다.

■ **'이다'의 혼동:** 술어 '이다.'와 동일성의 '이다'를 혼동해서 생기는 오류.

☞ 신은 사랑이다. 진실한 사랑은 흔하지 않다. 그러므로 진실한 신은 흔하지 않다. ('신은 사랑이다.'라는 말은 '신=사랑'이라는 말이 아니라 신의 특성을 서술한 것임.)

■ **강조의 오류:** 문장의 어느 한 부분을 강조함으로써 발생하는 오류.

☞ 네 이웃을 사랑하라. (그러면 이웃이 아닌 사람은 미워해도 되겠네?)

☞ 이 잔디밭에 들어가지 마시오. (그래? 그렇다면 '저' 잔디밭에는 들어가도 되겠네? 그리고 들어가지만 않으면 되니까 돌을 던져야지)

양도논법(딜레마)

 **딜레마 1 (딜레마의 규칙)**

1. 대전제에서 전건과 후건의 관계는 필연적이어야 한다.

(대전제) 선생님의 강의가 이미 교과서나 참고서에 있는 것이라면 불필요한 것이고, (전건 → 필연적 관계가 아닙니다) 만약 교과서나 참고서에도 없는 것이라면 배워서는 안 되는 것이다. (후건 → 마찬가지로 필연적 관계가 아니죠.)

(소전제) 선생님의 강의는 교과서나 참고서에 있는 것이거나, 없는 것이거나 중의 하나이다.

(결론) 따라서, 선생님의 강의는 불필요하거나, 들어서는 안 되는 것이다.

☞ 대전제의 선생님의 강의가 교과서나 참고서에 있다고 해서 반드시 불필요한 것도 아니며, 교과서나 참고서에 없는 것이라고 해서 반드시 배워서는 안 되는 것도 아닙니다. 즉 필연적인 관계가 아니라는 말입니다. 이처럼 논의의 초점이 되는 두개의 가언전제('한다면'으로 시작하는 전제)의 모순을 잡아냄으로써 딜레마의 오류를 지적하는 방법을 "뿔로 잡기"라 합니다.

2. 소전제에서 선언지(選言肢)는 모든 경우를 다 들어야 하며, 서로 배타적이어야 합니다.

(대전제) 신당동 떡볶이 집 DJ 봉팔이가 너에게 관심이 있다면 너는 봉팔이에게 여
　　　　우짓할 필요 없다. 또 봉팔이가 너에게 관심이 없다면 역시 너는 봉팔이에
　　　　게 알랑거릴 필요가 없다.
(소전제) 봉팔이는 너에게 관심이 있거나, 너에게 관심이 없다..
(결론) 따라서, 너는 봉팔이 앞에서 over action 할 필요가 없다.

☞ 소전제가 모든 경우를 다 열거한 것이 아닙니다. 즉, 봉팔이는 상대방에게 관심이
　있지도 않지만, 그렇다고 아무 관심도 없는 것은 아닐 수도 있습니다. 그저 괜찮다
　싶은 정도의 관심도 있을 수 있기 때문입니다. 이와 같이 모든 가능한 경우를 다 들
　고 있지 않은 소전제를 기초로 한 결론은 오류입니다. 선언지(이것 아니면 저것)가
　모든 경우를 열거하지 않았음을 밝혀 격파하는 방법을 "뿔 사이로 피하기"라고 합
　니다.

3. 소전제는 대전제의 전건을 긍정하든가 후건을 부정하든가 해야 한다.
(대전제) 젊은 시절 베짱이처럼 놀기만 하면 장래가 험난하고, 젊은 시절 공부만 하
　　　　면 장래는 활짝 열린다.
(소전제) 나는 지금 베짱이짓만 하지 않던가, 공부만 하든가 중의 하나를 선택해야
　　　　한다.
(결론) 따라서 나의 장래는 활짝 열려 있다.

☞ 소전제를 잘 읽어보면 문제가 있음이 드러날 것입니다. 그러므로 이 결론은 오류일
　수밖에 없습니다.

딜레마 2

　고대 그리스에 소피스트(궤변학파)라는 철학 유파가 있었는데 이 사람들은 요즘 말로
말하면 웅변학원, 논술학원 등을 운영하며 먹고살았단 말여. 그런데 제자 한 녀석이 배
울 것 다 배우고도 수업료를 안내. 그래 원장이 으름장을 놓았거든.

(대전제) 자. 우리 재판정에 가서 결판을 내 보자. 재판을 해서 내가 이기면 당연히 너는 수업료를 내야 한다. 내가 이겼으니까. 또 내가 질 것 같으면 그래도 수업료를 내야 한다.

(소전제) 왜냐면 네가 재판에서 이겼다는 것은 변론을 아주 잘 했다는 것인데 그 훌륭한 변론솜씨는 바로 나한테서 배운 거 아니냐. 그러니 너는 나를 이길 정도의 변론을 배운 대가로 응당 나에게 수업료를 지불해야 마땅하다. 내가 재판에서 이겨도 너는 수업료를 내야하고 져도 너는 수업료를 내야 한다.

(결론) 어쨌거나 너는 수업료를 내야 한다.

그러자 제자가 달랑거리거든.

(대전제) 제가 재판해서 이기면 당연히 수업료 낼 필요 없지요. 이겼으니까요.

(소전제) 또 재판해서 질 것 같으면 수업료 낼 필요 없어요. 왜냐면 재판에서 졌다는 것은 변론하는 솜씨가 형편없었기 때문인데, 형편없는 변론을 배운 대가를 지불할 수는 없지 않겠어요?

(결론) 재판의 결과가 어떻게 나오든 저는 수업료 죽어도 못 내요.

추론

몇 개의 증거를 바탕으로 하여 어떤 사실이 성립되어 있음을 미루어 추측하는 일을 추론이라 합니다. 즉, 특정한 명제(전제)를 이미 증명된 다른 명제들과 결합시켜 하나의 결론으로 도출하거나, 특정한 명제(전제)로부터 어떤 결과를 이끌어 내는 논증의 형식을 말합니다. 추론의 방법으로 연역법, 귀납법이 있습니다.

 **연역법(演繹法)**

일반적 원리(대전제)를 근거로 구체적, 개별적 문제에 대한 결론을 이끌어냅니다. 논술문 작성시 가장 유용하게 사용할 수 있는 추론방법입니다.

☞ 모든 신은 위대하다.(대전제) / 고무신도 신이다.(소전제) / 따라서 고무신은 위대하

다. (결론)

☞ 무단결석을 하면 벌을 받는다. 용하는 오늘 무단결석을 했다. 그러므로 용하는 내일 상당히 괴로울 것이다.

※참조: 삼단 논법은 연역 추론의 가장 대표적인 형식입니다.

다음은 연역추론에 의해 작성된 문단입니다.

☞ 노인, 즉 전성기를 지난 사람의 성격이란 젊은이의 성격과 정반대되는 것들로 이루어져 있는 법이다. 그들은 여러 해를 살았고, 사는 동안 속은 적도 많고 실수도 많이 저질렀으며, 살아온 삶을 돌이켜 보면 만사가 뒤죽박죽 별로 만족스럽지 않다. 그 결과 노인들은 그 어떤 것에 대해서도 확신이 없으며 모든 일을 끝까지 수행하지 못한다. 그들은 '생각'은 하지만 '인식'은 하지 못하고, 늘 미적거리다 보니 '아마도', '그럴 지도 모른다'는 단서를 달면서 그 어떤 것도 분명하게 주장하지 않는다. 노인들은 냉소적이다. 다시 말해서 모든 일의 가장 나쁜 점만을 보는 것이다. 게다가 노인들의 인생경험은 남들을 믿지 못하게 하고, 남을 못 믿으니 의심이 많다. 따라서 그들은 열렬히 사랑하지도 심하게 증오하지도 않으며, 편견이 이끄는 대로 언젠가는 증오할 것처럼 사랑하며 언젠가는 사랑할 것처럼 증오한다. 노인들은 인생살이 앞에 무릎을 꿇었기에 속이 좁고, 그들의 욕망은 그저 그들을 살아남게 하는 것보다 더 고매하거나 더 비범한 것을 겨냥하는 법이 없다. 노인들에게 돈은 꼭 갖고 있어야 하는 것이고 돈이란 것이 얼마나 벌기 어렵고 써버리기 쉬운지를 경험을 통해 깨달았기 때문에, 이들은 돈에 관한 한 인색하다. 노인들은 겁쟁이들이고 늘 미리 걱정하며 산다. 혈기 왕성한 젊은이들과는 달리 그들의 기질은 차디차다. 노년이 비겁함에 이르는 길을 열어주니, 이들은 두려움으로 차갑게 얼어 있는 것이다. 노인들은 삶을 사랑한다. 모든 욕망의 대상이란 갖고 있지 않은 것이기 마련이고, 우리는 우리에게 가장 절박하게 필요한 것들을 갈구하는 바, 노인들은 살 날이 얼마 안 남았기에, 삶을 더욱 사랑하는 것이다. [아리스토텔레스, 수사학] −2005년 연세대 인문 논술

_논술 · 면접 휘어잡기

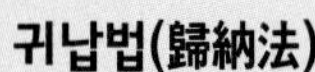

귀납법(歸納法)

귀납법은 구체적, 개별적 사실들을 논거로 하여 일반적 원리를 이끌어 내는 방법입니다. 귀납 추론의 가장 주요한 특징은 관찰된 사실로부터 관찰되지 않은 사실을 이끌어낼 수 있다는 점입니다. 그렇기 때문에 귀납법은 우리의 일상생활은 말할 것 없고 많은 분야에서 아주 유용한 추론법입니다. 그 중에서도 특히 과학은 귀납 추론과 가장 밀접한 관련을 맺고 있는 분야입니다. 이미 알고 있는 개별적인 사실을 바탕으로 새로운 이론을 발견해야만 하는 과학의 특성상 귀납법의 사용은 필연적인 선택인 것입니다. 귀납법에는 크게 통계적 귀납추론과 인과적 귀납추론이 있습니다. 귀납법도 논술 작성시 유용하게 사용할 수 있는 추론방법입니다.

☞ 우럭은 못생겼지만 맛만 좋다. 광어도 납작해 가지고 못생겼지만 맛만 좋다. 민어도 멍청하게 생겼지만 맛은 끝내준다. 따라서 못생긴 고기가 맛은 좋다.

☞ 장승포는 항구도시이며 서귀포나 목포도 항구도시이다. 또한 주문진도 항구도시이고 강진도 항구도시이다. 따라서 지명에 '포' 자와 '진' 자가 들어가는 도시는 항구도시일 가능성이 높다.

※참조: 귀납추리의 약점과 강점

■ 약점 : 부분적 관찰에서 결론을 끄집어낸 것이므로 이 결론이 절대적 진리가 아닐 수도 있다는 것입니다. 즉 성급한 일반화의 오류에 빠질 수도 있다는 뜻입니다.

■ 강점 : 자연 법칙을 찾아내는 데 유리합니다.

다음 두 개의 예문은 귀납적 방법에 의해 작성된 글입니다.

☞ 그러면 개인과 사회의 관계는 어떠한가? 어떤 사람들은 둘 사이의 관계를 원자와 물질의 역학적 관계와 같이 생각하는 것 같다. 원자가 없는 물질은 존재하지 않으며, 물질이 없다면 원자의 존재는 문제가 되지 않는다. 그 존재성(存在性)만을 중심으로 본다면, 개인과 사회의 관계도 이와 비슷할 것이다. 그러나 그것으로 개인과 사회의 관계가 다 설명될 수는 없다. 다른 어떤 사람들은 개인과 사회

의 관계를 세포(細胞)와 유기체(有機體)의 관계와 같이 생각한다. 생명적 존재를 위한 생성(生成)의 원리가 내포되어 있기 때문이다. 찰스 다윈의 영향을 받은 스펜서도 이와 비슷한 생각을 가지고 있었다. 그러나 진정한 의미의 개인과 사회의 관계는 존재나 생성의 과정에 그치지 않는 보다 높은 차원에 속하는 것이다. 그것은 존재하면서 생성하며, 생성하면서 문화 역사(文化歷史)를 창조해 가는 관계인 것이다. 그러므로 그 관계는 발전과 비약을 가능하게 하는 변증적 관계로 보는 편이 타당할 것이다. 〈1995년 수능언어영역 기출문제 예시문〉

☞ 디자인(design)의 기본 개념은 기능과 모양새이다. 이 두 요소는 서로 상반된 목적을 지향하고 있어, 양자 사이의 조화를 찾는 일이 그리 쉽지는 않다. 기능을 중시하다 보면 모양새가 마땅치 않고, 모양새에 치중하다 보면 기능이 떨어지는 경우가 대부분이다. 현재의 비행기와 자동차를 예로 들어 어떻게 하면 바람직한 디자인을 얻을 수 있는가 생각해 보자.

비행기는 하늘을 나는 새와 바다 속을 유영하는 물고기를 보고 모양새를 창안해 냈다고 한다. 최초의 비행기는 새를 모방함으로써 하늘을 날 수 있게 되었다. 그러나 비행기의 엔진이 점차 강력해짐에 따라 새의 날개가 지닌 양력(揚力)쯤은 별로 중요하지가 않게 되었다. 초보 단계의 비행기 설계에서는 어떻게 바람의 힘을 이용하는가 하는 문제가 커다란 과제였지만, 더 발달된 비행기에서는 어떻게 바람의 영향을 덜 받고 날 수 있는가 하는 문제가 중요한 과제로 부각되었던 것이다.

이 때 비행기는 오징어의 추진 원리를 응용했다. 오징어는 힘차게 물을 분사하여 얻어진 힘으로 물살을 가르고 나아가는데, 이것을 본떠서 비행기의 날개를 좀 더 작게 만들어 뒤쪽에 다는 방식으로 디자인의 진보가 이루어졌다. 비행기를 만들 때에는 하늘에 떠 있어야 한다는 대전제에 충실해야 하므로, 모양새보다는 기능에 충실해질 수밖에 없었다. 따라서 비행기의 작은 날개조차도 철저하게 기능 위주로 설계된 것이다. 그렇다고 해서 현재의 비행기의 모양새가 형편없는 것은 아니다. 오히려 비행기는 모양새를 무시하고 철저하게 기능에 충실함

_논술 · 면접 휘어잡기

으로써 독특하고 아름다운 디자인을 얻었다. 유행에 현혹되지 않고 효율성을 추구하면서도 가장 단순하고 세련된 형태를 낳은 경우라고 할 수 있다.

반면 자동차는 두 마리의 말이 끄는 마차의 모양새를 모방하여 제작되었다고 한다. 우리는 운전자의 자리가 앞쪽에 있으며 앞좌석에는 두 사람만 앉아야 한다는 것을 당연한 것으로 생각하지만, 꼭 이런 구조만 가능한가에 대해서는 의문의 여지가 남는다. 혹 이러한 생각 속에 자동차를 쌍두(雙頭) 마차의 일종으로 보는 선입견이 개입되어 있는 것은 아닐까. 어느 디자인 연구가는 자동차의 디자인이 마차 시대의 관습과 유행에 얽매이고 말았다고 비판하였다. 그는 자동차의 전조등이 둘이라는 것, 운전석이 앞좌석의 한쪽에 치우쳐 있다는 것도 마차 시대의 산물이라고 주장한다. 사실 좌우를 잘 보기 위해서라면, 자동차의 눈이 양 옆에도 붙어 있어야 할지도 모른다. 또한 현대의 조명 기술 정도면 전조등을 한 개의 평면광선으로 처리하고 운전자의 눈을 현혹시키지 않는 정도에서 노상(路上)의 필요한 곳만 비출 수 있을지도 모른다. 그러나 현재의 자동차 디자이너들은 이러한 기본적인 문제를 검토하고 있는 것 같지는 않다. 예컨대 자동차가 마차를 모방하는 경우에도 차라리 쌍두마차 대신 사두(四頭) 마차를 모방했더라면, 운전자는 자동차 앞부분의 좀 더 높은 자리에 앉아 앞과 옆을 잘 보면서 핸들을 잡을 수도 있지 않았을까. 그러나 자동차가 사두마차의 구조를 빌려온 예는 아직 보지 못했다.

탁월한 디자이너는 자연의 현상에 주목한다. 예컨대 비행기나 자동차 등 속도를 생명으로 하는 기계를 설계할 때에는 동물들이 어떤 방식으로 속도를 얻고 있는가에 주목해야 한다. 비행기는 속도와 모양새를 성공적으로 얻었고, 자동차는 기존의 관념에 매달려 실패했다고 볼 수 있지 않을까. 우리는 알게 모르게, 어떤 디자인의 도식과 유행에 익숙해져 그것이 아니면 안 되는 것으로 생각하고, 점차 거기에 우리 자신을 맞추어 가고 있다. 혹 이런 비유는 어떨까. 우리가 꽃을 보면서 그 꽃이 '조화(造花)'처럼 아름답다고 생각한다면 말이다. 우리가 정작 배워야 할 것은 자연의 아름다움과 유연성이다. 설령 인위적으로 잘 디자인된 작품을 보고서 감탄하는 경우에도, 그것은 결코 자연의 위력에는 비할 바가 못되는 것이다. 그러므로 우리는 모든 인위적인 것에 대해서는 괄호를 치고, 자연에서 지혜를 배워야 한다. 〈1998년 수능언어영역 기출문제 예시문〉

통계적 귀납 추리(열거적 귀납 추론)

통계적 귀납 추론이란, 어떤 집합의 구성 요소의 일부를 관찰하여 그것을 바탕으로 삼아 그 집합의 구성 요소 전체에 대해서 결론을 내리는 추론입니다. 그런데, 그것이 타당성을 지니려면 다음과 같은 점에 유의해야 합니다.

■ 일반화해도 좋을 만큼 충분한 자료를 수집한 후에 일반화해야 합니다. 그렇지 않으면 성급한 일반화의 오류에 빠지기 쉽습니다.

■ 결론이 편파적인 것이 되지 않도록 대표적인 사례를 선정해야 합니다. 그렇지 않으면 논증부족의 오류에 빠지기 쉽습니다.

인과적 귀납추리

■ **일치법(一致法)**: 공통적으로 일치된 사실을 어떤 결과나 사건의 원인으로 판단하는 방법입니다.

☞ 산정동 주민들은 모두 장수한다. 100세 이하의 노인들은 노인 축에도 못 끼는 것이다. 여러 과학자들이 찾아와 조사한 결과 다른 마을과 다른 점이 전혀 없고 단지 이 마을 사람들은 모두 돌산 아래 동굴의 '마셔봐'이라는 샘물을 식수로 삼고 있었다는 것을 밝혀냈다. 그래서 과학자들은 그 마을 사람들의 장수의 비결은 '마셔봐' 라는 샘물에 있다고 결론을 내렸다.

■ **차이법(差異法)**: 특수한 요인의 투입 여하에 따라 어떤 특별한 결과가 발생하거나 발생하지 않는다면, 그 요인이 바로 범인이라고 판단하는 방법입니다.

☞ 식용개구리가 정력보양제라는 주장이 나왔다. 그래서 기운이 없어 비틀거리는 약골에게는 식용개구리 10마리를 먹였고, 또 다른 약골에게는 먹이지 않았다. 그 결과 식용개구리를 먹인 약골은 갑자기 눈빛이 맑아지고 팔뚝에 근육이 부풀어 올랐

고, 먹이지 않은 약골은 그대로였다. 그래서 식용개구리가 최고의 정력보양제라는 결론을 내렸다.

■ **일치 차이 병용법(併用法):** B의 사건에는 A라는 현상이 나타나며, C의 경우에는 A라는 현상이 나타나지 않을 때, A가 B라는 사건의 원인이라고 판단하는 방법입니다.

☞ 차량 오발진 사고가 요즘 들어 자주 일어나고 있다. 오발진 사고가 난 차량들은 모두 자동변속장치를 장착한 차량이었다. 오발진 사고가 일어나지 않은 차량은 우마차, 자전차, 유모차, 홍차, 녹차, 작설차 등 모두 자동변속장치를 부착하지 않은 차였다. 그래서 자동변속장치가 오발진의 원인이라고 단정하였다.

■ **잉여법(剩餘法):** 복잡한 현상 중에서 이미 그 원인을 알게 된 부분은 제외하고, 나머지 미지의 부분에 대하여 그 인과 관계를 규정하는 방법입니다.

☞ 사오정은 귀가 안 들리고 설사가 나며 눈앞에 보이는 것들이 모두 노랗게 보인다고 하소연하였다. 진찰 결과, 그는 신체적으로 귀가 축 늘어져 귀 구멍이 막혔으며, 여기저기 타박상이 있었고, 대장염이 심한 것으로 밝혀졌다. 노랗게 보이는 것은 같이 다니던 손오공에게 되게 맞아서 그렇게 된 것이고, 설사가 난 것은 대장염이 원인임을 알았다. 따라서 귀가 들리지 않는 것은 축 늘어져 청각기능을 방해하는 귀에 원인이 있다고 사료됨.　　　　　　주치의 – 강남북산부인과 원장 나 몰라

■ **공변법(共變法):** A라는 현상이 변화함에 따라 B라는 현상도 변화할 때, A를 B의 원인이라고 판단하는 방법입니다.

☞ 식용개구리가 몸에 좋다는 연구결과가 나온 후의 A라는 연못의 식용개구리의 분포는 1평방미터 당 5마리였다. 그런데 연구결과가 나오기 전의 A연못의 식용개구리의 분포는 1평방미터 당 20마리였다. 또한 그 주장이 나오기 전의 그 연못 주변의 뱀이 5마리였으나 발표 후의 뱀 숫자는 20마리로 늘어났다. 따라서 식용개구리의 정력제 어쩌구저쩌구 이론은 식용개구리의 수효를 4분의 1로 줄이고 토종 뱀들이 마음 놓고 살 수 있는 터전을 확보해 주었다는 결론을 내렸다.

　두 개의 대상의 속성이 동일하다는 사실을 근거로 그것들의 기타 속성도 동일하리라는 결론을 끌어내는 추론의 방식입니다. 유비 추리는 가설을 세우는 데 유효합니다. 이미 알고 있는 사례로부터 아직 알지 못하는 것을 추론함으로써 쉽게 가설을 세울 수 있습니다. 이때 유의할 점은 이미 알고 있는 사례와 이제 알고자 하는 사례가 매우 유사하다는 확신과 증거가 있어야 합니다. 그렇지 않은 정황에서 결론을 이끌어 내면 잘못된 결론으로 귀결될 수 있습니다. 귀납추리와 유사한 점이 있습니다.

　☞ 송대관은 체력이 강하고, 지구력, 순발력이 뛰어난 훌륭한 축구 선수이다. 전지현도 체력이 강하고, 지구력, 순발력이 뛰어나다. 그러므로 전지현도 훌륭한 축구 선수가 될 수 있을 것이다.

※참조: 추론할 때 유의점

　같은 논증에서 동일한 어구는 동일한 뜻으로 사용되어야 합니다.

　증명이 필요한 사항을 증명 없이 진실로 받아들이지 말아야 합니다.

　차분한 논리 전개에 따르지 않고 중간 과정을 뛰어넘어 비약시켜선 안 됩니다.

　논증하는 문제와 무관한 사항을 끌어들여 본래의 문제를 망각해선 절대 안 됩니다.

변증법

　두 개의 대립되는 개념, 즉 正(정)과 反(반)을 기본 원리로 하여 이를 서로 조화시켜서 새로운 개념인 合(합)을 이끌어 내는 방법입니다.

* 운동만 하면 지식이 얇아지고(정)

* 공부만 하면 몸이 허약해진다.(반)

* 따라서 운동과 공부를 병행해야 한다.(합)

* 공동체적 삶만을 강조하면 개인의 존재를 망각하기 쉽다(정)

* 개인의 삶만을 강조한다면 이 사회는 끝없는 혼란에 빠질 것이다.(반)

* 따라서 개인과 공동체적 삶의 조화가 중요하다.(합)

메모

　　정서법은 논술문을 비롯하여 모든 글에 적용되는 방법입니다. 특히 논술을 작성할 때 정서법에 어긋나게 글을 쓸 경우 논리성과 정확성을 해치게 됩니다. 맞춤법과 띄어쓰기의 잘못은 단순한 실수일 경우로 치부할 수도 있지만, 정서법의 오류는 수험생의 사고력의 부재 혹은 사고의 혼란으로 여겨질 가능성이 있습니다. 당연히 채점에서 불이익을 당하게 되어 있습니다. 다음의 사항을 꼼꼼하게 분석하여 그 잘잘못을 숙지함으로써 글을 쓸 때에 똑같은 잘못을 범하는 일이 없기를 바랍니다.

부당한 생략에 의한 비문

■ 몸이 아파서 어머니와 침을 맞으러 다녔는데 아주 잘 낫게 하는 어머니 교회의 집사님이셨다. ('몸이 아픈'의 주체와, '아주 잘 낫게'의 주체가 부당하게 생략되었다)

■ 김씨는 작년에 수협에서 이자 돈을 쓴 것도 있고 그 동안 벌이가 시원치 않아 요즘 어색해진다.('요즘' 뒤에 알맞은 부사어구가 삽입되어야 한다)

■ 김 선생님은 학생 개개인의 교육적 성장을 돕는 목적으로 신설된 수행평가가 사소한 일로 인한 감점 문제로 오히려 교사와 학생, 학생과 학생간에 깊게 하는 것 같다고 말한다.('깊게' 앞에 '감정의 골만' 등의 말이 필요함)

■ 과학적 인간관과 인식론에 있어서는 인간과 인식에 관한 유일한 가정처럼 받아들여지는 데에서 우려를 낳고 있다.('받아들여지는'과 '낳고 있다'의 주어를 넣어야 한다)

■ 병태는 영자를 만나서 길거리에서 이야기를 하였는데, 인사도 없이 떠나가 버렸다.('떠나가 버렸다'의 주어가 생략되었다)

■ 히로시마와 나가사키에 원폭이 떨어져 일본이 항복한 후, 미군이 진주하여 군정이 시작되었을 때 발생하였다.(서술어에 대한 주어가 생략되었다)

■ 현재의 복지 정책은 앞으로 손질이 불가피할 전망입니다.(주어부가 부당하게 생략되었기 때문에 어색한 문장이 되었다 → 현재의 복지 정책은 앞으로 손질이 불가피할 것으로 전문가들은 전망하고 있습니다)

■ 그러나 한 가지 소득이 있다면, 한 달 만에 만나는 친구들이 너무 변해 있다는 점이다. (서술어에 대한 주어 '그것'이 생략되었다)

■ 재일 동포들은, 일본 사회의 구성원으로서 모든 의무를 다하고 있으면서도 차별과 합당한 대우를 받지 못하고 있다.(차별과 차별을 당하고, '차별'과 '합당한 대우를'의 서술어는 각각 달라야 한다)

■ 우리가 한글과 세계의 여러 문자들을 비교해 볼 때, 매우 조직적이며 과학적이고 독창적인 문자라고 하는 사실은 널리 알려져 있다.('조직적이며 과학적이고 독창적인 문자'의 주어가 부당하게 생략되었다)

■ 본격적인 공사가 언제 시작되고, 언제 개통될지 모른다.('개통되다'의 주어인 '도로'나 '교량', '철도' 등이 생략되었다)

■ 영수는 은희에게 가방을 주었는데, 그 보답으로 영수에게 책을 선물하였다.('그 보답으로' 앞에 주어인 '은희는'이 생략되었다)

■ 문학은 다양한 삶의 체험을 보여 주는 예술의 장르로서 문학을 즐길 예술적 본능을 지닌다.('본능을 지닌다'의 주어가 생략되었다. '문학을' 앞에 '인간은'이란 주어를 넣

어야 한다)

호응관계가 잘못된 비문(주어와 서술어)

■ 한국의 춘란이 중국이나 일본의 춘란보다 훨씬 아름다운 이유는 우리의 기후와 토
양이 춘란의 생장에 적합하다.(적합하다 → 적합하기 때문이다)

■ 그녀를 바라다본 순간 나는 날아갈 것 같은 기쁜 감정이었다.('기쁜 감정이었다' →
기쁜 감정에 사로잡혔다)

■ 패배한 이유는 우리가 상대를 너무 업신여겼다.('이유' 는 '때문이다' 와 호응한다)

■ 강조할 점은 교육은 현재가 아니라 미래를 지향한다는 사실을 주지하는 일이다.(사
실을 주지하는 일이다 → 사실이다)

■ 이 글을 읽는 여러분에게 먼저 당부하고 싶은 것은 만일 여러분이 주변 환경을 탓
하고 있다면 그런 생각은 버리시길 바랍니다.(버리시길 바랍니다 → 버리시라는 것
입니다. 주어부와 서술어부의 호응이 자연스럽지 못했다)

■ 그리고 이 학과를 선택하게 된 또 다른 이유는 내가 공부하고 싶어하던 의학 분야
라는 것이다.(싶어하던 ~ 것이다 → 싶어하던 것이 ~ 분야였기 때문이다)

■ 시를 생활화한다는 말은 곧 시를 짓고, 읽으며, 시를 맛본다는 데 있다.('데 있다 →
것이다', 혹은 '것을 의미한다' 로 바꾸어야 한다)

■ 인간은 본래 자유로운 존재이며, 동시에 신분, 지위, 성별 등에 의해 차별을 받지
말아야 한다.(차별을 받지 말아야 한다 → 차별을 받지 않는 존재이다)

■ 어느 시대, 어느 사회를 막론하고 어차피 살아가는 데 대해서는 몇 가지 금기 사항은 존재하기 마련인 것은 사실이다.(존재하기 마련인 것은 사실이다 → 존재하기 마련이다)

■ 하나의 현상에 대한 올바른 이해를 위해서는 그 현상이 속한 전체 속에서 파악될 때 가능하다.(올바른 이해를 위해서는 → 올바른 이해는)

■ 확실한 것은 그들이 이제까지의 잘못을 반성하고 앞으로 진실한 국민으로 살아갈 것은 틀림없습니다.(살아갈 것은 틀림없습니다 → 살아가야 한다는 것입니다)

■ 여기서 알아야 할 점은 일제의 식민지 교육이 식민지 지배의 도구에 지나지 않았으며, 간교한 민족 분열의 수단인 동시에 정치 선전이었다.(선전이었다 → 선전이었다는 사실이다)

■ 서울의 인구 분포에 있어서 특히 유의할 경향은 도심부에서는 인구가 감소하거나 낮은 인구 증가율을 보이는 것과는 반대로 변두리 지역의 높은 인구 증가율이다.(변두리 지역의 높은 인구 증가율이다 → 변두리 지역에서는 높은 인구 증가율을 보인다는 점이다)

■ 단편 소설은 길이가 짧은 대신, 장편 소설이 제공 할 수 없는 강한 인상이다.(강한 인상이다 → 강한 인상을 준다)

■ 아뢸 말씀은 다름이 아니오라, 발표회에 꼭 참석하시기 바랍니다.(주어와 서술어의 호응. 참석하시기 바랍니다 → 참석하시라는 것입니다)

■ 도시 빈민층에 못 미치는 현재 연극배우들의 평균 수입은 공공근로사업에 연극배우도 참여할 수 있는 제도적 장치가 있어야 한다.(장치가 있어야 한다 → 장치를 필요로 한다)

■ 대학은 취직이나 결혼을 위한 수단이 아니라 자아실현을 목적으로 여겨야 한다. (→ 대학의 목적은 취직이나 결혼의 준비에 있는 것이 아니라 자아실현에 있다)

■ 무엇보다 중요한 것이 인간이 문명의 이기(利器)를 사용할 때, 그것이 인간 자신을 위하여 슬기롭게 사용되어야 한다.(것이 → 것은, 한다 → 한다는 점이다)

■ 나는 학생들의 생활지도의 방법상의 문제는 달라진 사회와 가정의 패턴에 맞게 재조정되어야 한다.(→ 재조정되어야 한다고 생각한다)

■ 나는 우리나라가 남의 것을 모방하는 나라가 되지 말고 새로운 문화의 근원이 되는 나라를 원한다.(새로운 문화의 근원이 되는 나라를 원한다 → 새로운 문화를 낳는 나라가 되기를 원한다)

■ 한 가지 다행스러운 점은 대학의 커리큘럼이 나의 사회생활에 큰 도움이 될 것이라는 확신이 섰다.(확신이 섰다 → 확신이 섰다는 것이다)

■ 내가 강조하는 것은 언어는 민족 문화의 근간이요, 민족정신의 핵심이며, 민족 사회의 보물이다.(내가 강조하는 것은 민족 문화의 근간이요, 민족정신의 핵심이며, 민족 사회의 보물은 언어라는 점이다)

■ 한 가지 더 첨가하고자 하는 것은 '용비어천가'와 같은 귀중한 책이 세종 27년에 이미 완성되었음을 보아서도 가히 알 수가 있다.(서술부에 호응하는 주어가 없다. 이에 상응하는 주어를 첨가해야 한다)

호응관계가 잘못된 비문(구조어의 호응)

■ 너는 모름지기 열심히 공부를 한다.(공부를 한다 → 공부하여야 한다)

- 우리 선생님은 결코 우리를 사랑하신다.('결코'는 뒤의 부정어와 호응하므로 삭제해야 함)

- 이들은 비단 조선 시대의 화풍에 반기를 들고, 풍속화를 대담하게 그렸다.('비단 조선 시대의 화풍에 반기를 들었을 뿐만 아니라')

- 사람은 모름지기 분별을 가질 따름이다.(가질 따름이다 → 가져야 한다. '모름지기'는 뒤의 '~해야 한다'와 호응한다)

- 담징의 관념의 표백에 그쳤을는지도 알 수 없다.('-ㄹ는지도'는 추측, 의문을 나타낸다. 알 수 없다 → 모른다)

- 그는 비록 가난할지라도 그의 의지로써 성공하고야 말았다.(가난할지라도 → 가난에도 불구하고)

- 오늘날 우리는 민족 문화의 전통을 연암에게서 찾으려고는 할지언정 고문파에서도 찾으려 하지 않는가?(고문파에서도 찾으려 하지 않는가? → 고문파에서 찾으려 하지 않는다)

- 남녀 사이의 애정에는 마땅히 사랑의 감정이 그 정점에 도달하는 한 순간이 있다.(마땅히 → 반드시)

- 오늘 아침에 있었던 그와의 언쟁은 전혀 우리의 잘못입니다.(오늘 아침에 있었던 그와의 언쟁은 우리의 잘못입니다)

- 기재 사항의 정정 또는 금융 기관의 수납인 및 취급자인이 없으면 무효입니다.(정정 → 정정이 있거나)

- 그는 평소의 신념으로 보아 결코 성공할 수 있을 것이다.(그는 평소의 신념으로 보

아 반드시 성공할 것이다. '결코'는 부정어와 호응하며, '반드시'는 긍정어와 호응한
다)

■ 과연 그 사람은 영리하지 않구나!(영리하구나!)

■ 비록 그는 외톨이이면서 학교 가는 게 즐겁다.(외톨이이면서 → 외톨이지만, 외톨이
일지라도)

■ 짱구도 못 푸는 문제인데, 하물며 네가 풀겠다고 덤볐다.(풀겠다고 덤볐다 → 풀겠
는가?, 풀겠다고 덤비다니)

■ 나는 벌써 어른이 아니면서 앞당겨서 어른의 세계에 물들고 있는 것은 아닐까?(벌
써 → 아직)

■ 그는 하겠다고 말한 것은 결코 해내는 사람이다.(결코 → 반드시, '결코'는 부정어와
호응되는 말이다)

■ 그의 딱한 이야기를 듣고 있노라니 차마 울 수밖에 없었다.(울지 않을 수 없었다)

■ 이런 무료한 시간에 그런 회상의 유혹을 물리치기란 좀체로 어려운 일이었다.('좀
체로'는 부정어와 호응해야 한다)

■ 동아리에 가입하기 위해서는 절대로 직접 손으로 쓴 작품을 제출해야 한다.(동아리
에 가입하기 위해서는 반드시 직접 손으로 쓴 작품을 제출해야 합니다. '절대로'는 부
정어와 호응하는 부사이다)

■ 현대 사회 속에 살아가는 인간들의 비극적 모습과 현대 사회의 부정적 특성을 이해
하려면은 소외란 개념보다 더 흔히 사용되는 개념은 없는 것 같다.('이해하려면은'
은 '사용되는'과 호응해야 하므로 '나타내는 개념으로서'로 고친다)

- 비록 가진 것은 없으나 그를 도울 수 없었다. ('비록'은 부정어와 호응한다. 따라서 '없었다 있었다'로 고쳐야 한다)

호응관계가 잘못된 비문(높임법의 호응)

- 새색시 시집오기 전 존댓말 강습을 친정어머니에게 엄청 받았것다. 어느 날 마당 쓸다가 큰 소리로 외쳤다. "어머님, 나와 보세요! 강아지님 꼬리님에 검불님이 붙으셨는데 강아지님이 그걸 무시려고 뱅글뱅글 도시다가 넘어지셨어요." "아가 뭣이라고?" "어머님도 눈님이 계시면 나와서 보면 될 것 아니에요?"(높임법이 뒤죽박죽이다)

- 저 학생의 부모님이 서울에 있으신가?(있으신가 → 계신가?)

- 선생님이 돌 지난 손자가 계시지?(계시지 → 있으시지?, 직접적인 높임의 대상이 아니더라도, 전체 문장의 주어가 높임의 대상이면 '-시'를 붙여서 간접적으로 높인다. '계시다'는 주체를 직접 높이는 높임말이다)

- 우리 할아버지께서는 귀가 참 밝아요.(밝아요 → 밝으셔요, 높여야 할 대상의 신체 부분, 소유물을 높이는 것을 간접 높임법이라 한다)

- 아버지는 하루 종일 신문만 읽으시고 계셨다.(아버지는 하루종일 신문만 읽고 계셨다)

- 철수야, 너 아버지께서 오시라고 한다.(오시라고 한다 → 오라고 하신다)

- 다음은 교장 선생님의 말씀이 계시겠습니다.(계시겠습니다 → 있겠습니다, 선생님께서 말씀하시겠습니다)

- 할아버지께서는 병이 나셔서 병원에 입원하였다.(병 → 병환, 입원하였다 → 입원하셨다)

- 우리 선생님이 준 과학책이야.(준 → 주신)

- 할아버지, 작은 아버지께서 오셨습니다.(오셨습니다 → 왔습니다, 작은 아버지보다 할아버지가 더 어른이므로 압존법에 의한 표현이 마땅하다)

- 우리 할아버지께서는 아직도 이빨이 튼튼하시다.(이빨 → 치아)

- 대팔아! 선생님께서 교무실로 오시래.(오시래 → 오라고 하셔)

- 할아버지께서 어린 손자에게 아버지에게 밥 먹으라는 말을 하라고 하셨다.(할아버지께서 어린 손자에게 아버지에게 진지드시라는 말을 하라고 하셨다)

호응관계가 잘못된 비문(시제의 호응)

- 그녀는 요즘 소녀 시절의 순수한 마음을 잃어 가는 것 같은 느낌으로 슬퍼지는 때가 있었다.(있었다 → 있다)

- 다음 주 금요일 우리 학교 소풍가는데 아마 그날은 비가 왔겠다. (→ 올 것 같다)

- 일을 모두 마치고 집에 도착하니, 열두 시가 넘는다.(넘는다 → 넘었다)

- 우리가 흔히 젊은 날에 경험하게 되는 이성간의 애정으로서의 사랑은 진실로 불완전하기 그지없었던 상대를 대상으로 하여 끝없이 아름답고 순수하고 영원한 것을 추구하게 되는 것이다.(그지없었던 → 그지없는)

_논술 · 면접 휘어잡기

■ 나는 직장생활의 무료함에 지쳐 잃어버린 정열이 그리웠다.(나는 직장생활의 무료
함에 지쳐 잃어버린 정열을 그리워했다)

■ 한 달 동안 아무 생각 없이 왔다갔다 한 것은 지금 와서 아무 쓸 데 없는 일이 되었
고 시간의 허송을 안타깝게 생각한다.(되었고 → 되고)

■ 내가 요즘 살고 있는 동네는 예전에는 농촌이던 곳이었다.(곳이었다 → 곳이다)

■ 선생님께서 지훈이로 하여금 책을 읽었다.(읽었다 → 읽게 하였다)

■ 그의 선생님에 대한 존경과 그도 선생님과 같은 사람이 되어야겠다는 생각이 싹트
기 시작한다.(시작한다 → 시작했다)

■ 그 날 새벽에 떠오를 태양을 보며 감격에 잠겼었다.(그 날 새벽에 떠오른 태양을 보
며 감격에 잠겼었다)

■ 그녀는 요즘 소녀 시절의 순수한 마음을 잃어 가는 것 같은 느낌으로 슬퍼지는 때
가 있었다.(있었다 → 있다)

■ 16일 새벽부터 내린 봄 시샘 눈으로 강원도 영동 산간 지방은 기막히는 설경을 이
루었다.(기막히는 → 기막힌, 형용사에는 '-는' 어미가 올 수 없다)

■ 공부를 끝내고 나니 열두 시가 넘겠다.(넘겠다 → 넘었다)

■ 그는 요즘 학창시절의 활달했던 성격이 차츰 침울해지는 것 같아 한숨이 나오는 때
가 있었다.(있었다 → 있다)

■ 인간이 자연에 순응하는 태도를 취하고 만다면 오늘날과 같은 문명의 진보가 나오
지 못했을 것이다.(만다면 → 말았다면)

- 누나는 모범생이며, 형은 냉면을 좋아한다.(앞 절과 뒷 절이 한 문장으로 묶일 공통적인 요소가 없음에도 대등적으로 이어진 문장으로 묶임으로써 비문이 되었다)

- 인간은 자연을 지배하기도 하고 복종하기도 한다.('복종하기도' 앞에 '자연에'를 넣어야 함)

- 한 나라의 영화 정책은 당연히 자기 나라 영화의 보호와 진흥을 목적으로 그 방향에 따라 수행한다.(한 나라의 영화 정책은 당연히 자기 나라 영화의 보호와 진흥을 목적으로 수행한다)

- 나는 방과 집안, 그리고 나아가서는 부엌 설거지까지도 도맡아 해야 했다.(나는 방과 집안의 청소, 그리고 나아가서는 부엌 설거지까지도 도맡아 해야 했다)

- 그런데, 문단에의 그의 등장이 그토록 빨랐던 것에 못지않게 절필 또한 빨랐다는 사실입니다.(그런데 주목할 것은, 문단에의 그의 등장이 빨랐던 것에 못지않게 절필 또한 빨랐다는 사실입니다)

- 형은 정구를 좋아했고, 누나의 취미는 탁구였다.(형은 정구를 좋아했고, 누나는 탁구를 좋아했다)

- 아버지께서는 나에게 공부를 열심히 하고, 독서를 권하셨다.(아버지께서는 나에게 공부를 열심히 하고, 독서를 열심히 하라고 권하셨다. 또는 아버지께서는 나에게 공부와 독서를 열심히 하라고 권하셨다)

- 어제는 몸이 아프니까 학교를 결석했다.(어제는 몸이 아파서 학교를 결석했다)

- 시원한 바람과 맑게 흐르는 시냇물을 바라보면서 우리는 한 걸음씩 설악 계곡을 밟

아 나갔다.(시원한 바람이 부는 가운데(바람을 쏘이고) 맑게 흐르는 시냇물을 바라보면
서 한 걸음씩 설악 계곡을 밟아 나갔다)

■ 우리나라의 자가 운전자는 교통 신호와 음주 운전의 위험성에 대한 경각심을 가져
야한다.(우리나라의 자가 운전자는 교통 신호 위반과 음주운전의 위험성에 대한 경각
심을 가져야 한다)

■ 한결같이 어려운 이웃을 돕는 사람들이 많습니다.(어려운 이웃을 한결같이 돕는 사
람들이 많습니다. '한결같이' 가 수식하는 말이 '어려운 이웃' 이 아니라 '사람들' 이어
야 문맥상 타당하다)

관형화 구성의 남용으로 인한 비문

■ 유구한 빛나는 전통 문화를 단절시킬 가능성이 큰 융통성 없는 문화 정책은 재고해
야 한다.(유구하고 빛나는 전통 문화를 단절시킬 가능성이 큰, 융통성 없는 문화 정책
은 재고해야 한다. 문장의 맨 앞에 관형어 두 개가 나란히 있어 어색하다. 또한 밑줄 친
관형절과 '융통성 없는' 이란 관형어가 나란히 있어 어색하게 되었다)

■ 이 수술은 후유증이 없는 안전한 고도의 정밀한 수술로 비용도 저렴한 파격적인 저
비용이다.(이 수술은 고도로 정밀하여 후유증이 없고 안전하며, 비용도 파격적으로 저
렴하다. 관형어가 연속적으로 중첩되어 볼썽사나운 문장이 되었다. 또한 '수술' 이란
단어가 중복되었다)

■ 나는 걱정하는 마음으로 관심 어린 어머니의 대답을 뒤로 방의 문을 닫았다.(관형
화 구성으로 어색해진 문장이다. '관심을 갖고 걱정해 주는' 으로 고쳐야 한다)

명사화 구성의 남용으로 인한 비문

■ 그가 그 문제를 명쾌하게 해결할 것으로 예상되는 것이다.(그가 그 문제를 명쾌하게 해결할 것으로 예상된다. '~것'을 이용한 명사화 구성이 중복되어 보기 싫다)

■ 여름이 되면 수해 방지 대책 마련에 철저를 기해야 한다.(여름이 되면 수해를 방지할 대책을 마련하는 데 철저를 기해야 한다. 명사구의 너무 심한 나열로 어색하다. 풀어쓰는 것이 좋겠다)

■ 은주는 권장 도서 목록 선정이 너무 주관적이라며 불만을 터뜨렸습니다.(은주는 권장 도서 목록을 선정한 것이 너무 주관적이라며 불만을 터뜨렸습니다. 명사구의 나열이 눈에 거슬린다)

피동문과 사동문의 지나친 사용

특히 영어 제시문을 번역할 때 주의해야 할 사항입니다

■ 이러한 성격 때문에 당해지는 손해가 여간 크지 않았다.(당하는)

■ 내일 아침이면 또 마음이 변해지겠구나.(변하겠구나)

■ 나도 그렇게 생각되어지더라.(생각되더라)

■ 과학적인 인간관과 인식론에 있어서는 인간과 인식에 관한 유일한 가정처럼 받아들여지는 데에서 우려를 낳고 있다.(과학적인 인간관과 인식론이 인간과 인식에 관한 유일한 가정처럼 받아들여지는 점이 우려를 낳고 있다)

■ 우리나라는 그동안 많은 다목적 댐들이 만들어지고, 한강뿐만 아니라 전국의 주요 홍수 통제 시스템들이 마련되어 가고 있다.(댐들을 만들고, 시스템을 마련해)

■ 열차가 곧 도착됩니다.(도착합니다)

■ 우리 사회에서 광고는 산업 발달로의 척도가 되어가는 증상을 느낄 수 있다.(우리 사회에서 광고는 산업 발달의 척도가 되어가고 있다)

■ 현대는 과학이 대단히 발달해져 있다.(현대는 과학이 대단히 발달해 있다)

■ 난 살포시 나의 마음의 문을 열어 너의 귓전을 속삭이게 하고 싶다.(난 살포시 나의 마음의 문을 열어 너의 귓전에 속삭이고 싶다)

■ "내가 친구 한 명 소개시켜 줄게."(내가 친구 한 명 소개해 줄게. '시키다'란 표현은 자기가 직접 행동하지 않고 남을 통해 그 일을 시키는 경우에 쓰는 사동표현이다. 여기 서는 자기가 직접 행동을 하는 경우에 해당하므로 '소개해'로 고쳐야 한다)

■ 그것이 요즈음 학생들에게 많이 읽혀지는 책이다.(읽히는)

■ 바위 위에 천마라고 생각되는 그림이 그려져 있는 것이 아닌가?(천마로 보이는 그 림을 그려 놓은)

■ 그러나 이상의 문제들이 지금껏 민주적 방법으로 해결되어지지 못했기 때문에 갈 등과 불만이 싹텄다.(문제들을, 해결하지)

■ 여러 가지 악기의 독특한 소리들이 조화를 이루며 모아질 때, 훌륭한 연주가 가능 하다. (여러 가지 악기의 독특한 소리들이 조화를 이루며 모일 때, 훌륭한 연주가 가능 하다)

■ 부정 선거를 막기 위하여 미리 대책이 마련되어져야 한다.(부정 선거를 막기 위하여 미리 대책이 마련되어야 한다)

- 싸늘하게 식어지면서 굳어가던 그 시체는 내게 큰 충격이었다.(식으면서)

- 재미있게 읽혀지는 책이 별로 없다.(재미있게 읽히는 책이 별로 없다)

- 과학의 발달은 새로운 사실을 발견하고 지식을 쌓게 하였다.(과학의 발달은 새로운 사실을 발견하게 되었고, 지식을 쌓게 하였다)

문장의 모호성에 의한 비문

- 사람들이 많은 도시를 다녀보면 재미있는 일이 많을 것이다.('사람들이 많이 사는 도시를 우리가 다녀보면'인지, '사람들이 여러 도시를 다녀보면'인지 알 수 없다)

- 어머니께서 사과와 귤 두 개를 주셨다. ("어머니께서 사과 한 개와 귤 한 개를 주셨다". 혹은 "어머니께서 사과 두 개와 귤 두 개를 주셨다."로 고쳐야 한다. '병렬구문의 모호성'에 해당하는 문장이기 때문이다. '와'가 이어주는 곳이 어디까지인가에 따라 의미가 달라진다)

- 맑은 물과 흰구름이 감도는 봉우리를 바라보며 우리는 한 걸음 한 걸음 비경으로 들어갔다.('맑은 물과'다음에 쉼표를 찍어 주어야 함)

- 끝까지 신문사에 남아 언론의 자유를 지키겠습니다.('끝까지'가 한정하는 것이 '신문사에 남아'인지, '자유를 지키겠습니다'인지 분명하지 않다)

- 남편은 나보다 비디오를 더 좋아한다.("남편은 내가 비디오를 좋아하는 것보다 더 비디오를 좋아한다." 혹은 "남편은 나를 좋아하기보다는 비디오를 더 좋아한다."로 고쳐야 한다. '비교구문의 모호성'에 해당하는 문장이기 때문이다. 보조사 '보다'가 주격조사를 대신하여 쓰였는지, 혹은 목적격 조사를 대신해서 쓰였는지에 따라 의미가 달라진다)

_논술·면접 휘어잡기

■ 바다는 불이 켜져 있으면 고독을 알지 못하는 어린애의 양등(洋燈)과 흡사하다.(①
바다는, 불이 켜져 있으면 고독을 알지 못하는 어린애의 양등(洋燈)과 흡사하다 ②바다
는 불이 켜져 있으면, 고독을 알지 못하는 어린애의 양등(洋燈)과 흡사하다)

■ 내가 사랑하는 영희의 언니 영자(내가 사랑하는 사람이 영희인지 영자인지 분명하지
않다)

■ 용감한 그의 아버지는 적군을 향해 돌진했다.(“용감한, 그의 아버지는 적군을 향해
돌진했다.” 혹은 “그의 용감한 아버지는 적군을 향해 돌진했다.”로 고쳐야 한다. ‘용감
한’ 이 ‘그’ 를 꾸미는지, ‘아버지’ 를 꾸미는지가 불분명하다)

■ 선생님이 보고 싶은 학생이 매우 많다.(선생님이 보고 싶어하는지, 학생이 선생님을
보고 싶어하는지 분명하지 않다)

■ 밤이 깊도록 등잔불을 켜 놓고 일을 하시던 어머니께서는 새로 완성되어 가는 오막
살이가 무척 정드시는 모양이었다.(밤이 깊도록 일을 하였는지, 밤이 깊도록 등잔불
을 켜 놓았는지 모호함)

■ 시간이 이십 분뿐이 안 남았다. (“시간이 이십 분밖에 안 남았다.”로 고쳐야 한다. 보
조사 ‘뿐’ 은 ‘그것만이고 더는 없음’ 의 부정적 의미를 이미 지니고 있는 말이다. 그 뒤
에 오는 부정부사 ‘안’ 과 결합되어 모호한 의미가 되었다)

■ 공주와 충주를 중심으로 한 충청북도 일대에 폭설이 내렸다.(공주가 충청북도의 범
위에 들어가는 듯한 오해가 생긴다)

■ 이 때 한 용감한 시민이 소리를 지르면서 도망가는 범인을 뒤쫓기 시작했다.(시민
이 소리를 지르는지, 범인이 소리를 지르는지 알 수 없다)

■ 그 소설가는 순수한 마음을 가진 어린이와 철학자를 작품의 주인공으로 삼고 있

다.(① '~순수한 마음을 가진 어린이와, ~', ② '순수한 마음을 가진, 어린이와 철학자를 ~')

■ 눈이 와도 푸른 소나무는 그의 청정과 지조를 잃는 법이 없다.('눈이 와도' 뒤에 쉼표를 붙이면 '잃는 법이 없다'를 꾸며 준다)

■ 여행을 무척이나 좋아하는 아우의 친구를 만났다.('좋아하는'이 '아우'를 꾸미는지, '친구'를 꾸미는지 분명하지 않다)

■ 나는 너보다 낚시를 더 좋아한다.(너를 좋아하는 정도보다 낚시를 좋아하는 정도가 더하다는 뜻인지, '너가 낚시를 좋아하는 것보다 더'라는 의미인지 모호함)

■ 그가 걸음을 걷는 것이 이상하다.("그의 걸음이 이상하다." 혹은 "그가 걸음을 걷는 것 자체가 이상하다."로 고쳐야 한다. '의존명사 구문의 모호성'에 해당하는 문장이다. '그가 걸음을 걷는 것'을 하나의 단위로 볼 것인지, '걸음을 걷는 것'을 하나의 단위로 볼 것인지에 따라 의미가 달라진다)

조사의 오용과 생략에 의한 비문

① '에게'는 사람이나 동물에게만 쓰이고, '에'는 무정물에만 사용되는 조사이다.
② 남의 말을 인용하는 방법에는 '-라고', '-라는'을 사용하는 직접 인용과 '-고', '-는'을 사용하는 간접 인용이 있는데, 간접 인용을 직접 인용처럼 쓰는 경우가 종종 있다.

■ 원시 시대부터 인간은 끊임없는 발전을 거듭해 온 것은 우리가 인정해야 하는 사실이다. (은→이)

■ 나라를 사랑하는 한 사람으로써 이런 일을 어떻게 묵과할 수 있겠는가?(사람으로써

→ 사람으로서, ① ~으로서: 대표, 자격 ② ~으로써: 수단, 기구, 방법, 도구)

■ 요즘 일선 학교에서는 학교 붕괴현상 혹은 학급 붕괴현상이 벌어지고 있는데 다른 곳은 전혀 잘못이 없고 모든 책임은 전적으로 교사와 학교에게 있다.(학교에게 → 학교에, ① ~에: 무정명사에 사용, ② ~에게: 유정명사에 사용)

■ 돼지에 진주를 던지지 말라고 부처님이 말씀하셨지. 아마?(돼지에 → 돼지에게, ① ~에: 무정명사에 사용, ② ~에게: 유정명사에 사용)

■ 우리 실업자들은 정부당국에게 취업문제 해결을 강력히 요구하는 바다.(정부당국에게 → 정부당국에, ~에: 무정명사에 사용 / ~에게: 유정명사에 사용)

■ 그렇다고 해서 나에게서 불만이 아주 없는 것은 아니다.(나에게서 → 나에게, ‘있다, 없다’ 에 호응되는 조사는 ‘에게’ 이지 ‘에게서’ 가 아니다)

■ 옛날 옛적에 마음씨 착한 총각은 있었습니다.(은 → 이)

■ 3·1운동은 우리 동족으로 하여금 식민지 현실에 대한 깊은 통찰의 계기를 마련해 주었다.(동족으로 하여금 → 동족에게)

■ 방금 전에 도착한 뉴스 하나는 있었다.(는 → 가)

■ 새로운 천년을 맞이하여 정보화 사회에 대한 연구를 조금만 게을리 한다면 우리나라는 엄청난 퇴보를 감수해야 한다는 것은 우리가 직시해야 할 문제이다.(것은 → 것이)

■ 정보화 사회는 정보공유사회다라고 주장하는 사람들이 있다.(라고 → 고)

■ 사과란 아침은 금, 낮은 은, 밤은 납이라고들 한다.(아침은 → 아침에는)

- 비루스와 같은 미생물은 보통 현미경으로 볼 수 없다.(보통 → 보통의, 조사를 생략
  하면 중의적인 문장이 된다)

- 화려한 좌석에서 놀기 싫다.(좌석에서 → 좌석에서는, 보조사는 의미의 섬세한 표현
  기능이 있으므로, 생략하면 의미가 불분명해진다)

- 아직도 그의 생생한 목소리가 나의 귓전에 울린다.(귓전에 → 귓전을)

- 일반 서민들에겐 이제 고스톱으로 추석을 보내는 일은 너무나 당연하게 받아들이
  고 있다.(서민들에겐 → 서민들은)

- 나는 꾸준히 젊은 사람 못지않은 봉사 활동에 매진하였다.(→ 나는 젊은 사람 못지
  않게 봉사 활동에 꾸준히 매진하였다)

- 신기록 제조기다라는 평을 받고 있습니다.(라는 → 는)

- 무슨 일을 해야겠다라고 생각해요?(라고 → 고)

장황하고 복잡한 문장으로 인한 비문

- 대학은 모든 시대와 나라에서 형성된 가장 심오한 진리 탐구와 치밀한 과학적 정신
  을 형성 배양하는 곳이다.(→ 대학은 모든 시대와 나라에서 형성된 가장 심오한 진리
  를 탐구하고, 치밀한 과학적 정신을 형성 배양하는 곳이다)

- 우리나라는 그 동안 적극적인 수출 장려정책을 펴 기업인들이 대외 경쟁력 향상에
  많은 노력을 기울여 왔다.(→ 우리나라는 그 동안 적극적인 수출 장려 정책을 펴 왔
  고, 기업인들 또한 대외 경쟁력 향상에 많은 노력을 기울여 왔다)

■ 국가는 적극적인 사회 보장 제도와 통일 정책을 지속적으로 수립해 나가야 한다. (→ 국가는 적극적인 사회 보장제도와 통일 정책을 지속적으로 수립, 집행해 나가야 한다)

■ 재해 대책 본부는 이번 호우로 인한 남부 지방의 재산 피해가 4백억 원이 넘는 것으로 집계 되고 있으나 앞으로 더욱 증가할 것이다.(→ 재해 대책 본부는 이번 호우로 인한 남부 지방의 재산 피해가 4백억 원이 넘는 것으로 집계되고 있으나, 앞으로 그 피해액은 더욱 증가할 전망이다)

■ 점포를 소유하고 계신 분으로서 우대하고, 소유하지 않아도 회사에서 대리점 개설을 적극 지원합니다.(→ 점포를 소유하고 있는 분을 우대합니다. 또한 소유하고 있지 않아도 회사에서 대리점 개설을 적극 지원합니다)

외국어 번역투의 문장

■ 그 사람은 선각자에 다름아니다.(일본어 구문에서 흔히 볼 수 있는 문장이다. → ① 그 사람은 선각자나 다름없다. ② 그 사람은 선각자라 할 만하다)

■ 너의 행동은 아무리 생각해 보아도 나에게는 이해가 가지를 않는다.(→ 이해되지 않는다)

■ 그 사람은 참 훌륭하다고 생각이 듭니다.(→ 생각됩니다)

■ 다라니경의 발견은 세계의 과학자들의 주목에 값하는 사건이다.(일본어 구문을 직역한 듯한 문장이다. 주목에 값하는 → 주목할 만한, 주목받을 만한)

■ 학생회의에 있어 진지하게 참여하는 것이 중요합니다.(~에 있어' 는 일본어 구문을 직역한 것이다. → "학생회의에 진지하게 참여하는 것이 중요합니다.")

- 불조심하는 것은 아무리 강조해도 지나치지 않는다. (영어 구문(it is not too much to)의 직역한 형태이다. → 언제나 불조심해야 한다)

- 자연 환경의 오염은 인간의 죄악에 다름이 아니다.(~에 다름 아니다, ~과(와) 다름이 없다)

- 오는 토요일 설악산으로 여행 갈 계획이 있습니다.(→ 계획입니다)

- 그의 작품은 이러한 주목에 값한다.(일본어 구문에서 흔히 볼 수 있는 문장이다.   그의 작품은 주목할 만하다)

- 우리 모두 내일 오전 10시에 회의를 갖도록 하자.(영어 구문(have a meeting)을 직역하면 이렇게 된다. → "우리 모두 내일 오전 10시에 회의를 하도록 하자")

- 나는 학생들에 대하여 많은 관심을 기울이고 있다.('~에 대하여 관심을 기울이다' 는 일본어 구문이다. → "나는 학생들에게 많은 관심을 두고 있다.")

- 춘향호의 선장과 선원들은 배 침몰과 함께 사망했습니다.(영어 'with'를 직역한 구문으로 볼 수 있다."춘향호가 침몰하자 그 배의 선장과 선원들은 사망했습니다."로 고쳐야 한다)

부정확한 단어 사용으로 인한 비문

- 겨울 방학 내내 방에서 뒹굴뒹굴했더니 신체가 많이 불었다.(→ 몸, 체중)

- 열심히 공부한 만큼 성적도 많이 상승했다.(→ 높아졌다, 향상됐다)

- "영화가 매우 재미있는 것 같습니다."("영화가 매우 재미있습니다." '~같다' 란 표현

_논술 · 면접 휘어잡기

은 날이면 날마다 일상 주변이나, 방송에서 흔히 듣는 표현이다. '~같다'는 확실하게 알지 못하는 어떤 것에 대한 추측이나 추정, 짐작을 나타낼 때 쓰는 말이다. 확실한 사실이나, 확실한 주관적인 느낌에는 적절하지 않은 표현이다. 잘못된 언어습관에 의한 비문법적인 표현이다)

■ 신문에 소설을 연재한다는 사실은 신문의 본질적인 기능에는 타당한 것이 아니다.(→ 신문에 소설을 연재하는 일은 신문의 본질적인 기능과는 거리가 먼 것이다)

■ 고등학생이 되었는데도 칠칠하게 옷을 입고 다닌다.(→ 칠칠하지 못하게)

■ 한번 오염된 환경이 다시 깨끗해지려면, 많은 비용과 노력, 그리고 긴 시간이 든다.(→ 한번 오염된 환경이 다시 깨끗해지려면, 많은 비용과 노력이 요구되고, 긴 시간이 걸린다)

■ 새로 온 사원에게 친절하게 일하는 법을 가리키고 있는 김과장의 모습이 보였다.(새로 온 사원에게 친절하게 일하는 법을 가르치고 있는 김과장의 모습이 보였다)

■ 묘령(妙齡)의 30대 여인이 전화를 걸어왔다.(묘령: 20세 내외의 여자에게 쓰는 말)

■ 쓰레기 분리수거를 위한 주민들의 협조가 순조롭지 않고 있다.(쓰레기 분리수거를 위한 주민들의 협조가 순조롭게 이루어지지 않고 있다)

■ "리보솜과 리소좀은 서로 틀린 거야."("리보솜과 리소좀은 서로 다른 거야." '다르다'와 '틀리다'는 서로 비슷한 말 같지만, 사전적 의미가 전혀 다르다. '다르다'란 '비교되는 두 사물이 서로 같지 않다'의 의미이며, '틀리다'란 '셈이나 사실 따위가 옳지 않고 그르게 되거나 어긋나다'란 의미이다)

■ 오늘도 해는 어김없이 지고 그의 하루는 서서히 정리되고 있다.(→ 오늘도 해는 어김없이 지고 그의 하루도 서서히 저물어 가고 있다)

■ "아버님, 올해도 건강하세요."(→ 아버님, 올해도 건강하게 지내세요. 주변에서 흔히 듣는 표현이다. 그러나 잘못된 표현이다. '건강하다' 는 형용사이다. 형용사에는 명령형 어미를 붙일 수 없기 때문이다)

■ 고향에 갔다. 어머니는 알아보도록 늙었고 동생도 알아보도록 성장했다.(알아보도록 → 몰라보도록)

■ "보세요, 잘 날라가지 않습니까?"(→ 보세요, 잘 날아가지 않습니까? '날아가다' 는 '날아서 움직여 가다' 의 의미이다. 잘못된 'ㄹ' 음 첨가의 예이다)

동일어의 반복 사용

■ 인심이 야박해져서 조그만 일에도 재빨리 이해타산을 계산하는 요즘 세상이 서글프다. ('타산' 과 '계산하는' 이 중복됨)

■ 우리는 살아가는 삶의 방식이 제각기 다르게 살고 있다.('살다' 가 반복됨. 우리는 제각기 다른 삶의 방식을 가지고 있다)

■ 돌이켜 회고해 보건대 형극의 가시밭길을 우리는 걸어 왔습니다.('돌이켜' 와 '회고해', '형극' 과 '가시밭길' 이 중복)

■ 순간 그의 머릿속에는 뇌리 속을 스치는 기억 하나가 있었다.('머릿속' 과 '뇌리' 가 중복)

■ 대법원의 이번 판결은 의미 있는 판결로 받아들여지고 있다.('판결' 이 반복됨. 대법원의 이번 판결은 의미 있는 것으로 받아들여지고 있다)

■ 싱싱한 물고기는 물속에서 헤엄칠 때만 그 싱싱한 물고기의 은빛 지느러미가 빛난

다.(싱싱한 물고기는 물속에서 헤엄칠 때만 은빛 지느러미가 빛난다)

■ 이 작품은 작가의 젊은 시절이 이 소설에 그대로 반영되었다고 한다.(이 작품은 작가의 젊은 시절이 그대로 반영된 소설이다)

■ 청소년 담배 흡연율을 줄이기 위해 학교에서는 담배 금연 교육을 실시해야 한다.('담배'와 '금연'의 중복, 이미 '금연'이란 말 속에는 담배를 끊는다는 의미가 들어 있으므로 '담배'를 생략하는 것이 좋음)

■ 미리 자료를 예비한 분은 별도의 자료를 따로 만들 필요가 없습니다.('미리'와 '예비', '별도'와 '따로'가 중복)

■ 회원 각자의 현재의 자기 상황에 최선을 다하는 것은 매우 중요한 일이다.('회원 각자의'와 '자기 상황'이 의미가 중복됨)

■ 도저히 수용하지 못해 용납할 수 없는 경우가 허다히 많습니다.('수용하지 못해'와 '용납할 수 없는'이 중복)

■ 그 선수의 장점은 경기 흐름을 잘 읽고 다른 선수들에게 공을 잘 보내 준다는 것이 큰 장점이다.('장점'이 중복되었다. "그 선수의 장점은 경기의 흐름을 잘 읽고, 다른 선수들에게 공을 잘 보내 준다는 것이다.")

■ 텔레비전의 심야 오락 프로그램은 간혹 지나치게 선정적이고 성적 자극을 유도하는 장면이 있다.(선정적이고 성적 자극을 유도하는 → 선정적인)

■ 어제 우리 집을 방문한 그 여자 자매는 쌍둥이라는 사실이 밝혀졌다.(→ 어제 우리 집을 방문한 그 자매는 쌍둥이라는 사실이 밝혀졌다)

■ 방학 기간 동안 축구를 실컷 찼다.("방학동안 축구를 실컷 했다." '기간'과 '동안'의

중복. '축구'에는 이미 '차다'란 의미가 들어 있음)

■ 나는 체조 경기관전을 텔레비전으로 보기를 좋아하는데, 선수들의 멋진 동작을 보면 감탄사가 절로 나온다.(체조 경기 관전을 텔레비전으로 보기를 좋아하는데, → 체조 경기를 텔레비전으로 시청하기를 좋아하는데)

■ 나는 바이올린계의 거장 파가니니에게 사사받았다(바이올린계의 거장 파가니니를 사사(事師)했다)

■ 사람의 일생은 다섯 단계를 거치는데, 첫째는 유년기를 거치고, 둘째는 소년기를 거치고, 셋째는 청년기를 거치고, 넷째는 장년기를 거치고, 마지막으로 노년기의 단계에 도달한다. (거치다라는 말이 너무 많이 중복됨)

■ 어떤 고난을 당하더라도 당하는 고난이 바로 성공의 양식이라고 생각하고 고난을 정면으로 받아들여라. 성공의 양식이라 생각하고 고난을 정면으로 받아들이려는 신념과 각오로써 고난을 맞부딪치면 고난이 조금도 두려울 리가 없다.('고난'이란 단어가 너무 남용되었다. 적절한 지시어로 바꾸어야 한다)

■ 요즘 같은 때에는 공기를 자주 환기시켜야 감기에 안 걸리는 거야.("요즘 같은 때에는 자주 환기를 해야 감기에 안 걸리는 거야." '환기'라는 말속에 이미 '공기를 바꾼다'라는 의미가 들어 있다)

■ 날이 저물자 그는 어느 집 문전 앞에서 하룻잠을 청했다.('문전'과 '앞'이 의미가 중복되었다)

■ 사춘기의 시작은 이렇게 세상에 혼자 있는 듯한 고민과 고독으로 시작됩니다.('시작'이란 말을 반복하여 쓰고 있다. '사춘기는 이렇게 세상에 혼자 있는 듯한 고민과 고독으로 시작합니다'로 고쳐야 한다)

　　논술 작성시 원고지를 바르게 쓰는 것은 매우 중요한 사항입니다. 그런데 원고지에 대한 사용법을 잘 모르는 사람들이 의외로 많습니다. 원고지에 글을 쓰게 되면 띄어쓰기, 맞춤법, 줄바꾸기, 문단 나누기, 글의 분량 등이 명확해짐으로써 글쓰기가 체계적으로 되었는지를 한눈에 알 수 있습니다. 원고지를 사용하는 능력은 논술에 있어 기본적인 소양이며 채점자의 첫인상을 좌우하는 척도가 되기도 합니다. 다음 사항을 꼼꼼히 살펴서 원고지 쓰기의 기본을 익히시기 바랍니다.

- 한 칸에 한 자씩 쓰되(로마 숫자와 알파벳 대문자, 그리고 낱자로 된 아라비아 숫자와 알파벳 소문자) 두 자 이상의 아라비아 숫자와 알파벳 소문자는 한 칸에 두 자씩 씁니다.
- 한 칸에 두 자씩 이어 쓰는 영어나 숫자는 끊어지는 느낌이 들지 않게 써야 됩니다.
- 반 칸에 쓸 수 있는 숫자, 알파벳, 문장 부호들이 교차되어 만나면 이들은 서로 성격이 다르므로 각각 적습니다.

헤	밍	웨	이		(	H	em	in	gw	ay	,		E	rn	es	t		M	il	le	r)
는		18	99	년		7	월		21	일		시	카	고		교	외	의			
오	크	파	크	에	서		출	생	하	였	다	.									

- 제목은 둘째 줄 중앙에 약간 크게 씁니다. 제목이 길 경우 2~3줄에 나누어 쓸 수도 있습니다.(대개의 논술문에서는 제목을 쓰지 말라는 유의사항이 나옵니다.)
- 이름과 소속은 셋째 . 넷째 줄 우측에 씁니다. 이름과 소속을 2행으로 쓸 경우 맨 우측의 두 칸을 비워 오른쪽 끝을 맞추면 보기 좋습니다. 또 본문은 이름 혹은 소속의 행 아랫줄을 비우고 5행 혹은 6행부터 시작합니다.(대개의 논술문에서는 소속과 성명 등 신원을 알 수 있는 표기를 하지 말 것을 요구하고 있습니다.)

		삶	의		일	관	성	에		관	하	여	
							홍	일	고	등	학	교	
										김	지	원	

■ 문단이 시작되거나 바뀔 때에는 반드시 첫 칸을 비웁니다. 앞줄이 다 채워지지 않았더라도 문단이 구분된다는 것을 보여주기 위해 반드시 줄을 바꾸고 다음 줄의 첫 칸을 비우는 것입니다. 그래서 단락이 바뀌지 않으면, 띄어 써야 하는 경우라도 그것이 첫 칸에 해당할 때에는 띄어 써서는 안 됩니다. 그러나 첫째, 둘째, 셋째 등으로 전개될 경우에는 제시된 내용을 분명하게 구분하기 위하여 각 항목마다 매번 첫 칸을 비울 수 있습니다.

소	설	에	는		세		가	지		의	혹	된		바	가		있	다	.
	첫	째	는		헛	것	을		내	세	우	고		빈		것	을		천
착	하	며	,	귀	신	을		논	하	고		꿈	을		말	하	였	으	니
지	은		사	람	이		의	혹	이	요	,								
	둘	째	는		허	황	된		것	을		감	싸	고		비	루	한	
것	을		고	쳐	시	켰	으	니		논	평	한		사	람	이		의	혹

■ 대화는 말하는 사람이 바뀔 때마다 줄을 바꾸고, 둘째 칸에 따옴표를 하고, 셋째 칸부터 씁니다.

	"	아	저	씨		술	값	만		있	다	면	…	…	"		이	라	고
내	가		말	했	다	.													
	"	함	께		가	시	죠	.	"	라	고		안	도		내		말	을

■ 대화나 인용문 뒤에 이어지는 지문은 글이 다시 시작되는 것이므로 한 칸을 들여
 쓰지만 대화나 인용문 다음에 연결되는 -할, -(라)고, -하고, -하고는, -하기에, -
 등의, -한다 등 이어받는 말은 다음 줄 첫 칸부터 씁니다.

강	아	지		똥	은		할		말	이		없	어	졌	습	니	다	.		목
안	에		가	득		치	미	는		분	통	을		억	지	로		참	습	
니	다	.		그	러	다	가	,												
		"	똥	이	면		어	떠	니	?		어	떠	니	!					
		발	악	이	라	도		하	듯		소	리	지	릅	니	다	.		눈	물	이
글	썽	해	집	니	다	.		흙	덩	이	는		여	전	히		빙	글	거	리
며	,																			
		"	똥		중	에	서	도		제	일		더	러	운		개	똥	이	야"
하	고	는		용	용		죽	겠	지		하	듯	이		쳐	다	봅	니	다	.

■ 인용문은 본문과 구분하기 위해 위아래 한 줄씩 비웁니다.
■ 인용문이나 대화문이 두 줄 이상 계속될 경우에는 연속적으로 줄마다 인용부호를
 쓰지 않으며, 시작되는 행은 두 칸, 다음 행부터는 첫 칸을 비우고 씁니다. 즉, 인용
 부분 전체를 한 칸씩 들여 써야 한다는 것입니다. 이것은 인용 부분과 본문을 구분
 하기 위해서입니다. 또 인용문 내부에서 단락이 바뀌는 경우에도 마찬가지로 두 칸
 을 들여 씁니다. 시를 인용할 땐 한 줄을 비우고 한두 칸을 비우고 쓸 수도 있습니
 다. 그리고 연과 연이 바뀔 때 한 줄을 비웁니다.

	큼	과		작	음	의		차	이	를		명	확	히		밝	히	기	
위	해		장	자	는		다	음	과		같	은		이	야	기	를		하
였	다	.																	
	북	녘		바	다	에		곤		(	鯤	)		이	란		물	고	기	가
있	다	.		그		몸	집	은		몇		천		리	나		되	는	지
알		수		없	을		정	도	로		크	다	.		그		물	고	기

■ 문장 부호도 한 칸씩 차지하는 것을 원칙으로 합니다.

■ 느낌표(!)나 물음표(?) 등은 한 칸의 가운데에 쓰나, 따옴표(" "), 반점(,), 온점(.) 등은 칸의 구석에 치우치도록 씁니다.

■ 물음표(?)와 느낌표(!)와 말줄임표(……)다음에는 한 칸을 비우고 글을 쓰며, 그 밖의 문장 부호는 칸을 띄지 않고 씁니다.

"	아	!		정	말	로	,	너	무	도		아	름	답	구	나	!	"
"	뭐	가	?	"														

■ 말줄임표(……)와 줄표(–)는 두 칸에 쓰되 세로 줄을 무시하고 자연스럽게 붙여 씁니다.

■ 줄임표 다음에 쓰는 온점(.), 반점(,)은 줄임표 마지막 칸에 함께 씁니다.

"	하	지	만	…	…		어	떻	게		도	리	야		있	느	니	라.
어	디		월	급	쟁	이	가		되	드	래	두	,	두		식	구	입
에		풀	칠	이	야		못	헐	라	구	…	….						
	어	머	니	–	–		끝	까	지		자	식	편	에		서	계	셨	던
분		는		어	디		월	급		자	리	라	도		구	할		생	각

■ 문장이 맨 끝 칸에서 끝나면, 구두점은 앞 글자와 같은 칸에 찍거나 칸밖에 찍습니다.

■ 문장이 끝나 문장 부호가 다음 줄 첫 칸에 와야 할 때에는 그 줄 마지막 칸에서 다 처리해야 합니다. 만약 마땅한 곳이 없으면 원고지 여백에 쓰면 됩니다. 다만 인용문이나 대화문의 따옴표가 짝을 이룰 때에는 다음 줄 첫 칸에 올 수도 있습니다.

생	명	은		우	선	하	는		가	치	라	고		배	웠	습	니	다.

■ 따옴표(큰따옴표, 작은따옴표)속에서 대화를 마치고 찍는 온점과 반점은 따옴표 부호와 함께 한 칸에 함께 씁니다.

■ 따옴표(큰따옴표, 작은따옴표)속에서 대화를 마칠 때, 끝에 찍는 물음표(?)와 느낌표(!)와 줄임표(……)는 따옴표 부호와 따로 씁니다.

"	권	선	생	님	,		저	쪽	으	로		가	실	까	요	?	"		.
"	그	러	시	죠	.	"													
"	물	론		잘		아	시	겠	지	만	…	….	"						

■ 맨 끝 칸 다음에 띄어쓰기를 할 경우는 난 밖에 표를 하고, 다음 줄 첫 칸은 비우지 않습니다.

■ 퇴고할 때에 수정하고 싶은 부분이 있을 때에는 아래의 교정부호에 의거하여 수정하시면 됩니다.

■ 원고 쓰기가 끝나면 '끝' 이라 쓰고, 페이지 번호를 매깁니다.

교정부호의 예

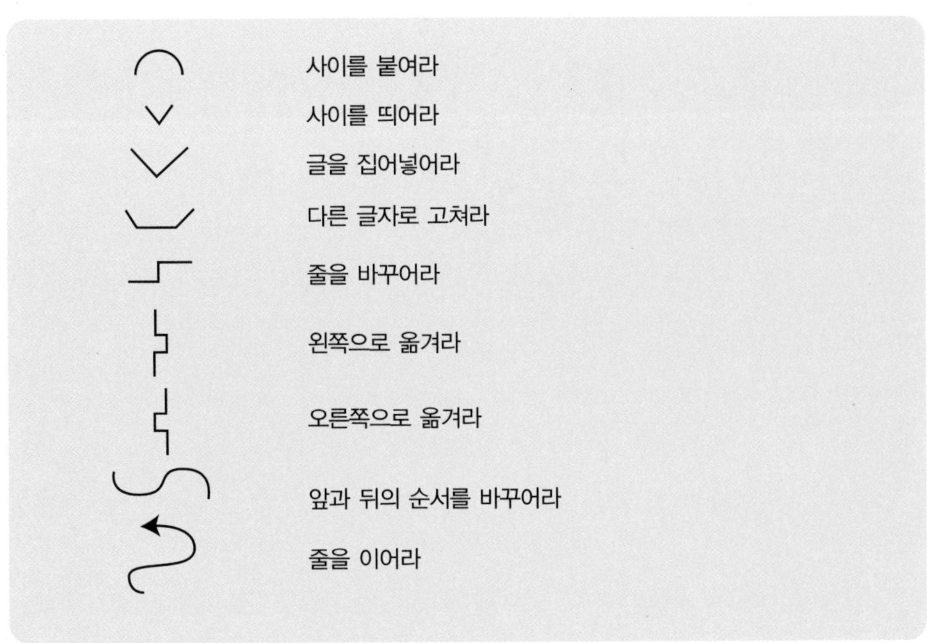

◎9 글쓰기의 제반 사항

1. 글쓰기의 요건

■ 정확성(正確性)

문법에 맞는 정확한 문장을 써야 합니다. 이를 위해서는 문장 성분 간의 호응, 지시어와 접속어의 올바른 사용, 시제의 사용, 조사의 쓰임, 높임법 등에 특히 유의하여 비문(非文)이 되지 않도록 해야 합니다. 앞의 정서법 항목에 의거하여 글쓰기를 하시면 됩니다.

■ 경제성(經濟性)

필요한 단어를 필요한 만큼만 써서 간결한 문장이 되도록 해야 합니다. 이를 위해서는 동어 반복을 피하고 무의미한 말이나 상투적인 말도 될 수 있으면 피하는 게 좋습니다.

● 무의미하게 반복되는 말이나 필요 없는 말은 버립시다.

☞ 열 번을 찍은 끝에 마침내 결국 그는 나에게로 왔다.

☞ 오늘 아침 역전 앞에서 축구차고 나서 이발 깎고 유달산에 등산 올라가 땀을 흘리니 아주 상쾌하였다.

☞ 나의 사상이 밖으로 표출된 것이 바로 이 책이다.

☞ 기사문은 꾸며내 창작한 글이 아니다.

☞ 소설과 희곡은 지은이인 소설가나 극작가가 창작한 이야기이다.

☞ 라면이나 칼국수 등을 미리 예비해 두었더라면 참 좋았을 텐데.

☞ 그 문제는 다시 재론할 필요가 없습니다.

☞ 요즘 청소년들은 나라를 사랑하는 애국 정신이 희박하다고 말들이 많다.

☞ 빠진 말은 넣고 쓸데없는 말은 삭제하여 뺀다.

☞ 열심히 공부한 결과 우리 반이 마침내 탈꼴찌에서 벗어났다.

● 복잡한 문장 구조가 되지 않도록 합니다.

☞ 나의 작업들은 이러한 의복을 통한 인간의 사고 속에 내재되어 있을 꿈, 희망, 즐거움, 이상 등을 나의 디자인으로 만들어 보기도 하며 발빠른 현재의 패션 산업 속에서 때로는 멈춰서 과거의 복식을 통하여 발견, 표현해 보고 공유하려 하는 것이다.(복잡하고 모호한 문장)

● 특별한 의도가 없는 한 동일한 단어를 중복하여 사용하지 않습니다.

☞ 어머니께서 옷과 책과 가방은 물론 연필과(→이며) 잉크와(→며) 지우개까지 사 주셨다.

☞ 다른 사람이 4500cc 8기통 리무진을 타면 나도 4500cc 8기통 리무진을 타야 체면이 선다고 생각하는 사람들이 많다.

☞ 아까 오신 시골 아저씨 같은 분은 산정동에 사신다. 산정동에 사시는 시골 아저씨 같은 그 분은 우리 국어 선생님이다.

■ 명료성(明瞭性)

문장의 길이를 적절하게 조절합니다. 수식어와 피수식어의 관계 등에 유의하여 전달하고자 하는 내용이 분명하게 드러나게 문장을 써야 합니다.

● 되도록 짧은 문장을 써야 내용이 분명해집니다. (적절한 문장길이)

☞ 통계상의 수치로 봤을 때 우리의 생활수준이 전반적으로 향상된 것만은 사실이라고 생각되는데, 그렇다고 하여 일부 성급한 학자들의 주장대로 선진국이 되었다는 것은 아니며, 오히려 매스컴 등의 영향으로 현실에 기초하지 않은 기대심리의 상승으로 인하여 일부 몰지각한 사람들이 하는 대로 가진 것 별로 없는 계층까지 따라서 과시용, 사치성 소비만 크게 늘었으며 이것 때문에 부의 불평등에 기초한 소외 계층의 소외감이 확대되어 어떤 홈 리스는 대통령을 빨갱이라고 욕을 하고 동료 홈 리스는 반론을 펴다가 주먹다짐으로까지 번져서는 결국 한 사람이 사망하는 등의 심각한 사회 문제로까지 발전되어가고 있다고 생각한다.(성질 급한 독자는 읽다가 숨넘어갈 수도 있는 문장)

● 수식 관계에 유의하여 문장이 구조적 모호성을 지니지 않도록 합니다. (구조적 모호성이란 하나의 어구나 문장이 여러 가지로 해석될 수 있는 속성)

☞ 톨스토이의 책. (톨스토이가 지은 책, 톨스토이가 소장하던 책, 톨스토이에 관하여 쓴 책 등으로 해석될 수 있습니다)

☞ 사람들이 많은 도시를 여행하다보면 얻는 점이 많을 것이다.(사람들이 여러 도시를 ~, 인구가 많은 도시를~)

☞ 얄미운 영심이의 동생이 되지도 않은 노래를 부르고 있다. (얄미운 것은 영심이다. 얄미운 것은 영심이의 동생이다)

☞ 떡볶이 집을 운영하는 허리케인 박의 어머니가 우리 집에 오셨다. (떡볶이 집을 운영하는 사람은 허리케인 박이다. 그게 아니고 허리케인 박의 어머니다)

● 지시어를 정확히 사용합시다

☞ 인칭 대명사 : '나, 너, 우리, 당신, 이이, 그이, 저이, 이분, 그분, 저분' 등은 사람을 대신해서 가리킴.

☞ 지시 대명사 : '이것, 그것, 저것' 등 사물을 가리킵니다. '여기, 거기, 저기' 등은 장소를 가리킴.

☞ 지시 형용사 : 이렇다, 저렇다, 그렇다' 등은 상태를 가리킴.

☞ 지시 부사 : '이리, 그리, 저리' 등 장소를 가리킵니다. '이렇게, 그렇게, 저렇게' 등 모양, 방법을 가리킴.

☞ 지시 관형사 : '이, 그, 저' 등이 명사를 꾸며주며 지시성을 띱니다. 대상이 화자와 가까우면 '이' 계열의 표현을 쓰고, 청자와 가까우면 '그' 계열의 표현을, 제3의 위치에 있으면 '저' 계열의 표현을 씁니다. 국어의 높임법은 이야기와 관련된 인물들 사이의 관계 곧 장면에 따라서 그 표현이 결정됩니다.

2. 띄어쓰기

우리말의 띄어쓰기는 대단히 어려워서 학생들은 물론 선생님들도 가끔 곤혹스러울 때가 있습니다. 물론 대강의 규칙은 있지만 복잡하기도 하고 예외 사항이 많아 일일이 그

_논술·면접 휘어잡기

것을 기억하고 정확하게 사용하다는 것이 보통 어려운 일이 아닙니다. 띄어쓰기만 제대로 할 줄 알면 우리말을 아주 잘하는 것이라고 할 수 있을 정도입니다. 그런데 그것을 익히는 별다른 방법이 없다는 것이 문제입니다. 스스로 많이 써보고 많이 읽는 과정에서 차츰차츰 익힐 수 있을 뿐입니다. 우리나라에서 띄어쓰기와 맞춤법을 가장 잘 지키는 책은 바로 국어 교과서입니다. 다른 교과서에서도 신경을 쓰겠지만 국어 교과서만큼은 절대 틀리지 않으려고 많은 노력을 합니다. 그러니까 띄어쓰기와 맞춤법에 자신이 없는 사람은 국어 교과서를 원고지에 옮겨 쓰는 연습을 하면 많은 도움을 받을 수 있습니다. 띄어쓰기의 큰 원칙은 이렇습니다. 먼저 '하나의 단어로 볼 수 있으면 붙여 써도 좋다.' 는 것과 '띄어 써야 할지 붙여 써야 할지 헷갈릴 때는 일반적으로 띄어 쓰는 것이 무난하다' 등입니다. 더 구체적으로 살펴보면 다음과 같습니다.

● 조사나 접사를 제외한 단어와 단어 사이는 반드시 띄어 씁니다. 그리고 '수, 것, 바, 데' 등 의 존명사도 띄어 씁니다.

☞ 먹을것이많다 → 먹을 것이 많다.

☞ 원하는바대로이루어지게하소서 → 원하는 바대로 이루어지게 하소서.

☞ 그가간데는아찔한곳이었다 → 그가 간 데는 아찔한 곳이었다.

☞ 궁하면개구리도먹을수있다 → 궁하면 개구리도 먹을 수 있다.

● 복합어, 조사, 접두사, 접미사는 반드시 붙여 씁니다. 특히 복합어는 이미 한 단어로 굳어진 것이니까 반드시 붙여 씁니다.

☞ 피자특대로하나주문하자 → 피자 특대로 하나 주문하자

☞ 학생에게부과되는의무 → 학생에게 부과되는 의무

☞ 산에올라가다 → 산에 올라가다

☞ 잔디를짓밟지마시오 → 잔디를 짓밟지 마시오.

이 밖에도 풋 사과 → 풋사과, 검 푸르다 → 검푸르다, 파 헤치다 → 파헤치다, 나뭇 가지 → 나뭇가지, 꽃 가루 → 꽃가루, 긁어 모으다 → 긁어모으다, 거침 없다 → 거침없다, 걸어 가다 → 걸어가다, 내려다 보다 → 내려다보다, 은 수저 → 은수저, 청동 화로 → 청동화로, 볏 섬 → 볏섬, 꾸밈 없다 → 꾸밈없다

● '대로', '만큼'은 의존명사일 때도 있고, 조사일 때도 있습니다.

☞ 너는 너대로 나는 나대로 길이 있다.(조사)

☞ 손오공 그 녀석 까부는 대로 그냥 두어라.(의존명사)

☞ 너만큼 성실한 학생이 또 있겠니?(조사)

☞ 사랑한 만큼 아픔도 크다.(의존명사)

● 똑같은 말도 의존명사일 때와 어미일 때가 있습니다.

☞ 젊은이 망령 난 데는 몽둥이가 최고여(의존명사)

☞ 공부한다는데 웬 심부름을 시키세요?(어미)

● 본용언과 보조용언 사이는 띄어 쓰는 것이 원칙이지만 '~아(어)' 뒤에서는 대체로 붙여 써도 상관없습니다.

☞ 먹어 보아도 역시 엿이다 → 먹어보아도 역시 엿이다

☞ 광개토대왕의 큰 뜻을 이어 가자 → 광개토대왕의 큰 뜻을 이어가자

☞ 구멍가게 해 보다가 벤처기업 차렸다 → 구멍가게 해보다가 벤처기업 차렸다

이 밖에도 늙어 간다 → 늙어간다, 견뎌 내다 → 견뎌내다, 적어 놓다 → 적어놓다, 우겨 댄다 → 우겨댄다, 알아 둔다 → 알아둔다, 써 드린다 → 써드린다, 웃어 버렸다 → 웃어버렸다, 읽어 본다 → 읽어본다, 울어 쌓다 → 울어쌓다, 살아 온 → 살아온

● 고사성어나 한자어 합성어, 여러 단위로 된 고유명사는 띄어 씀이 원칙이지만 붙여 쓸 수도 있습니다. 전문 용어도 또한 같습니다.

☞ 전라 남도 보수 총 연맹 거시기 지부 → 전라남도 보수총연맹 거시기 지부

☞ 서울 대학교 인문 사회 과학 대학 → 서울대학교 인문사회과학대학

☞ 방송 사고 → 방송사고

● 수를 적을 때에는 만(萬) 단위로 띄어 씁니다. 그리고 돈의 액수를 나타내는 '원'은 띄어 써요. 다만, 아라비아 숫자로 쓸 경우에는 '원'은 붙여 씁니다(단위성 의존 명사와 숫자가 함께 쓰일

때에도 마찬가지입니다) 또 순서를 나타내는 말도 붙여 씁니다.

☞ 1,233,356,582 (십이억 삼천삼백삼십오만 육천오백팔십이)

☞ 오십만 원 / 500,000원, 백 개 / 100개

☞ 세시 이십오 분 이십칠 초, 제오장, 육학년, 삼십이 층

● 수를 나타내거나 단위를 나타내는 단어는 띄어 씁니다. (순서를 나타내는 경우나 숫자와 어울리어 쓰이는 경우에는 붙여 쓸 수 있어요)

☞ 물 한 잔, 책 한 권, 노트 다섯 권, 볼펜 두 자루

● 관용적으로 붙여 쓰는 의존 명사

의존 명사는 원칙적으로 띄어 쓰지만 다음과 같은 경우는 관용적으로 굳어져서 붙여 쓰는 것들입니다.

☞ 이번, 저번, 지난번, 먼젓번

☞ 이이, 그이, 저이 / 늙은이, 젊은이, 어린이 / 지은이, 못난이

이 밖에도 동쪽, 서쪽, 남쪽, 앞쪽, 뒤쪽, 양쪽, 한쪽, 반대쪽, 오른쪽, 왼쪽, 위쪽, 아래쪽, 안쪽, 바깥쪽 이쪽, 그쪽, 저쪽, 이것, 그것, 저것, 아무것, 반나절, 한나절, 이편, 그편, 저편, 오른편, 왼편, 건너편, 맞은편, 이즈음, 그즈음, 요즈음

● 의성어나 의태어 등의 첩어는 붙여 씁니다.

☞ 이리저리, 본둥만둥, 살랑살랑, 차례차례, 살래살래, 끄덕끄덕, 뻐꾹뻐꾹 , 너울너울, 곤드레만드레, 그럭저럭, 곱디곱다, 곱게곱게, 이모저모, 하늘하늘, 들락날락, 얼룩덜룩

● 성과 이름, 성과 호 등은 붙여 쓰고 이에 덧붙는 호칭어, 관직명 등은 띄어 씁니다. 이때 성과 이름, 성과 호를 구분할 필요가 있으면 띄어 쓸 수도 있습니다. 성이 두 자인 사람은 붙일 수도 있고 띄어 쓸 수도 있습니다.

☞ 퇴계 이황, 몽양 여운형 선생, 서화담, 안철수 씨, 이 박사, 충무공 이순신 장군

☞ 독고탁(독고 탁), 제갈용녀(제갈 용녀).

☞ 대통령 및 국무위원, 국장 혹은 과장, 밤, 대추 등, 하나 내지 둘, 남자 대 여자, 배
  등속, 서울, 부산, 인천, 광주 등지

☞ 한 사람, 순 우리말, 각 가정, 단 하루, 헌 책, 맨 먼저, 여러 가지, 새 사람.

3. 글의 구성

목수가 집을 지을 때 설계도도 없이 마구 짓는다면 처음에 의도했던 집을 지을 수 없을 것입니다. 이와 마찬가지로, 글을 쓸 때에도 당초에 의도한 대로 글을 쓰기 위해서는 구성이라는 과정이 필요합니다. 같은 이야기라도 엮어 짜는 방식과 순서에 따라 글의 효과와 느낌이 달라지기 때문입니다. 즉, 구성이란 제재들을 어떠한 논리적 맥락으로 전개하여 통일성 있는 한편의 글을 짤 것인가 하는 것입니다. 똑같은 주제로 동일한 제재들을 수집·정리하였다 하더라도, 그것을 짜 맞추는 구성방식에 따라 글의 효과와 성격이 달라지게 됩니다.

논술문의 구성 방식

(1) 서론(序論)
  · 화제 제시, 문제 제기
  · 집필 동기, 목적, 방향 소개하기
(2) 본론(本論)
  · 자신의 견해 주장
  · 구체적인 근거, 사례 제시하기
(3) 결론(結論)
  · 주제를 일반화하기
  · 본론의 주장을 다른 말로 요약, 강조하기

· 전망 및 제언

구성의 방법은 글의 내용과 성격에 따라 여러 가지가 있겠지만, 일반적인 글에서 많이 쓰이는 구성의 방법은 크게 자연적 구성과 논리적 구성으로 나눕니다.

(가) 자연적 조직 방법

자연적 구성은 자연적 순서에 따라 글감(제재)을 배열하는 방식으로서 시간적 순서에 따르는 구성과 물리적 순서에 따르는 구성, 공간적 순서에 따르는 구성으로 나눌 수 있습니다. 이러한 구성은 사물의 모습을 있는 그대로, 별다른 기교 없이 풀어 가는 방법이기 때문에 글의 인상이나 호소력이 약해지기 쉬운 약점이 있습니다. 심한 경우에는 무미건조한 이른바 연대기적인 서술과 비슷하게 될 염려도 있습니다. 따라서 이 구성법은 특수한 경우 외에는 다른 구성법과 섞어서 그 결점을 보완하도록 하는 것이 바람직합니다. 주로 가시적인 세계를 서술하거나 묘사하는데 쓰입니다.

① **시간적 조직 방법**: 사건이 일어난 순서에 따라 자료를 배열하는 방법으로, 역사적인 화제에 적합.

☞ 조동 2리에서 벗어나 8백m의 대성 안을 향하여 부지런히 걷는다. 오후 네 시 반, 영마루에 걸린 해가 저 뒤로 떨어져 버렸다. 어둠이 내리는 게 아니라 숨어 있다가 차차 검은 안개처럼 퍼지는 것만 같다. 산바람은 훈훈한 가운데에도 칼날처럼 날카로운 냉기를 가지고 있다. 그 냉기가 바로 산의 느낌일 것이다. 시냇가에 앉아 쌀을 일구고 버너를 켜서 간단히 식사를 한다. 잠시 후 밥이 익은 듯하다. 설은 밥일망정 맛있게 먹고, 다시 배낭을 들쳐 메고 대성 안에 도착한다. 8백여m의 고산지대라고는 하지만 마을만으로 봐서는 그것이 실감되지 않는다.

② **공간적 조직 방법**: 공간적 질서에 따라 자료를 배열하는 방법으로, 지리적 순서나 물리 적 순서에 관한 화제에 적합.

☞ '남도 답사 1번지'가 시작되는 곳은 나주부터이다. 번화한 광주 시내를 빠져 나와

남평을 거쳐 나주 들판을 지나면서 비로소 남도 땅을 답사하는 느낌에 젖게 된다. 나주평야의 넓은 들 저편으로 뻗은 산등성이의 완만한 곡선이 시야로 다가온다. 평평한 들판은 그지없이 넓은데도 산은 가깝게만 느껴지니 참으로 이상스럽다.

③ 물리적 대상이 소재가 되어 그것이 바뀜에 따라 전개되는 구성.

☞ 숲은 물의 순환 과정에서 매우 중요한 역할을 한다. 삼림이 우거진 숲에는 낙엽과 표층토가 있어서 많은 물이 저장될 수 있다. 이곳에 저장되어 있던 물이 증발해서 구름이 되고, 구름은 다시 비가 되어 숲으로 돌아온다. 그런데 에페소스에서는 문명이 번창하면서 이러한 숲이 제대로 이루어지지 못하여 강우량이 줄어들었다. 기후가 건조해지면서 땅이 점점 메마르게 되자 에페소스에는 흉년이 거듭되었고, 풍요로웠던 문명의 뿌리는 흔들리기 시작하였다. 게다가 헐벗은 산의 표층토가 빗물에 씻겨 내려 서서히 바다가 메워지면서 에페소스의 교역도 사양길로 접어들어 해양도시로서의 기능도 상실하고 말았다. 결국 사람들이 떠난 도시는 폐허로 남게 되었다.

(나) 논리적 구성

논리적 구성은 종합적 구성이라고도 하는데, 글감(제재)들이 갖추고 있는 자연적인 질서를 무시하고, 필자의 의도에 따라 논리적인 일관성을 갖도록 글감들을 풀어놓는 방법입니다. 이 방법은 논술에서 주로 사용하는 구성입니다. 수험생들은 이 방면의 구성법에 대해 숙지하고 연구하면 많은 도움이 될 것입니다. 여기에는 단계식 구성, 포괄식 구성, 열거식 구성, 점층식 구성, 인과식 구성 등이 있습니다.

① 인과적 조직 방법: 원인과 결과가 논리적인 필연성을 가지고 전개되는 구성 방식입니다. 우리의 일상생활과 자연계에서 일어나는 거의 모든 일들은 원인이 있기 때문에 결과가 발생합니다. 이와 마찬가지로 글을 쓸 때에 어떤 내용을 원인과 결과의 관계로 구성하는 것을 인과식 구성이라고 합니다. 이 인과식 구성에서는 일반적으로 원인에 해당되는 문단을 앞에 놓고 결과에 해당되는 문단을 뒤에 놓습니다, 수험생들이 논술을 작성할 경우에도 이 방법을 따를 것을 권장합니다. 경우에 따라서는 이와 반대로 문단을 배치하기도 합니다.

☞ 원한과 분노에 쌓인 2천만 민족을 위력으로 구속하는 것은 다만 동양의 영구한 평화를 보장하는 길이 아닐 뿐만 아니라, 이로 인하여서 동양의 안전과 위태함을 좌우하는 굴대인 4억만 지나 민족이 일본에 대하여 가지는 두려워함과 시새움을 갈수록 두텁게 하여, 그 결과로 동양의 온 판국이 함께 넘어져 망하는 비참한 운명을 가져올 것이 분명하니, 〈기미 독립 선언서〉

② 열거식(列擧式) 구성: 몇 개의 대등한 화제들을 병렬적으로 배치하는 방법입니다. 열거되는 화제들 사이에는 논리적 일관성이나 의미의 연관성이 별로 필요하지 않습니다. 논리 정연한 성격의 글에서는 쓰이기 어렵고, 다만 의견을 간단하게 진술한다든지, 특별히 중요하다고 생각되는 문제를 몇 가지 밝힐 때 흔히 사용됩니다. 이러한 조직 방법을 사용할 경우, 글의 결론은 열거된 내용들의 종합으로 나타나게 됩니다. 특정한 대상의 특징이 여러 가지이거나, 동일한 독자에게 전달해야 할 내용이 여러 가지일 경우에 주로 사용됩니다.

☞ 첫째, 신문을 볼 때에는 사물의 부분만 보지 말고 전체를 보아야 한다, '진실' 이 알려지는 것을 두려워하는 사람들은 그 전모가 밝혀지는 것을 저지하기 위해 자기들에게 유리한 부분만 확대시켜 과장 선전하기도 하고 불리한 면은 이를 은폐하거나 보도되는 것을 저지하려고 한다.
둘째, 언론에 종사하는 사람들은 '진실한 보도와 논평' 을 하기 위해서 사물들을 역사적으로 관찰할 줄 아는 안목이 있어야 한다. 그리하여 어떠한 사물을 옳게 보도하거나 논평할 수 있어야 한다.
셋째, 신문의 독자들은 사물을 볼 때에는 어느 면이 더 중요하고 어느 면이 덜 중요한지를 똑똑히 식별할 줄 알아야 한다. 현실은 다원적이기에 어느 한 면만을 바라본다면 올바른 이해에 도달하지 못한다. 따라서 사물을 옳게 이해하려면 그 사물의 특정한 면의 위치와 근거 등을 날카롭게 통찰할 수 있어야 한다.

③ 문제 해결식 조직 방법: 특정한 문제 상황이나 과제를 두고 이를 해결하기 위한 방안을 찾아 나가는 내용 조직 방법입니다. 이 때 찾아낸 해결책은 주어진 과제에 합당한 것이어야 한다는 점에서, 해결책 자체뿐만 아니라 해결책을 찾아가는 과정 전

체가 논리적 성격을 강하게 띠게 됩니다.

☞ 세계 경제는 앞서 본 것처럼 전례 없는 변화 속에서 소용돌이치고 있다. 한국 경제가 이러한 변화의 상황 속에서 살아남기 위해서는 어떻게 해야 할까?

우선 한국 경제가 살아남기 위해서는 자체적으로 상당 수중의 기술 개발을 이룩해야 한다. 또, 다른 나라들이 한국 경제를 무시할 수 없는 협력 파트너로서 인정하도록 한국 경제가 자립적 조건을 갖추어야 할 것이다.

한국 경제가 기술 개발을 이룩하고 자립적 조건을 확보하기 위해서는 산업 간 균형이 하루 빨리 회복되고 중소기업이 산업의 각 분야에서 자체 기반을 구축해야 한다. 또, 중소기업에 대한 횡포를 일삼고 독점에 안주하는 대기업의 행태가 바뀌어져야 한다. 아울러 노동자, 농민, 자영업자, 건전한 중소 기업인들에게 정당한 대우를 해주어야 함은 물론 그들을 한국 경제의 당당한 주역으로 인정해야 한다. 이것을 제도적으로 뒷받침하는 노력도 빼놓을 수 없다. 이 모든 것이 제대로만 갖춰진다면 한국 경제는 세계 경제의 중심에서 벗어나지 않고 성장을 계속할 수 있을 것이다.

④ **점층식 조직 방법**: 사건이나 내용, 그리고 감정의 정도가 점점 중요하게, 강하게, 길게, 크게 고조되면서 전개되는 구성 방식입니다. 따라서 가장 중요한 것이 결말에 오게 됩니다. 이와 반대로, 가장 중요한 것을 앞에 놓고 점차 중요성이 작은 것으로 나아가는 방법을 점강식(漸降式) 구성이라 합니다. 이 구성은 한 편의 글 전체에 적용하기는 곤란하고 글의 어느 한 부분에 적용하는 경우가 많습니다.

☞ 오늘날 우리 조선의 독립은 조선 사람으로 하여금 정당한 생존과 번영을 이루게 하는 동시에 일본으로 하여금 그릇된 길에서 벗어나 동양을 붙들어 지탱하는 자의 중대한 책임을 온전히 이루게 하는 것이며, 중국으로 하여금 꿈에도 잊지 못할 괴로운 일본 침략의 공포심으로부터 벗어나게 하는 것이며, 또 동양 평화로써 그 중요한 일부를 삼는 세계 평화와 인류 행복에 필요한 단계가 되게 하는 것이다. 이 어찌 사소한 감정상의 문제이리요? 〈기미독립선언서〉

⑤ **단계적 조직 방법**: 글감(제재)을 필자의 논리에 따라 단계적으로 배열하는 구성입니다. 즉, 처음에 화제나 문제를 제기하고, 그것에 관하여 여러 가지로 이야기를 전개한 다음 마지막으로 요약·정리하는 것입니다. 강한 설득력을 지니고 있어 논술이나 주장 등에 널리 쓰입니다. 이 구성법은 논리가 생명이므로 논리의 비약이나 왜곡이 있어서는 곤란합니다.

☞ **2단 구성**: 두 개의 문단(단락)으로 이루어진 가장 간단한 구성의 글입니다. 흔히 서론과 본론, 본론과 결론, 전반부와 후반부 등의 형태로 나타납니다. 논술에서 가끔 서론 없이 시작하라는 주문이 나오기도 합니다. 이때에는 곧바로 본론으로 진입하고 결론을 맺음으로써 문제를 해결해야 합니다.

☞ **3단 구성**: 가장 널리 쓰이는 방법이며, 또한 단계식 구성의 가장 기본적인 형태입니다. 이 구성법의 각 요소는 각각 '서론, 본론, 결론', 혹은 '도입, 전개, 정리' '서두, 본문, 결말', '머리말, 본문, 맺음말' 등의 명칭으로 부릅니다. 서론에서는 논지를 제기하고, 본론에서는 논지를 해명하고, 결론에서는 그 결말을 지으면서 요약·정리·강조하는 것이 기본적인 3단 구성의 방법입니다. 글에 별다른 변화가 없기 때문에 약간 단조롭다는 단점이 있습니다만, 비교적 간결한 구성방식이기 때문에 주제에 의한 글 전체의 통제가 수월하다는 장점이 있습니다, 논술문의 가장 일반적인 구성 형태입니다.

☞ **4단 구성**: 4단 구성은 3단 구성의 본론 부분을 전개와 발전으로 양분하여 네 개의 부분으로 만든 것입니다. 즉, '도입단계, 진술단계, 증명단계, 정리단계' 혹은 '기승전결(起承轉結)'의 네 부분으로 이루어지는 4단 구성은, 전개 부분(증명단계)에서 변화를 일으키는 효과가 있습니다. 이 점에서 논리적 일관성만을 추구하는 3단 구성보다는 한 차원 더 재미있는 구성이라 할 수 있습니다. 즉 전개부분의 변화가 독자의 흥미를 불러일으키며, 이렇게 삐딱하게 이완된 글의 흐름이 다시 결론 부분에서 긴밀하게 조여지는 것입니다. 따라서 4단 구성의 성공 여부는 전개부분에 달려 있다고 볼 수 있습니다. 흔히 신문 사설과 같은 논설문은 대개 4단 구성으로 되어 있습니다.

☞ **5단 구성**: 그리 많이 쓰이지는 않는 구성입니다. 먼저 독자의 마음에 문제의식을 심어놓고 차츰 그 생각을 발전시켜 나가다가, 끝으로 목적하는 바를 독자가 행동으로 이어지도록 줄거리를 짜는 방법입니다. 독자에게 행동의 동기를 부여하는 순서에 의한 구성이기 때문에 '동기 부여의 구성'이라고도 합니다. 5단의 각 부분은 다음과 같이 세분할 수 있습니다.

> 서론: 1단계 ― 주의 환기,　　2단계:　문제 제시
>
> 본론: 3단계 ― 문제 해결,　　4단계:　해결 구체화
>
> 결론: 5단계 ― 행동 촉구

⑥ **연역적, 귀납적 조직 방법**: 연역식 혹은 귀납식으로 배열하는 방법으로, 논리적으로 이야기하여 상대방을 이해시키고 설득하는 글에 적합합니다.

☞ 우리가 가진 근본 욕구들 중에는 도덕적 충동에 따라 행동하려는 욕구가 있다. 그러나 큰 조직에서 우리는 그렇게 할 수 있는 자유를 불가피하게 억압받고, 조직의 규칙을 준수하도록 강요받는다. 그 규칙은 인간에 의해 고안되었지만 인간 자체는 아니다. 아무리 세심하게 만들어졌어도 거기에는 '사람의 손길(human touch)'과 같은 유연성이 없다. 조직이 크면 클수록 조직의 구성원은 도덕적 존재로서 자유롭게 행동하기가 점점 더 어려워진다. 그들은 흔히 이렇게 말하게 된다. "미안합니다. 제가 하는 일이 옳지 않다는 것은 알지만 이건 제가 받은 지시 사항입니다." 이처럼 큰 조직들은 아주 불량하고 부도덕하게, 또는 아주 어리석고 비인간적으로 움직이기 마련이다. 이는 그 구성원들이 본래 그래서가 아니라 그들이 조직의 크기에서 오는 하중을 받기 때문이다.(연역식 구성)

(다) 변증법적 구성

공존할 수 없는 두 개의 대립되는 개념이 있을 때, 두 개념을 지양(止揚)하여 한 차원 더 높은 개념으로 통일하는 방법을 변증법이라 합니다. 흔히 정반합(正反合)의 원리라고 합니다. 만드는 방법은 다음과 같습니다.

① 정(正): 문제에 대한 옹호.

☞ 개고기를 먹는 것은 야만행위다

② 반(反): 옹호했던 주장에 반대되는 논리를 끌어들여 모순된 상황 설정.

☞그러지 마라. 개고기도 고기다.

③ 합(合): 중간적 진실을 설정하거나 새로운 요소를 도입하여 모순 관계를 극복.

☞개고기를 비롯한 육류의 섭취를 줄이고 채소를 많이 먹자.

4. 접속어의 사용

논술을 작성할 때 판에 박은 몇 개의 접속어만을 계속 사용한다면 자유로운 사고를 마음껏 펼치기 곤란합니다. 또는 글의 흐름과 전혀 관계없거나 역행하는 접속어를 사용했을 때, 똑같은 접속어를 몇 차례 반복하여 사용했을 때는 글 전체의 모양이 옹색하고 단조로운 느낌을 갖게 됩니다. 글의 맥락에 따라 자유자재로 접속어를 사용하여 논술을 작성한다면 글의 논리성 및 사고의 연속성 측면에서 굉장히 유리합니다. 다음의 접속어들을 눈여겨보고 그 사용법을 숙지한다면 논술 작성시 유리한 점이 많습니다.

인과 관계: 앞문장의 내용과 뒷문장의 내용을 원인과 결과로 이어주는 관계
 ☞ 그러므로, 따라서, 그래서, 그런즉, 그러니까, 왜냐하면,

역접 관계: 앞의 내용과 상반되거나 부정하는 내용을 이어 주는 관계
 ☞ 그러나, 그렇지만, 하지만, 다만, 그래도, 반면에.

전환 관계: 앞문장의 내용과는 달리 화제가 바뀌어 연결되는 관계
 ☞ 그런데, 그러면, 아무튼, 한편.

첨가 관계: 뒷문장이 앞 문장에 대하여 내용을 강조 보충해 주는 관계.
 ☞ 그리고, 뿐만 아니라, 더욱, 더구나, 또 뿐더러, 게다가, 아울러, 또한, 더욱이.

대등 관계: 앞 내용과 뒤의 내용을 대등하게 이어주는 관계

☞ 또는, 혹은, 및, 한편, 그리고.

예시 관계: 앞 문장을 구체적으로 설명하기 위하여 예를 들어 설명하는 관계.

☞ 이를테면, 예를 들면, 가령, 예컨대

환언 요약 관계: 앞의 내용을 바꾸어 말하거나 간추려 짧게 요약하는 관계.

☞곧, 즉, 결국, 바꾸어 말하면, 요컨대, 다시 말하면,

순접 관계: 앞 뒤 문장의 내용이 상반되지 않고 순순히 이어지는 관계

☞그리고, 그러므로, 그러니, 이와 같이, 그래서, 따라서, 그러면, 그리하여

5. 문단쓰기

문단(단락)이란 여러 개의 문장이 모여서 하나의 통일된 생각을 나타내는 글의 단위를 말합니다. 우리가 일상생활에서 말을 할 때 상대방이 못 알아들었다면 알아들을 때까지 계속 이야기를 합니다. 그래서 상대방이 알아듣게 된 후에라야 다음 이야기로 넘어 갈 수 있는 것입니다. 글에서도 마찬가지입니다. 독자가 이해할 수 있을 때까지 부연 · 상술 하거나, 예를 들거나 함으로써 독자들이 완전히 이해할 수 있도록 글을 구성하는 것입니다. 하나의 통일된 생각 즉, 문단의 주제를 중심으로 그것들을 뒷받침하는 문장들을 배열함으로써 하나의 완전한 문단이 이루어집니다.

논술에서 문단은 큰 생각의 단위입니다. 하나의 큰 생각이 하나의 문단이 됩니다. 커다란 생각을 중심으로 부연하거나, 상술하거나, 근거를 들어 구체화시키는 문장들이 결합하게 됩니다. 대체로 논술에서 문단의 개수는 서론, 본론, 결론 합해서 5~6개 정도면 적당합니다. 그래서 가장 중요한 논변의 장소인 본론에서 3~4개의 문단이 자리를 잡게 됩니다. 논제나 유의사항에서 서론 없이 시작하라는 제한조건이 주어지기도 합니다. 그럴 때는 물론 논외로 합니다.

왜 문단을 나누나요?

☞ 전체를 부분으로 나누어 글의 내용을 뚜렷하게 드러내기 위해서

☞ 나타내고자 하는 생각이나 내용을 정확하게 표현하기 위해서

☞ 글의 내용을 쉽게 이해하는 데 유용한 단위이기 때문에

☞ 독자에게 간간이 쉴 틈을 주기 위해서

어떻게 구성하나요?

문단에서 나타내고자 하는 핵심내용을 나타내는 문장인 중심문장과 그것을 좀 더 구체적으로 풀이하는 문장인 뒷받침 문장으로 구성합니다. 뒷받침 문장은 중심문장에 대한 이유나 근거 · 사실 · 사례 등을 나열하여 독자의 이해를 도와주는 역할을 해야 합니다.

 **문단쓰기의 원리**

■ 통일성(統一性)

문단은 여러 개의 문장이 모여서 하나의 통일된 생각을 나타내는 글의 단위입니다. 문단의 중심 내용과 직결되지 않는 문장은 글의 초점을 흐리게 하여 문단의 통일성을 깨뜨립니다. 그러므로 한 문단을 이루고 있는 문장들은 그 문단의 중심 내용과 직접적인 관련이 있어야 합니다. 따라서 글을 쓸 때에는 문단의 중심 내용에 어긋나거나 직결되지 않는 문장은 삭제해야 됩니다. 만약에 그 문장의 내용이 버리기 아까운 중요한 것이라면 문단을 따로 만들어 독립시키면 될 것입니다.

● 통일성의 종류

· 논지의 통일성: 전체의 논지가 하나의 흐름으로 전개되어야 한다.

· 관점의 통일성: 글쓴이의 입장이나 시각이 바뀌어서는 안 된다.

· 목적의 통일성: 글 쓰는 목적이 처음부터 끝까지 일관성 있게 유지되어야 한다.

☞ ① 랑케는 오로지 실재했던 사실만을 기술하고자 했다. ② 사료(史料)에 대한 비판적 검증을 통해 그는 문헌 안에서 역사적 사실만을 가려내려고 했던 것이다. ③ 랑

케의 모든 저작에는 역사적 객관성을 향한 강한 의지와 동력이 엿보인다. ④ 그는 언제나 무한히 풍부한 사건들로부터 객관적 · 역사적 연관을 찾되 형이상학적인 역사 구성의 우를 범하지 않는, 실증적인 탐구 방법을 추구했다. ⑤ 즉 사실을 있는 그대로 파악하기를 원했던 것이다. ⑥ 랑케는 자신의 현재에서 눈을 떼고, 불편부당하고 객관적인 과학으로서의 역사학을 정립하려고 노력했다.

➡ 문단의 주제인 ①을 중심으로 직접적으로 연관된 ②~⑤까지의 뒷받침 문장을 배열했으며 마지막 ⑥으로 정리하고 있습니다.

※ 참조: 통일성이 없는 문단

☞ 한 단락에 두 개 이상의 주제가 들어 있는 글

☞ 주제와 관계없는 내용이 들어 있는 글

☞ 서로 모순되는 내용이 들어 있는 글

■ 완결성(完結性)

하나의 문단이 이상적으로 이루어지려면 중심 내용과 이를 뒷받침하는 내용이 결합되어야 합니다. 또한 뒷받침 문장들이 충분히 제시되어서 그 문단의 소주제를 독자가 잘 납득할 수 있을 때, 그 문단은 완결성을 지니게 되는 것입니다. 뒷받침 문장이 부족하다든지 별다른 내용 없이 앞의 내용을 반복한다든지 할 경우, 그 문단은 완결성이 결여된 것입니다.

문단의 완결성을 이루는 뒷받침 문장으로는 여러 가지가 있습니다. 소주제문을 좀 더 구체적이고 알기 쉬운 내용으로 풀이하는 부연의 방법과, 보기를 들어 알기 쉽게 풀이하는 예증, 독자가 알고 있는 사실에 견주어 풀이하는 비유 등이 있습니다.

● 완결성 있는 글을 쓰기 위한 유의점

· 소주제문은 앞으로 전개될 내용을 요약하여 진술한다.

· 뒷받침 문장은 문단의 긴밀성을 살릴 수 있도록 알맞은 순서로 배열한다.

· 소주제문을 뒷받침하는 문장들은 구체화(상세화), 예시, 인용, 이유제시 등의 방법을 동원하여 기술한다.

☞ 최근에 발생한 몇몇 자살 사례는 자살 유형의 전형적인 모습을 담고 있다. 최근 여대생 2명이 극약을 먹고 자살하였다. 경찰 조사 결과 죽기 불과 닷새 전 인터넷 자살 사이트를 통해 알게 된 이들은 죽기 전날 밤 처음 만나 민박집에서 극약을 탄 소주를 함께 마신 것으로 밝혀졌다. 한 가장은 카드빚 등으로 생활고에 시달리자 가족을 동반하고 자살하였다. 이 가장은 자신의 아내와 아이들을 태운 승용차를 몰고 그대로 호수로 돌진하였다. 한 회사원은 회사 공금 수억 원을 빼돌려 도박으로 모두 잃고 극약을 마시고 스스로 목숨을 끊었다. 한 농민 운동가는 WTO 협상을 반대하며 시위 도중 자신의 왼쪽 가슴을 흉기로 찔렀다. 그는 세계 여러 나라에서 온 1만 여명의 시위대와 함께 WTO 각료회의 회의장 진입을 시도하다가 자살하였다.

➡ 연역적 구성으로 된 문단입니다. 중심문장인 첫 번째 문장을 중심으로 자살 유형의 전형적인 사례를 구체적인 예를 통해서 뒷받침하고 있습니다. 완결성이 잘 이루어진 문단의 예가 됩니다.

※ 참조: 완결성을 지키지 못한 글
☞ 뒷받침 문장이 충분하지 못한 글
☞ 같은 이야기가 반복되어 있는 글
☞ 이유가 제시되어 있지 않은 글

■ 일관성(一貫性)

일관성은 연속성과 매우 밀접한 관계에 있습니다. 하나의 단락을 이루는 여러 문장들은 서로 긴밀히 결합되어 일관된 질서와 논리에 맞아야 한다는 것입니다. 한 문장에서 다음 문장으로 매끄럽게 넘어가지 못하고 각 문장들이 똑똑 끊어져 있다는 느낌을 준다든가, 앞부분과 논리적 연관이 없는 문장이 돌출되는 것은 그 문단에 일관성이 결여되어 있기 때문입니다. 통일성이나 완결성이 결여되어 있으면 그 문단은 자연히 일관성을 잃게 됩니다. 그러나 완결성이나 통일성을 구비하고 있어도 일관성이 결여되는 경우도 있습니다.

문단별 전개 과정에서 각 뒷받침 문장들을 이어 갈 때도 일관성의 원리에 따라 문장을 전개함으로써 소주제를 효과적으로 드러낼 수 있습니다. 문단을 만들 때의 중요한 원칙인 일관성은 한 문단 내부에서도 지켜야 할 원칙이지만, 문단 상호 간의 연결 관계에서도 매우 중요합니다.

☞ 한 나라의 소프트 파워는 주로 세 가지 형태의 자원에 좌우된다. 즉 그 나라 문화, 정치적 가치관, 그리고 대외정책이 그것이다. 어느 나라의 문화가 보편적 가치를 지니고 또 제반정책을 통해 다른 나라들이 공유하는 가치와 이익을 증진시킨다면, 그 나라가 바람직한 성과를 얻을 가능성은 커지게 된다. 그런 문화가 만들어내는 매력과 의무 간의 연관성 때문이다. 편협한 가치와 지역에 한정된 문화는 소프트 파워를 생성하기 어렵다. 미국은 문화적 보편성 때문에 많은 이익을 본다. 독일 언론인 요세프 요페(Josef Joffe)는 미국의 소프트 파워가 경제적 · 군사적 자산보다 훨씬 더 크다고 주장했다. "저급이건 고급이건 미국의 문화는 로마제국 시대에 마지막으로 보았던 것처럼 맹렬한 기세로 퍼져나가고 있다. 그런데 미국의 문화는 로마제국 시대의 문화와는 다른 면을 갖고 있다. 로마와 소련의 문화적 영향력이 군사적 영역을 한 치도 벗어나지 못한 반면, 미국의 소프트 파워는 해가 지지 않는 거대한 제국을 지배하고 있다." 기업들도 "경쟁력의 핵심은 인력"이라는 인식이 퍼지면서 우수 인력 찾기에 총력을 기울이고 있다. 새로운 수요를 창출할 아이디어도, 혁신적인 비즈니스 모델도 결국 사람의 머리에서 나오기 때문이다. 한국 기업들이 가장 필요로 하는 인재상은 어학실력과 컴퓨터 활용능력은 물론, 다양한 실무능력까지 겸비한 인재라고 할 수 있다. 요즘 상당수 대기업은 필요한 인력을 '직무별'로 뽑는다. 자사 직무를 수행할 능력을 갖춘 '준비된 인재'를 선발한다는 의미다.

➡ 일관성이 결여된 문단의 예입니다. 앞부분은 소프트 파워를 좌우할 수 있는 세 가지 요소 중 문화에 관한 내용이고 뒷부분은 기업들의 인재 선발에 대한 인식을 다룬 내용입니다. 두 이야기는 서로 한 문단 안에서 양립할 수 없는 내용들이며 마땅히 글 전체의 맥락에 비추어 바람직하지 않은 부분을 삭제해야 합니다.

※ 참조: 일관성을 유지하는 데에는 다음의 세 가지 방법이 많이 쓰입니다.

_논술 · 면접 휘어잡기

☞ **접속어의 사용:** 접속어구를 써서 앞뒤 문장을 연결하면 앞문장에 대한 뒷문장의 관계를 밝혀 줄 수 있고, 뒷문장이 나아갈 방향을 예고하여 줄 수도 있습니다.

☞ **동일어의 반복:** 주로 그 문단의 핵심 어구를 거듭 사용하여 일관성을 유지하는 방법입니다. 똑같은 어구를 반복하는 경우도 있고, 같은 뜻을 지니는 동의어로 바꿔 표현하는 경우도 있습니다.

☞ **지시어의 사용:** 대개 지시대명사를 사용하여 앞서 나온 어구를 대신하는 방법입니다. 그러나 여기서 주의할 점은 지시어가 무엇을 가리키는지 모르게 되어서는 곤란하다는 것입니다.

■ 문단의 종류

형식문단: 하나의 생각을 완결되게 표현한 문단으로서 첫줄의 맨 앞 칸을 비우고 시작합니다.

내용문단: 줄을 바꾸지 않고 이어져 쓰인 문단입니다. 하나의 형식적인 문단속에 내용적으로 다른 문단이 있을 수 있습니다. 이것을 내용문단이라 합니다.

문단(단락)을 더 세분하면 다음과 같습니다.

· 주지(主旨) 단락: 글의 주제와 직접 관계되는 중심 단락

· 보조(補助) 단락: 주지 단락의 내용을 드러내기 위해 구성되는 보조적 기능의 단락

　㉠ 도입(導入) 단락: 글을 쓰는 목적, 과제 등을 제시하는 보조적 기능의 단락

　㉡ 전개(展開) 단락: 앞 단락의 내용을 보다 넓게 펼쳐가는 단락

　㉢ 요약(要約) 단락: 결론을 맺거나 글을 마무리하는 단락

　㉣ 전제(前提) 단락: 주장을 이끌어 내기 위한 논거 따위를 조건으로 제시하는 단락

　㉤ 상술(詳述) 단락: 앞 단락의 내용을 보다 자세히 풀어 말하는 단락

　㉥ 예시(例示) 단락: 예를 들어 보여 주는 단락

　㉦ 첨가(添加), 부연(敷衍) 단락: 앞에 진술된 내용을 보충하는 단락

　㉧ 연결(連結) 단락: 두 단락 사이의 내용을 자연스럽게 이어주는 단락

　㉨ 강조(强調) 단락: 내용을 특히 강조하기 위해 의도적으로 나누어 놓은 단락

■ 쓰는 과정

· **중심 내용 결정**: 그 문단에서 나타내고자 하는 중심 내용을 결정합니다.
· **중심 문장 쓰기**: 중심 내용을 나타낼 수 있는 문장으로서, 그 문단 전체를 포괄하는 내용을 짧고 간결한 문장으로 쓰면 됩니다.
· **뒷받침 문장 쓰기**: 중심 문장과 관련된 예시, 근거나 이유, 자세한 설명이나 구체적 사실 등을 기술합니다.
· **문단 완성**: 중심 문장을 어디에 놓을 것인가를 결정한 후(연역식 혹은 귀납식), 뒷받침하는 문장들을 적절한 순서로 배치하며, 알맞은 접속어를 써서 연결합니다.

☞ 사람들은 현재의 생활환경을 더욱더 나은 환경으로 개선하기 위해 많은 노력을 한다. 아파트가 몰려 있는 지역에서는 부녀회 등을 만들어서 화단에 나무와 꽃을 심는 일, 탁아소를 운영하는 일 등 여러 가지 생활 문제를 협의한다. 그리고 생활필수품을 공장에서 직접 공동 구입함으로써 생활비를 절약하기도 한다. 농어촌에서는 협동조합을 만들어 운영한다. 협동조합은 농산물이나 축산물, 수산물 등을 공동으로 내다 팔아 생산자가 손해를 입지 않도록 한다. 회사원들은 자신들의 근무 조건을 개선하고 권리를 보호하기 위하여 노동조합을 만들어 문제점을 서로 토의하여 해결해 나가기도 한다. ➡ (연역구성으로 완성된 문단)

06 창조적 사고력 연습

채점을 담당했던 교수들의 한결같은 지적은 수험생들의 사고가 획일적이고 단세포적이라는 점입니다. 자신의 독자적인 사고능력을 표출하기보다는 예상문제에 대한 답안을 암기하는 방법으로 논술에 대비하는 경우가 다반사인 만큼 이 같은 평가는 당연하다 할 것입니다. 학생들과 수업을 해보면 절실히 느끼는 사항인데 무엇에 대한 의견을 물어보면 대체로 묵묵부답이거나 가장 손쉽게 생각할 수 있는 진부한 의견 하나만을 즉흥적으로 대답하고 맙니다. 더 이상의 사고는 귀찮다는 표정입니다. 5지선다의 객관식 문제에 찌들어 학생들의 사고가 시멘트 덩어리처럼 굳어진 것을 그때마다 확인합니다. 대학에서 원하는 것은 그보다 훨씬 창조적이고 고차원적인 사고력입니다. 그것은 조직력, 종합력, 추리력, 창의력 등을 모두 포괄하는 개념입니다. 물론 논술의 핵심이라 할 수 있는 쟁점을 파악하는 능력, 그 쟁점에 대한 자신의 주장을 적절한 근거를 통해 증명하는 능력, 즉 문제를 해결하는 능력 등도 모두 사고력에 포함됩니다.

학생들은 일단 고등학교 전 학년 동안 내신과 수능에 온 힘을 기울여야 하는 입장입니다. 그래서 대학 측에서 요구하는 동서고금의 수준 높은 명저들을 꾸준히 읽고 정리하여 내면화하는 과정을 거치기란 현실적으로 매우 어려운 일임에 틀림없습니다. 입시철이 다가와서야 부랴부랴 논술을 준비하는 과정에서 논술참고서나 논술학원의 지침은 그야말로 금과옥조처럼 수험생의 뇌리에 자리잡게 될 것입니다. 전국의 많은 수험생들이 거기에 제시된 정형화된 방식에 기초하여 비슷한 예상 문제와 대처방식을 가지고 연습합니다. 그 결과 실제논술에서 학생 개개인의 독자적인 사고능력을 표출하기보다는 이미 제시된 모범답안의 사고과정을 그대로 답습할 수밖에 없는 것이 현실입니다. 그래서 대부분의 학생들은 비슷한 사고방향과 문장으로 비슷한 주장을 반복하며 지극히 당연하고 진부한 교훈조의 결론으로 끝을 냅니다.

이러한 논술은 결코 대학 측에서 원하는 답이 아닙니다. 채점을 담당했던 교수들의 한결같은 반응은 논술학원 등에서 익힌 획일화된 사고와 표현법, 논거에는 짜증난다는 것입니다. 그리고 점수를 심하게 깎습니다. 많은 대학에서 창조적인 사고력 항목이 배점 항목에서 가장 높은 비중을 차지합니다. 그러나 많은 학생들이 이 항목에서 기대에 미치지 못하여 불이익을 받습니다. 반면 창조적인 사고력을 전개하여 논술한 답안은 아주 좋은 점수를 받아 가장 심한 점수 편차를 보이는 항목이기도 합니다. 논술의 원래 목표가 논리적, 비판적, 창의적 사고를 평가함에 있음을 정확히 인식하고 이에 치중하는 수험생은 예외 없이 좋은 평가를 받을 수 있다는 얘기입니다. 논술 점수의 차이는 바로 이 창조적 사고력의 차이에서 옵니다.

일상에서의 열린 사고를 생활화하라

창조적 사고력을 배양하는 가장 좋은 방법은 일상에서의 열린 사고의 습관입니다. 기존의 당연한 것을 아무런 비판이나 의심 없이 그대로 받아들이지 말고, 고정관념과 구속에서 과감히 벗어나 다른 방법과 발상으로 변화시킬 수는 없는가에 끊임없이 머리를 굴려보는 것입니다. 비판정신과 일맥상통하는 개념입니다. 비판적인 생각과 열린 사고를 배양하기 위해서는 글이나 말, 사물, 현상을 액면 그대로 받아들이지 말고 되짚어 따져보는 습관이 필요합니다.

예를 들어 달걀을 품에 품고 이불 덥고 있으면 병아리가 나오지 않을까, 목장의 철사줄에 가시를 매어놓으면 안과 밖으로 더 안전하지 않을까, 교정 연못의 잉어를 옷핀 휘어서 밥풀 메달아 낚을 수는 없을까, 상대성 이론이 있으면 절대성 원리도 있을 터인데 그것은 어떤 걸까, 일제의 식민지배에 분노하기 전에 나라를 그 꼴로 만든 임금을 비롯한 위정자들에 대한 통렬한 욕설이 동일한 비중으로 선행되어야 마땅한 것이 아닌가, 삼국을 통일한 결과로 옛 고구려의 땅을 모두 중국에게 넘겨준 김유신 장군을 영웅이라 하는데, 그러면 이 나라를 통째로 일본에게 바친 친일파들은 만고의 영웅들이 아니겠는가, 어느 회사에서 그랬듯이 100원짜리 동전 하나로 할 수 있는 일 100가지를 적어본다든가 등등입니다. 비록 터무니없는 유치한 발상이라는 핀잔을 받을 지라도 이렇게 저렇게 달리 생각해보는 습관을 통해서 사고력은 배양되는 것입니다. 〈누가〉, 〈무엇이〉, 〈무엇을〉, 〈어떻게〉, 〈왜〉, 〈무엇으로〉 등의 의문사(疑問詞)를 사랑하라는 얘기입니다. 비판적인 열린 사고의 수준을 높이기 위해서는 독서의 양과 수준을 높여야 합니다.

독서의 양과 수준을 높여라

일상의 열린 사고는 독서와 병행되어야 합니다. 거미도 먹이를 먹어야 거미줄을 계속 뽑아낼 수 있고 누에고치도 뽕잎을 먹어야 고치실을 뽑아냅니다. 아무것도 들어가는 지식이 없는데 창조적 사고력이 뽑아져 나올 수는 없습니다. 동서양의 현인 · 문호들이 지은 고전 명저는 인류가 생산하고 축적한 열린 사고의 보고입니다. 인간과 사회, 역사,

자연에 대한 깊은 사색의 결과를 기록한 글들이 대부분이고 많은 상징과 비유, 지식이 그곳에 널려 있습니다. 또한 인간의 본성, 인간과 제도, 인간과 조직, 삶의 태도나 자세, 역사관 등이 곳곳마다 가득 차 있습니다. 그곳의 보석들을 가져다가 부지런히 갈고 닦아 나만의 다이아몬드를 가공해보시길 바랍니다. 실제 논술시험에 등장하는 많은 요소들이 바로 이 동서의 고전에서 출제되었음을 환기하시기 바랍니다. 또한 구체적인 예를 들어 설명하라는 경우가 많은데, 이에 대한 대비는 폭넓고 심층적인 독서를 통해 많은 배경지식을 쌓음으로써 확충할 수 있습니다.

쟁점을 정확히 짚어내고 연관되는 예를 생성하라

현재 이슈가 되는 쟁점이 무엇인가를 짚어내는 훈련도 필요합니다. 무엇에 대한 이야기인가, 무엇에 대한 대립각이 벌어지고 있는가, 찬반양론의 차이점은 무엇인가, 찬반양론의 공통점은 무엇이며 기본 전제에 차이가 있는가 없는가, 그 현상의 원인은 무엇인가, 기본적으로 인정할 점은 무엇이고 비판할 점은 무엇인가, 두 해결방안의 차이는 무엇인가 등을 제시문을 통해 정확하게 짚어내는 것은 논술시험의 가장 중요한 열쇠가 됩니다. 이와 관련하여 해결책을 제시하고 그 근거까지 마련하는 훈련도 필요합니다.

삶을 사랑하라

창조적인 사고를 기르기 위해서는 삶에 대한 적극적인 자세가 무엇보다도 필요합니다. 마지못해 사는 사람은 더 이상 깊게 생각하지 않습니다. 나와 가족을 사랑하고, 내 주변의 사물들을 사랑하고, 자연을 사랑하고, 주변의 친구들과 이웃을 사랑하고, 나의 작은 힘을 보태 이 사회를 더 나은 사회로 발전시키려는 열망이 있을 때 적극적인 삶의 태도가 형성됩니다. 그리고 적극적으로 사고하게 되는 것입니다.

나무를 보지 말고 숲을 보라

구조적 사고를 지닌 사람은 나무를 보기보다 숲 전체를 바라볼 줄 아는 사람입니다. 수없이 헝클어진 담쟁이 줄기도 그 근원을 따지고 들어가면 한 뿌리인 것입니다. 헝클어진 담쟁이 줄기에 현혹되어 이리저리 헤매는 사람은 창조적 · 구조적 사고와 거리가 먼 사람입니다. 복잡한 것은 간단하게 풀어야 됩니다. 다음 제시문은 실제 논술시험 못지않게 고난도 계산이 필요한 글입니다. 여러분에게 꿈과 희망, 그리고 세상을 전혀 색다르게 바라볼 수 있는 명문장이 있기에 여기에 옮겼습니다.

〈논제〉 다음 제시문의 주제를 말하고 글의 내용에 대해 비판적 관점을 제시하시오. 그리고 그 글에 관한 자신의 생각을 개진하시오.

〈유의사항〉 답안을 3문장, 100자 내외로 쓰시오.

〈제시문〉

안녕하세요. 여러분에게 좋은 정보를 드리고자 합니다. 읽어도 손해 보지 않습니다. 한 번만 보세요. 5분!!! 5분 동안 꼼꼼하게 읽어보세요. 돈 버는 사이트 같은 거 절대아님!!! 확실하게 추천합니다. 저도 여러분과 마찬가지로 이런 걸 하는 사람은 한심한 사람이라고 생각한 사람이었습니다. 그런데 갑자기 돈이 필요해서 다급한 나머지 이걸 한번 해보자 밑져야 손해볼 건 없겠다싶어서 무작정 (절대적으로) 시작하게 된 것이……허걱……! 이게 무슨 일입니까? 정말로 생각지도 못한 돈들이 제 통장으로 쏙~쏙~들어오는 것 아닙니까!

〈중략〉

우리나라 인터넷 인구가 2천만이 육박합니다.(더군다나 계속 늘어날 전망) 2천만 * 1,000원 = 200억…… 억… 더 이상 설명은 안 드리겠습니다. 현재는 극소수만이 합법적으로 이일을 하고 있다는 것을 아시기 바랄 뿐입니다. 로또만큼 엄청난 인생을 맞은 사람. 얼마 전 이메일을 받고. 신뢰성도 있고, 로또만큼 효과도 있는 프로그램 같아 추천합니다. 얼마 전, 신문에서 본 것과 어느 정도에 확률을 보고 시작했습니다.

〈중략〉

　아래와 같은 방법으로 5명에게 2,000원씩을 보내고 저는 직장을 마치고 오면 저녁에 2시간씩 메일을 보냈습니다. 그리고 지금은 20일이 조금 넘었죠. 그런데……어제가 월급날이라 통장을 찍어보는데 이게 뭡니까? 아직 그런 돈을 한 번에 만져본 적이 없는 저는 기분이 이상했습니다. 좋기도 했지만. 열심히 해도 월급이 얼마 안 되는데……이런 것도 있구나! 자그만치 980만원이 들어와 있었습니다. 3달만 하면 아래에 사람처럼 저도 여유 있는 생활이 가능할거라 믿으면서……다시 시작합니다. 잘 읽어보시고. 한번 도전해보세요. 저처럼 말입니다. 지금부터 제 메일에 적인 몇 가지를 얘기해 드립니다. 잘 읽어보십시오.

　만원의 투자로 16억을??? 꼭 끝까지 읽어 보셔야 합니다. 하지만 거금에 욕심부리지는 마세요. 우연하게 모 사이트에서 인터넷금융조직을 알게 되었는데 법적으로 문제가 있지 않나 생각되어 선배 변호사나 친구들에게 물어봤지만 법적으로 아무런 문제가 없음을 먼저 보장합니다. 글 끝에 경험담과 증거 글들 실려 있습니다. *그럼 지금부터 그 방법을 가르쳐 드리죠*

　저는 전에 돈에 쪼들리면서 대출을 알아보고 있었습니다. 사이트를 항해하던 도중에 제목은 돈 벌자라고 쓰인 웹사이트를 봤는데 모두 영자라서 읽지를 못했죠. 형편이 어려운 저에게는 솔깃한 이야기였습니다. 저는 친구에게 번역 프로그램을 빌어서 번역을 했습니다. 그리고 적혀져 있는 방법대로 따라 했습니다. 5명에게 2,000원씩을 보내고……그 후 저는 꿈인 줄 알았습니다. 3개월 정도 뒤에 통장을 열어보니 통장에는 대략 800,000,000원이 좀 넘는 엄청난 돈이 들어와 있었습니다. ^^; 저는 진 빚 청산하고 지금은 여유롭게 살고 있습니다. 정말 기뻤지만 그런데 이것이 불법이 아닐까? 하는 생각이 순간 머리를 때렸습니다. 그래서 선배변호사에게 물어 보았죠. 그런데 다행히 위법은 아니라고 하더군요 (미 우편복권법 18조 1302에서 1342항에 따라) 님도 이런 생활을 원하시면 지금부터 눈 부릅뜨고 보십시오. −자 이제 시작해 볼까요?^^

<중략>

1) 당신이 1500통을 보내면, 15명 정도가 2000원을 보냅니다. → 30,000원

2) 그 15명이 각각 1500통의 편지를 보내면, 225명이 당신께 2,000원씩 보냅니다. → 450,000원

3) 그 225명이 각각 1,500통의 편지를 보내면, 3,375명이 당신께 2,000원씩 보냅니다. → 6,750,000원

4) 그 3,375명이 각각 1,500통의 편지를 보내면, 50,625명이 당신께 2,000원씩 보냅니다. → 101,250,000원

5) 그 50,625명이 각각 1,500통의 편지를 보내면, 759,375명이 당신께 2,000원씩 보냅니다. → 1,518,750,000원

* 이 시점에서 당신의 명단이 편지에서 사라집니다. (당신의 명단이 점점 위로 올라가서 사라지기 때문이죠) 그러나 위에 있는 모든 돈을 더하면 당신이 받는 돈은

★약 십육억 이천칠백이십삼만 원……!엄청나죠?<중략>

중요 POINT: 5인에게 돈 보냈기 때문에 인터넷 금융기관으로 인정, 법적으로 아무 문제없음. 시작하시려면 먼저 반드시 최초 5인에게 돈을 입금하셔야 합니다. 안 그러면 범법 행위죠.. 명심하십시오. 이건 절대 위법이 아닌 합법적인 금융 행위입니다. 1500명한테 보내면 회답 율이 1%라고 하면 그 15명이 또 1,500명에게 편지를 … 즉, 15X15X15X15X15=759,375명이 2,000원씩 자신에게 보내는 것입니다 그렇게 5번을 거쳐 자신의 이름이 맨 첫 번째가 되어서 사라지면 약 팔 억을 버는 겁니다. 1,500통에 16억이면 1통에 100여만 원이란 말입니다. (물론 3개월 정도 기다리는 시간이 필요함) 아무튼 소자본 투자에 믿을 수 없는 굉장한 수익을 보장하는 이 프로그램의 E-MAIL LIST에 초대합니다. 이론에 불과하다고요? 물론 이론입니다. 하지만 앞에서 말했듯이 인터넷인구 2천만이 넘는 인구 중 1%만 응답하면 20만이지요. 그중에도 절반정도가 이미 접했다고 칩시다.. 그래도 10만 명 정도인데 이 10만 명이 각각 2000원씩 보내면 2억이라는 거금이 됩니다.. 구미가 당기지 않으세요? 당신이 만약 지금까지의 이

_논술 · 면접 휘어잡기

가독성(可讀性)이 순편한 듯하면서도 읽어볼수록 머리가 아파지는 제시문입니다. 글자단위로 끊어서 정밀분석을 요하고 있을 뿐만 아니라 수학공식 하나마다 엄밀한 검증을 거쳐야 하기 때문입니다. 자 이처럼 난해한 글에 대해 주제나 비판점, 자신의 의견을 밝힐 때에 가장 효과적인 방법이 바로 나무를 보지 말고 숲을 보는 것입니다. 그러한 방법에 의한 만점짜리 답안이 있어 공개합니다.

답1) 돈 많이 벌어 행복하게 살자.

답2) 그 계산법이 초등생 산수냐? 이성적인 인간들의 현실세계 계산법이냐?

답3) 그런 글은 보이는 족족 삭제해야 한다.

숲을 보지 말고 나무를 보라

위의 항목에서 나무를 보지 말고 숲을 보라고 했습니다. 그러나 모든 글을 그처럼 읽어나가라는 것은 아닙니다. 숲을 봐야 하는 글이 따로 있고, 나무를 봐야 하는 글이 따로 있는 것입니다. 두 개의 쟁점이 첨예하게 대립되어 각을 세우고 있는 글을 읽을 때, 기본적인 전제는 같지만 어디에서부터인지 어긋나기 시작한 글을 읽을 때, 대상에 대한 관점이 다른 글을 읽을 때, 말하는 주체가 다름으로써 똑 같은 이야기를 달리 이야기 할 때 등이 이에 해당됩니다. 대체로 논제에 이미 어떤 것을 유의해서 보라는 힌트를 줍니다만 그것이 없어도 척 보면 나무를 봐야 하는지, 숲을 봐야 하는지 감을 잡을 정도로 많은 글들을 읽어보는 것이 중요합니다.

다음 글은 1998년 연세대학교 인문대 논술시험입니다. 숲을 보지 말고 나무를 봐야하는 읽기의 한 예를 보여주고 있습니다.

　　다음 제시문은 조선 후기 실학자들과 김구 선생의 글이다. 최근 들어 경제 발전에는 경제적 요소만이 아니라 사회 문화적 요소들도 중요 한 작용을 하는 것으로 강조되고 있다. 이러한 관점에서 제시문에 나타난 견해들이 서로 어떻게 결합되는가를 밝히고, 이를 바탕으로 오늘의 우리 상황을 구체적으로 분석하여 자신의 견해를 서술하시오.

〈제시문〉

(가) 옛날에는 사치가 욕심에서 생겼는데, 후세에 와서는 사치가 풍속에서 생기고 욕심이 사치에서 생겼다. 『서경』에 "하늘이 사람을 낳았는데 누구나 욕심이 있다"고 했다. 욕심이란 눈, 코, 귀, 입, 사지의 바라는 바를 가리키는 것으로 이 모두를 끊어 버릴 수는 없는 것이므로 재물에 의존하지 않고 살아갈 수는 없다. 그래서 옛 습관을 따르다 보면, 혹 분수에 지나쳐서 사치에 빠지기도 한다. 그런데 지금은 그렇지 않아서 자신의 수레나 말, 의복이나 집, 음식 등이 다른 사람만 못하면 크게 부끄러워하지 않는 사람이 없으니, 자기 자신은 아무것도 없으면서 겉치레에 급급하여 오직 다른 사람만 못할까 두려워한다. 가난한 선비가 집에서는 채소를 먹다가도 다른 사람을 대하면 성찬을 차려 내는 것이나, 또 가난한 집 여자가 집에 있을 때는 때묻은 옷을 입고 있다가도 손님을 맞이하면 성대하게 화장하는 것은 모두 겉치레에 힘쓰는 풍속이다.

　　지금 세상에서는 바야흐로 문벌을 숭상하여, 높은 벼슬아치의 자식들은 반드시 높은 벼슬아치가 되고, 재산으로 교만을 부리는 집에서 태어나면 죽어서도 재산으로 교만을 부리니, 이런 상황이 점점 심해져도 스스로 깨지 못한다. 비록 토지는 없고 녹봉도 없는 집안이라도 질박하고 검소한 것을 꺼려, 죽어도 이런 집과 더불어 사귀고 혼인을 맺어 반드시 그들에 게 기대려고 하니, 이렇게 하지 않으면 사람들이 비웃는다.

사치는 반드시 재물이 있어야 하기 때문에 재물이 부족하면 온갖 계책으로 구하니, 거기에서 불의라는 것은 생각하지 않는다. 이러므로 사치는 풍속에서 생기고, 욕심은 사치에서 생긴다고 말하는 것이다. (중략)

나라가 믿고 의지하는 것은 백성이고, 백성이 믿고 의지하는 것은 재물이다. 재물을 풍족하게 하려면 탐욕을 없애는 일만한 것이 없고, 탐욕을 그 치게 하는 데는 검소함을 숭상하는 일보다 나은 것이 없다. 검소함을 숭상하는 길은 또 어디에 있는가? 현명한 사람을 먼저 등용하고, 문벌을 가리지 말며, 재물을 만드는 일의 어려움을 알게 해 주는 것이다. 내가 일찍 이 절을 지나가다가 종이 만드는 일이 매우 어렵고 힘든 것을 보았다. 이 후로는 종이를 쓸 때면 반드시 그 어려움을 생각한다. 종이 만드는 일이 이럴진대 하물며 농사짓는 일이나 베 짜는 일이야 어떻겠는가?　　　　　　　　　　　－ 이익의 『성호사설』에서

무릇 나라를 잘 다스리는 사람은 근본을 밝히는 것이지 말단을 다스리는 것이 아니기 때문에 일은 줄어들고 성과는 큽니다. 지금 얘기하는 사람치고 "사치가 나날이 심해진다"고 하지 않는 사람이 없으나, 제가 보기에 는 그 근본을 모르는 말입니다. 대체로 보아서 다른 나라는 정말로 사치 때문에 망했으나, 우리나라는 검소함으로써 쇠약해졌습니다.

왜 그러냐 하면, 무늬 있는 비단옷을 입지 않으니 나라 안에 비단 짜는 기계가 없고, 그렇게 되니 여공(길쌈이나 베짜기 등의 일)이 없어졌습니다. 그리고 음악을 숭상하지 않으니, 오음과 육률이 화합하지 못합니다. 물이 새는 배를 타고, 씻기지도 않은 말을 타며, 이지러진 그릇에 밥을 먹고, 흙먼지 나는 방에서 거처하니, 물건 만드는 일이나 목축업 또는 질그릇 굽는 일이 모두 없어졌습니다. 그리고 농사가 황폐해져 그 법을 잃었고, 장사는 이익이 적어서 그 업을 잃었습니다. 모든 백성이 다 곤궁하여 서로 도울 수 없게 되니, <u>저들 가난한 사람들을 비록 매일같이 사치하라고 다그쳐도</u> 그렇게 될 수가 없습니다. 지금 예를 거행하는 대궐의 뜰에 거적을 깔았고, 동서 대궐문을 지키는 <u>위병은 무명옷을 입고 새끼줄을 매고</u> 있으니, 신은 이것이 진실로 부끄럽습니다.

여기에 대한 계책은 생각하지 않으면서, 도리어 일반인의 집 대문이 높으면 헐어 버리고, 가죽신을 신은 평민은 잡아가며, 말몰이꾼이 좋은 방한모를 쓴 것을 좋아하지 않으니, 이것은 말단만을 다스리는 것이 아닙니까?

박제가의 『북학의』에서

(나) 백성들은 작은 의견은 이해관계로 결정되거니와, 큰 의견은 그 국민성과 신앙과 철학으로 결정된다. 여기서 문화와 교육의 중요성이 생긴다. 국민성을 보존하는 것이나 수정하고 향상하는 것이 문화와 교육의 힘이 요, 산업의 방향도 문화와 교육으로 결정됨이 큰 까닭이다. 교육이란 결코 생활의 기술을 가르치는 것만을 의미하는 것이 아니다. 교육의 기초가 되 는 것은 우주와 인생과 정치에 대한 철학이다. 어떠한 철학의 기초 위에, 어떠한 생활의 기술을 가르치는 것이 곧 국민 교육이다. 그러므로 좋은 민주주의의 정치는 좋은 교육에서 시작될 것이다. 건전한 철학의 기초 위 에 서지 아니한 지식과 기술의 교육은 그 개인과 그를 포함한 국가에 해 가 된다. 인류 전체를 보아도 그러하다. (중략)

나는 우리 나라가 세계에서 가장 아름다운 나라가 되기를 원한다. 가장 부강한 나라가 되기를 원하는 것은 아니다. 내가 남의 침략에 가슴이 아 팠으니, 내 나라가 남을 침략하는 것을 원치 아니한다. 우리의 부력(富力) 은 우리의 생활을 풍족히 할 만하고, 우리의 강력은 남의 침략을 막을 만하면 족하다. 오직 한없이 가지고 싶은 것은 높은 문화의 힘이다. 문화의 힘은 우리 자신을 행복되게 하고 나아가서 남에게 행복을 주겠기 때문이 다. 지금 인류에게 부족한 것은 무력도 아니요, 경제력도 아니다. 자연 과 학의 힘은 아무리 많아도 좋으나 인류 전체로 보면 현재의 자연 과학만 가지고도 편안히 살아가기에 넉넉하다.

인류가 현재에 불행한 근본 이유는 인의(仁義)가 부족하고, 자비가 부족하고, 사랑이 부족한 때문이다. 이 마음만 발달이 되면 현재의 물질력으로 20억이 다 편안히 살아갈 수 있을 것이다. 인류의 이 정신을 배양하는 것은 오직 문화이다. 나는 우리 나라가 남의 것을 모방하는 나라가 되지 말고, 이러한 높고, 새로운 문화의 근원이 되고, 목표가 되고, 모범이 되기를 원한다. 그래서 진정한 세계의

　피상적인 독해에 의하면 (가)의 두 글의 주장은 서로 상반됩니다. 과거에는 사치하는 것이 개인적인 욕심과 욕망에서 비롯되었는데, 현재의 사치하는 것은 제도화되고 풍속으로 굳어져 사람들이 재물을 구함에 있어 불의도 불사한다는 것이 이익의 생각입니다. 그래서 탐욕을 없애고 검소함을 숭상해야 한다는 것으로 결론을 맺고 있는 것입니다. 반면 박제가는 현재의 검소함으로 인해 조선은 쇠약해졌음을 밝히고 있습니다. 소비를 하지 않으니 물건 만들 일이 없어져 모두가 곤궁에 빠져버린 현실을 개탄하고 있는 것입니다.

　반면 (나)의 글은 다소 엉뚱한 이야기입니다. 인류가 현재 불행한 이유가 인의(仁義), 자비, 사랑이 부족하기 때문이며 이것만 해결되면 인류는 행복할 것이라는 점, 그런데 이 정신을 배양하는 것은 오직 문화이며 우리나라가 높은 문화를 가진 나라가 되기를 바란다는 것, 그래서 정치양식의 건립과 국민교육의 완비가 필요하다는 요지의 글입니다.

　(가)의 글의 두 관점과 (나)의 글은 이렇게 겉돌고 있는 것처럼 보입니다. 여기에서 나무를 찾는 것이 수험생의 임무입니다. 먼저 (가)글의 말하는 대상을 찾는 것입니다. 이익

의 글은 사대부를 비롯한 상류층 사람들을 대상으로 한 말입니다. 밑줄 그은 말들은 모두 그들과 관계된 것들입니다. 높은 벼슬아치나 재산이 많은 상류층 사람들뿐만 아니라 가난한 선비들까지도 사치에 힘을 기울이는 현세태를 비판하고 있는 것이지요. 반면 박제가의 대상은 평민 이하의 백성들입니다. 밑줄 그은 말들을 눈여겨보면 모두 일반 백성들과 관련이 있음을 알 수 있습니다. 두 사람의 글을 대비해보면 상류층 사람들은 사치해서 골병들고 일반 백성들은 사치를 하지 않아서 피폐해졌다는 얘기로 요약됩니다.

문제는 (나)의 글입니다. (가)의 글과 연관지을 수 있는 사회, 문화적인 관념을 찾아 결합시키라는 것이 논제입니다. (나) 글의 핵심어는 인의(仁義), 자비, 사랑, 문화이며 가장 중요한 핵심어는 '문화'입니다. 현재 고등학교 교과서에서도 이 부분의 핵심어는 '문화' 입니다. 단지 어떠한 문화인가가 문제가 됩니다. 바로 인의(仁義)의 문화, 자비의 문화, 사랑의 문화가 되겠지요. 그렇다면 상류층 사람들과 일반 백성들 사이의 인의(仁義)의 문화, 자비의 문화, 사랑의 문화라는 연결고리가 만들어지게 됩니다. 윗사람들과 아랫사람들이 인의와 자비, 사랑으로 조화를 이루는 문화가 정답이 되겠습니다. 그리하여 윗사람들은 아랫사람들을 자비와 사랑으로 보살피고 아랫사람들은 윗사람들을 인의와 사랑으로 보필하는 조화로운 사회를 상정할 수 있습니다. 상류층 사람들의 적당한 사치(이 모두를 끊어 버릴 수는 없는 것이므로 재물에 의존하지 않고 살아갈 수는 없다는 구절 참조)와 일반 백성들의 적당한 사치의 허용이라는 답이 바로 그것입니다. 그럼으로써 백성들은 각자 부지런히 물건을 만들고 유통시켜 부(富)를 이룰 것이며 국가의 경제상황은 호전될 것이라는 점을 도출하면 되겠습니다.

_논술·면접 휘어잡기

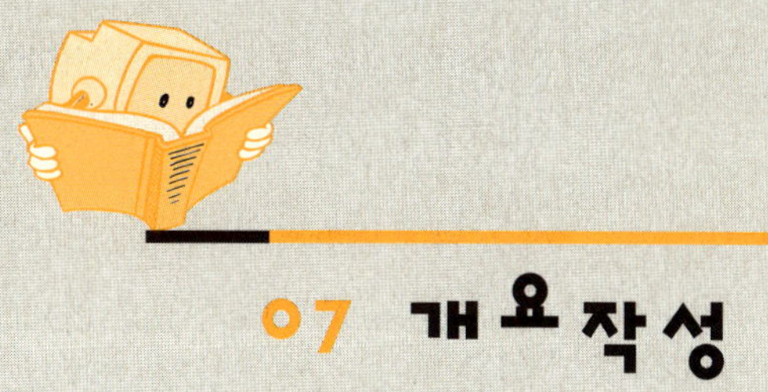

07 개요 작성

개요 작성의 필요성

어느 정도 규모가 있는 집을 지을 때 설계도도 없이 목수의 머릿속에 든 개략적인 구상만으로 짓는다면 그것은 대단히 무모한 일이 될 것입니다. 글을 쓸 때에도 마찬가지입니다. 글에 대한 전체적인 구상이 없이 써내려가다가는 처음 의도했던 생각으로부터 어긋나기 십상일 것입니다. 주제 및 소재, 제재, 글의 구성 등을 일목요연하게 정리하고 구상한 후에 글을 써야만 글이 일관성, 통일성을 유지하게 되는 것입니다. 이처럼 쓰고자 하는 글에 대한 구체적이고 명확한 구상의 결과물이 바로 개요(概要)입니다.

글을 체계적으로 서술하기 위해서는 반드시 개요를 작성해야 합니다. 손쉽게 쓸 수 있는 짧은 글에서는 머릿속에서 대충 글의 개요를 생각한 다음 바로 원고지에 본문을 작성할 수도 있습니다. 그러나 논술은 결코 짧은 글이라고는 할 수 없습니다. 그래서 개요를 작성하지 않으면 낭패를 볼 수 있습니다. 예를 들면 꼭 들어가야 할 내용이 빠질 수도 있고, 논거로서 타당하지 않은 내용이 들어갈 수도 있으며, 또 글의 앞뒤 순서가 뒤바뀐 경우도 있을 수 있습니다. 이럴 경우 대부분의 대학에서 논술 시험에 연필 사용을 금하고 있기 때문에 볼펜으로 원고지 교정 부호를 사용하여 고쳐야 하는데, 번거로울 뿐만 아니라 원고지가 너무 지저분하게 될 것입니다. 처음에는 개요를 작성하는 것이 번거롭고 귀찮게 느껴질 수도 있습니다. 그러나 서너 번 정도 개요를 작성하면서 글을 쓰는 연습을 하다 보면 곧 익숙하게 되며 나중에는 개요를 작성하는 것이 훨씬 편하고 경제적이라는 것을 알게 될 것입니다.

무엇보다 개요를 작성하게 되면 논술이 자기가 원래 의도했던 방향에서 벗어나는 것을 막아 줍니다. 또 글의 구성을 한눈에 보여 줌으로써 글의 통일성, 응집성을 높여 주는 장점도 있습니다. 따라서 대입 논술에서 큰 실수를 하지 않기 위해서는 꼭 개요가 필요합니다. 개요를 작성하는 시간은 넉넉하고 충분하게 잡는 것이 좋습니다. 주어진 시간의 절반에 가까운 충분한 시간 속에서 완벽한 개요를 짜내고 거기에 조금씩의 수식만 갖다 붙이면 한편의 논술이 완성되게끔 작성해야 됩니다.

1. 개요작성의 순서는 실제 완성된 글의 순서와 반대입니다. 즉 결론 – 본론 – 서론의 순서대로 작성하게 됩니다. 왜 이렇게 되느냐면 논술의 가장 핵심은 의견, 주장입니다. 이것이 분명히 나타나는 부분은 결론이며, 나타내고자 하는 가장 중요한 생각을 먼저 도출해야만 그에 해당하는 이유나 근거가 마련되기 때문입니다. 결론의 이유나 근거의 내용이 바로 본론입니다. 그래서 두 번째로 작성하게 됩니다. 마지막으로 서론의 개요를 작성합니다. 참고로 개요를 작성하기 위한 별도의 용지를 주지는 않습니다. 제시문 용지의 여백이나 수험표 뒷면 등을 사용하시면 됩니다. 개요작성의 순서는 다음과 같습니다.

2. 먼저 출제자의 의도와 응답하기를 원하는 핵심내용이 무엇인가를 분석합니다. 많은 학생들이 출제자가 무엇을 묻고 있는지도 모른 채 주관적으로 대충 파악한 자신만의 정답을 논술하는 경우가 많다고 합니다. 이럴 경우 아무리 알찬 답안을 작성했더라도 점수를 제대로 받을 수 없습니다. 남의 다리를 긁었기 때문입니다. 논제를 단어단위로 끊어서 정독해야 하며, 번호를 먹여가며 문제의 개수를 파악해야 합니다. 제시문에 대한 심층적인 분석도 반드시 선행되어야 할 필수적인 항목입니다.

3. 논제파악이 끝난 뒤에는 자신의 응답 내용이 어떠한 방향으로 갈 것인가를 정합니다. 그리고 그 핵심 내용을 정리해서 하나의 문장으로 나타냅니다. 그것이 곧 주제문이며 결론부분의 핵심내용이 되기도 합니다. 그리고 주제문, 출제 의도, 요구 사항 등에 유의하면서 떠오르는 생각들을 자유연상 방법으로 서술해봅니다. 주제와 관계없는 자유연상은 시간낭비일 뿐이므로 유의해야 합니다. 많은 생각 중에서 본론부분에 위치해야 할 중요한 내용 몇 개를 선정하고 나중에 글로 완성시켰을 때의 일관성, 통일성, 글의 연결 등을 고려하며 순서대로 배치합니다. 그 몇 개의 중요 내용 하나하나에 이들을 뒷받침해줄 생각들을 하위단위로 예속시킵니다. 나중에 이들이 하나의 독립된 문단이 됩니다. 그리고 어떤 예를 들지도 생각해서 메모해 둡니다.

4. 서론을 시작하는 말도 아울러 도출해냅니다. 먼저 출제자의 의도나 논제의 쟁점과 관련된 생각을 떠올려봅니다. 속담, 자신의 경험담, 단어나 개념의 정의(定義), 현 사회에서 이슈가 되는 문제 등등에서 가장 적절한 것을 생각해냅니다. 이것으로써 서론의 들어가는 말을 삼으면 됩니다. 이때 핵심어구로 서술해도 상관없지만 완결된 문장의 형태로 메모하는 것이 더 좋습니다. 개요만 보고도 바로 글을 써 내려갈 수 있을 정도로 상세하게 작성하는 것이 필수입니다. 개요는 남에게 보여 주기 위한 것이 아니니까 깨끗하게 정자로 쓸 필요는 없으며, 자신만 알아볼 수 있으면 됩니다.

5. 그 다음에 연관된 내용을 묶어서 문단을 구성하는 단계입니다. 이 단계에서는 서로 연관된 내용이나 중복된 내용을 묶거나 삭제함으로써 문단을 구성하면 됩니다. 이때 본론을 몇 문단으로 구성할지도 결정합니다. 대체로 대입논술의 구성은 3단구성과 4단구성입니다. 서론 없이 작성하라는 예외적인 지침이 따로 주어진다면 2단구성이 되기도 합니다. 3단 구성일 경우에도 본론1, 본론2, 등으로 나누어 각각 한두 개의 문단을 배치하는 수도 있습니다. 이 모든 결정은 오로지 수험생 본인의 몫입니다. 그리고 이때에는 제일 중요한 논거나 내용을 본론의 첫 문단으로 내세우는 것이 논지 전개상 유리합니다.

6. 글자수를 배분합니다. 이때 수학적 공식에 의한 딱딱한 배분까지는 필요 없습니다. 논술의 가장 중요한 부분은 본론이며 본론의 비중이 60-70%를 차지하게 만들면 됩니다. 나머지로 서론과 본론을 균등히 나누어 채우면 됩니다. 원고지에 연필 등으로 희미하게 각 부분이 차지하는 위치를 표시해 두고 글을 써나가면 편리합니다. 글을 써 나가다가 부족하거나 넘치는 경우 이에 대처하는 방법은 간단합니다. 예시나 부연 상술 부분 등 덜 중요한 것을 삭제하거나 넣는 방법을 통해서 해결하면 됩니다.

7. 개요가 끝나고 글을 쓰는 도중에 문득 좋은 생각이 나더라도 원래의 개요를 바꾸지 않는 것이 좋습니다. 글의 일관성과 통일성을 해치게 되는 결과를 초래할 수 있기 때문입니다. 정 버리기 싫을 정도로 중요한 생각이라면 전체 개요의 틀을 다시 짜

야 합니다. 그리고 그것을 전체 속에서 위치해야 할 장소 및 글의 맥락 등을 정확히 확인한 후에 집어넣습니다.

개요의 종류

■ **화제 개요**: 각 단계별로 중요 내용을 문장이 아닌 핵심어구만을 사용하여 작성하는 개요를 말합니다. 간단하고, 쉽게 다룰 수 있으며, 넓은 내용을 다룰 수 있고, 개요 작성의 시간이 짧습니다. 그래서 짧은 글이거나 구조가 단순한 글, 내가 익히 아는 내용의 개요를 짤 때 주로 사용합니다. 예를 들면 200~300자 정도의 짧은 글로 요약하라는 논제에 적합한 개요작성 유형입니다. 그러나 내가 잘 알지 못하고 논리의 흐름이 복잡한 글에서는 시간이 지난 후에 글로 연결하는 과정에서 막히는 경우가 생길 수 있습니다.

■ **문장 개요**: 각 단계별로 중요 내용을 주어와 서술어를 갖춘 완전한 문장 형식으로 정리하는 개요입니다. 글의 구조나 주제가 복잡하거나, 어려운 분야의 것이어서 어구만으로는 명확하고 구체적인 진술을 하기 곤란할 때 주로 사용합니다. 화제 개요 보다는 자세하다는 장점이 있지만, 완전한 문장으로 작성하는 만큼 많은 시간이 소요되며 순간적으로 떠오르는 좋은 생각들을 다 소화시키지 못한다는 단점이 있습니다. 논술에서 수험생들이 사용해야 하는 개요입니다.

개요 작성의 방법

1) 서론: 논점 제시
① 접근단계: 논제와 관련된 속담, 일화, 명제, 경구, 사건 등을 언급함으로써 관심 유발
② 논점제시: 앞으로 전개될 내용의 핵심 쟁점 소개
③ 배경자료: 전개될 내용의 의의 및 집필 동기와 방향 제시. 용어의 개념 정리 및 문제의 현황 설명

2) 본론: 주장의 전개

① 핵심쟁점1: 주장 및 견해 제시

　ⓐ 주장하고 논거를 제시하여 입증 1

　ⓑ 주장하고 논거를 제시하여 입증 2

　② 핵심쟁점2: 주장 및 견해 제시

　ⓐ 주장하고 논거를 제시하여 입증 1

　ⓑ 주장하고 논거를 제시하여 입증 2

③ 핵심쟁점3: 주장 및 견해 제시

　ⓐ 주장하고 논거를 제시하여 입증 1

　ⓑ 주장하고 논거를 제시하여 입증 2

　ⓒ 주장하고 논거를 제시하여 입증 3

④ 예상되는 반론의 부분적 수용 및 격파: 객관성 및 공정성 확보, 주장의 신뢰성 획득.

⑤ 해결방안: 해결 방안의 구체화 및 그 유효성 제시

3) 결론: 요약 및 강조

① 논점확인: 서론의 논점을 확인하고 응답하는 형식. 단순 반복은 금물

② 본론요약: 본론의 내용 요약. 단순반복이 아니라 새로운 차원으로 승화시켜 요약함.

③ 강조, 제언, 전망: 향후 전망, 구체적 행동 촉구, 새로운 과제 제시.

〈문장개요의 예〉

주제문: 현대사회에서 고립성과 단절성을 극복하기 위해 이기적 개인주의를 지양하고
　　　공동체적 삶을 활성화해야 한다.

Ⅰ. 서론: 고립성과 단절성은 현대 사회가 풀어야 할 중요한 과제이다.

　　⑴ 현대인들은 이웃에 대한 관심이 적다

　　⑵ 고립성과 단절성은 현대사회의 암울한 특성이다.

Ⅱ. 본론: 이기적 개인주의로 인해 인간은 서로 고립되어 외로움을 느낀다.

　　⑴ 현대인들은 사회적 연대감이나 공동체성을 상실하여 단절을 느끼며 외로워
　　　한다.

_논술 · 면접 휘어잡기

(2) 고립성과 단절성의 원인은 현대인들의 이기적 개인주의이다.

(3) 고립성과 단절성의 원인은 현대 사회의 도시화, 기계화, 대중화이다.

Ⅲ. **결론:** 단절성과 고립성을 벗어나기 위해 개인과 사회가 노력해야 한다.

(1) 개인주의에서 벗어나 상호간 유대감을 확대하려는 개인들의 사고의 전환이 필요하다.

(2) 사회적 연대감의 증대와 다양한 공동체의 활성화가 필요하다.

주제문: 진정한 자유에는 책임이 뒤따른다.

Ⅰ. **서론:** 자유에는 항상 책임이라는 조건이 뒤따른다.

(1) 인간의 기본권인 표현의 자유는 보장되어야 한다.

(2) 표현의 자유에는 책임이 뒤따른다.

Ⅱ. **본론**

1: 표현의 자유와 사회규범 사이에 갈등이 일어나고 있다.

(1) 다자간 통신매체가 대중적, 민주적 시대의 도래를 이끌어내고 있다.

(2) 다자간 통신매체가 악의적인 사람들에 의해 훼손되고 있다.

(3) 소설은 완전한 표현의 자유를 얻어야 한다.

(4) 소설의 예술적 표현이 사회 전반에 혼란을 불러일으킬 수 있다.

2: 다자간 통신매체에 악영향을 미치는 이들에 대해 책임을 물어야 한다.

(1) 인간은 자신의 행위에 대해 책임지지 않으려는 속성이 있다.

(2) 아무도 자신의 행위에 책임을 지지 않는 사회는 위험하게 된다.

(3) 다자간 통신매체에 악영향을 미치는 이들에 대해 책임을 물어야 한다.

3: 작가의 예술 표현 수위 및 방법은 반드시 사회 전반에 분명한 책임을 져야한다.

(1) 작가에게 완전한 표현의 자유를 주어야 한다.

(2) 작가의 예술적 표현도 사회 전반에 대한 책임을 져야 한다.

Ⅲ. **결론:** 진정으로 자유를 원한다면 책임지려는 노력을 해야 한다.

(1) 자유는 인간이 지키고 추구해야 할 중요한 가치이다.

(2) 진정으로 자유를 원한다면 가능성에 대한 선택을 해야 하며 이에 책임을 져 야 한다.

주제문: 미래의 사회에서는 노동의 본연의 기능을 되살려야 한다.

Ⅰ. **서론**: 노동의 본연의 기능을 상실한 원인과 대책에 대한 논의가 필요하다.

    ⑴ 노동은 인간 존재의 가치를 일깨우는 신성한 것이다.

    ⑵ 산업사회에 들어와 노동은 본연의 기능을 상실하였다.

Ⅱ. **본론**

1: 산업사회의 도래는 노동의 본래의 개념을 말살하였다

    ⑴ 노동은 즐거운 행위였고 주어진 소명이었다.

    ⑵ 산업사회에서 노동은 재화를 생산하는 수단, 노동의 주체인 인간은 기계부품으로 취급당했다.

    ⑶ 분업의 결과 노동자는 노동의 기쁨과 일의 가치를 느끼지 못하는 한 가지 작업만을 반복하게 되었다.

    ⑷ 자본가들은 더 많은 이윤의 창출을 위하여 노동자를 착취하였다.

2: 미래의 지식정보사외의 노동자는 '두뇌 노동자' 로 변한다.

    ⑴ 엘빈 토플러는 제 3의 물결이 도래하며 노동자는 '두뇌 노동자' 로 변할 것이라는 예측을 하고 있다.

    ⑵ 마셜 맥루언은 미래 사회의 자동화가 인간을 해방시킨다는 예측을 하고 있다.

3: 미래에는 새로운 개념의 노동자가 탄생할 것이라는 점에는 수긍할 수 있으나, 노동의 본연적 가치 회복에는 회의적이다.

    ⑴ '두뇌 노동자' 들이 부와 권력을 갖추어 자본가 대열에 합류할 공산이 크다.

    ⑵ 잉여 인력을 계속 고용하는 자본가는 없을 것이다.

    ⑶ 해고된 노동자는 자신의 존재가치를 잃어버린 채 인간소외의 늪에 빠질 것이다.

Ⅲ. **결론**: 미래 산업사회의 문제점을 해결하면 노동 본연의 기능이 되살아날 것이다.

    ⑴ 미래 산업사회의 해결과제는 교육의 기회균등, 능력의 과다에 따른 대우(待遇)의 차이 해결, 모든 사람들에게 일자리의 제공이다.

    ⑶ 앞서 언급한 문제를 해결하면 노동 본연의 기능이 되살아날 것이며 인간소외의 문제도 풀릴 것이다.

〈화제 개요의 예〉

제목: 과학 기술자의 책임과 권리

Ⅰ. 서론: 과학 기술의 사회적 영향력에 대한 인식

Ⅱ. 본론

 1. 과학 기술자의 책임

　　가. 과학 기술 측면 : 과학 기술 개발을 위한 지속적인 노력

　　나. 윤리 측면 : 사회 윤리 의식의 실천

 2. 과학 기술자의 권리

　　가. 연구의 자율성을 보장받을 권리

　　나. 비윤리적인 연구 수행을 거부할 권리

　　다. 안전하고 개선된 환경에서 연구할 수 있는 권리

Ⅲ. 결론: 과학 기술자의 책임 인식과 권리 확보의 중요성

개요 작성시의 유의점

- 큰 항목을 두 가지 이상의 자잘한 논점으로 나누어 중항목, 소항목으로 나눕니다.
- 큰 항목과 자잘한 항목을 일관성 있게 부호나 번호로 표시하여 줄 세우기를 합니다.
- 같은 계열의 부호나 번호에는 대등한 내용이 놓이게 합니다.
- 개요가 완성되면 주제와 주제문을 결정합니다.
- 각 항목의 배열 순서는 논리적 질서를 따라서 배치합니다.
- 항목간의 관계가 명확하고 긴밀히 연관되도록 구성합니다.
- 제목과 주제, 주제문을 작성한 후에 각 부분의 핵심 내용을 정리, 배열합니다.
- 큰 항목과 자잘한 항목이 분명하게 구분되도록 합니다.
- 각 항목의 내용은 구체적으로 쓰도록 합니다.
- 각 항목이 서로 비슷한 구조가 되도록 씁니다.
- 복잡하고 긴 글을 쓰기 위한 개요가 아니면 되도록 각 항목의 내용이 길어지지 않도록 합니다.

1.	I.
가.	A.
(1)	1.
(가)	a.
①	(1)
②	(2)
(나)	b.
(2)	2.
나.	B.
2.	II.

메모

08 논술 쓰기

앞서 개요작성의 순서는 결론-본론-서론의 순서로 짜는 것이 효과적이라 했습니다. 그러나 논술작성의 순서는 원래대로 서론-본론-결론의 순서대로 씁니다. 서론은 논의의 필요성과 중요성을 제기하여 본론에서 주장하는 견해가 합당하다는 것을 드러내는 소개의 역할을 합니다. 따라서 논점이 무엇인지, 글의 방향이 어떠한지 등이 드러나게 함으로써 글 전체의 취지가 자연스럽게 드러나도록 쓰면 되겠습니다. 무엇이든 그렇지만 글을 쓸 때에도 처음 시작하는 것이 어렵습니다. 글 전체에 대한 압박감 때문이라고 생각합니다. 그럴 필요 없습니다. 개요작성까지 흡족하게 완성되었다면 쉽고 가볍게 글을 시작하면 됩니다. 배의 앞머리가 너무 무거우면 바다 속으로 들어가듯이 글도 첫머리가 너무 무거우면 그 글 전체가 침체되기 쉽습니다. 너무 거창하게 시작하는 것도 좋지 않습니다. 우리의 공동체 문화에 대한 글의 첫머리에서 고조선 때부터 조선조까지 수천 년의 시공을 다 아우르는 서두로 시작하는 것이 이러한 예입니다.

갈수록 본론의 중요성을 강조하는 추세에 있습니다. 논술의 본질인 창조적 사고력이 본격적으로 드러나는 부분이기 때문입니다. 그렇더라도 첫인상이 중요하므로 서론은 뚜렷한 인상을 줄 수 있는 내용으로 시작하는 것이 좋습니다. 논제를 암시하는 최근의 사건 보도나, 논제와 관련이 있는 속담이나 격언, 논제와 관련하여 생활 주변에서 흔히 일어나는 사례, 자신의 체험 등이 그것입니다. 요즈음에는 서론 없이 바로 시작하라는 요구가 주어지기도 합니다. 또 완성형 문제나 요약형 문제의 경우에도 서론은 필요 없습니다. 그럴 때에는 바로 논제에 돌입해서 답안을 작성하면 됩니다.

서두 첫머리는 흔히 다음과 같이 시작합니다.

■ 술어 자체에 문제가 있다고 생각하거나, 오해의 소지가 있을 때에는 술어에 대한 개념을 정의하며 시작하면 좋습니다. 인간의 기본권 중의 하나인 표현의 자유와 책임에 관한 논술의 서론부분입니다. 전체적인 흐름과 구조만을 참고하시고 내용은 절대로 모방해서는 안 되기 때문에 읽는 즉시 잊기 바랍니다.

☞ 표현의 자유는 자유롭게 말하거나 글을 쓰거나 그림을 그려 자신의 생각과 느낌을

드러내는 인간의 기본권이다. 그래서 표현의 자유가 얼마나 허용되느냐는 인간의 자유로운 상태를 측정하는 척도라 할 수 있다. 잘못된 사회를 풍자하거나 비판하는 온갖 예술작품, 길거리 연설, 개인 간의 자유로운 의사표현 등은 표현의 자유가 보장되지 않고서는 실현될 수 없는 것들이다. 그러나 자유에는 항상 책임이라는 조건이 뒤따른다. 제시문 (다)에 나타난 견해에도 이 점을 분명히 하고 있다. 즉 상대적이고 조건지워진 인간의 자유란 바로 이러한 책임에 의한 자유를 의미한다고 명시하고 있는 것이다.

■ 격언이나 속담, 일반적으로 알려진 말, 혹은 저명한 사람의 말 등을 인용하며 시작하기. 이렇게 하면 독자의 주의를 환기시킬 수 있고, 논술의 명제를 암시할 수도 있습니다. 노동 본연의 기능과 관련한 현대사회와 미래사회의 제반현상에 관한 논술의 서론부분입니다. 전체적인 흐름과 구조만을 참고하시고 내용은 절대로 모방해서는 안 되기 때문에 읽는 즉시 잊기 바랍니다.

☞ 우리는 학교에서 노동은 신성한 것이라고 배운다. 단순한 돈벌이의 수단을 넘어서 인간 존재의 가치를 일깨워 주는 것이란 의미로 배우고 있는 것이다. 그러나 현실은 이러한 노동 본연의 의미를 상실한 지 오래다. 직장에서 쫓겨나지 않기 위한 몸부림과 더 많은 재화를 생산하기 위한 경쟁을 벌이는 노동자들의 모습을 대하면서 과연 노동은 신성한가 하는 의문을 떠올린다. 노동이 목적이 아닌 수단의 상황은 결코 바람직하지 않으며 이러한 현상이 계속 된다면 노동의 기쁨은 사라지고 인간소외는 더욱 가속화될 것이다. 그러므로 노동 본연의 기능 상실에 대한 원인과 문제의 해결책에 대한 논의가 절실하다 하겠다.

■ 주제와 관련된 최근의 사건이나 상황을 이야기하며 시작하기. 우선 신선한 공감을 불러일으킬 수 있고, 누구나 알고 있는 보편적인 사건이기 때문에 넓은 공감대를 확보할 수 있습니다. 그러나 이때에는 개인적인 사건보다는 사회적으로 널리 알려진 사건, 현상에 대해 언급하는 것이 좋습니다. 아래 예문은 현대인의 인간소외에 관한 논술의 서론부분입니다. 수험생들은 향후 실전논술에서 이런 주제가 나왔을 때 이 서론의 전체적인 흐름과 방향만을 참고할 뿐 그대로 따라서는 곤란합니다.

위의 글은 하나의 경우를 드러낸 것일 뿐 그대로 모방해서는 안 되는 허수아비 예문일 뿐이기 때문입니다.

☞ 대도시에 사는 많은 사람들이 옆집에 누가 사는 줄을 모른다. 이웃 사람의 이름이 무엇인지, 무엇을 하는 사람인지 모르고 몇 년간을 함께 산다. 사람이 죽었어도 며칠 또는 몇 개월간을 아무도 모른 채 방치되었다는 보도도 흔한 것이 아니다. 이것은 현대를 살아가는 우리의 삶이 그만큼 고립되고 단절되었으며 그로인해 우리는 큰 외로움을 안고 살아가야 한다는 것을 의미한다. 상호간에 고립되고 단절됨으로써 현대인들은 쓸쓸한 자기만의 세계에 갇혀 살게 되고 타인으로부터 도움이나 위로를 받지 못하며 살아간다. 도움을 받지 못하거나 외로움을 견디지 못한 소수의 사람들은 자살이라는 극단적인 탈출을 시도하기도 한다. 대중화되고 거대화한 현대사회 곳곳에서 이러한 고립성과 단절성이 모습을 드러내고 있다. 현대사회의 암울한 특성인 고립성과 단절성은 우리가 해결해야 할 중요한 과제이다.

■ 질문하며 시작하기. 여기서의 질문은 독자들의 대답을 염두에 두고 사용하는 것이 아니라 단지 필자의 의견이나 명제를 강조하기 위해서, 수사학적으로 사용해야 한다는 점에 유의해야 합니다. 그래서 질문의 형식으로 시작하는 데에는 고도의 기술이 요구됩니다. 예를 들어 "도덕적으로 사는 것은 나에게 이익이 되는가?"와 같은 것은 이미 그 해답이 뻔히 나와 있는, 나의 견해를 대변해주는 수사적 기법일 뿐입니다.

☞ 세계화에 적극적으로 동참하기 위해서는 영어의 사용이 필수적인 요소가 되고, 영어의 효과적인 사용 능력은 외부세계와의 유효한 소통 수단이라는 것은 자명한 사실이다. 이미 초등학교에서부터 영어를 가르치고 있고 능력이 있는 사람들 사이에는 조기외국유학이 열풍을 넘어서 하나의 대세를 이루는 듯하기도 하다. 나아가 영어의 공용화를 주장하는 사람들까지 등장하여 영어를 모국어와 똑같은 비중으로 써야 함을 역설하고 있다. 영어의 필요성을 십분 이해하지만 이 시점에서 과연 영어의 공용화는 바람직한 일일까?

_논술·면접 휘어잡기

간결한 명제문으로 시작하기. 물론 논제와 직접 관련된 명제여야 합니다.

어떤 일화에 대하여 말하면서 시작하기. 이렇게 함으로써 독자들에게 친근감과 강렬한 인상을 줄 수 있다는 장점이 있습니다. 이때에도 개인적인 일화보다는 사회적, 역사적으로 널리 알려진 일화를 언급하는 것이 좋습니다.

이렇게 시작한 후에 그 내용을 차츰 제한하고, 예시하고, 비교하고, 규정하는 과정에 의하여 서론이 완성됩니다. 서론은 글 전체의 분량에서 20% 정도를 할애하면 됩니다. 예로 1600자 정도의 분량이라면 대략 300자 내외의 한 문단이면 충분합니다.

 **서론 작성시 유의점**

- 서론이 길면 본론이 짧아지게 마련이니까 너무 길게 미주알고주알 하지 말자.
- 다른 사람들이 흔히 쓰는 상투적인 서두를 피하자.
    - ☞ 그럼 ~에 대해 살펴보기로 하자.
    - ☞ 우리는 이 문제에 대해 어떻게 생각해야 할까?
    - ☞ 에 대해 알아보기로 하겠다.
- 제시문의 내용을 그대로 반복하여 쓰거나, 용어의 정의나 풀이를 너무 장황하게 늘어놓지 말자.
- 논증을 거쳐야 할 결론을 방정맞게 미리 꺼내지 말자.
- 지나치게 참신성, 독창성을 드러내려고 과욕부리지 말자. (잘못하면 논제와 거리가 먼 화제를 제시하거나 객관성, 합리성이 부족한 주장을 펴서 글을 망치는 수가 있겠다.)
- 글에 자신이 있다고 지나친 기교를 부리려다간 자가당착에 빠질 수 있다.
- 거창하게 시작하지 마라. 머리가 너무 크면 그에 알맞은 몸통을 준비하기가 곤란하다.

본론쓰기

본론은 서론에서 제기한 문제들, 즉 문제에서 해명하기를 요구하는 사항들을 하나하나 구체적으로 해명하는 가장 핵심적인 단계입니다. 글 전체를 통해 자신이 하고자 하는 이야기를 몇 개의 핵심 사항으로 나누고 그 핵심 사항 하나가 하나의 문단을 이루도록 글을 전개합니다. 논제나 서론에서 밝히고 있는 논의의 범위를 벗어나지 말고 주어진 과제에 대하여 충실히 반응하면서 자신이 독해한 내용과 그에 대한 논리적 반응을 내용으로 채워 넣으면 되겠습니다. 사고의 깊이와 폭을 충분히 드러내면서 자신의 견해와 그 견해를 뒷받침하는 근거를 제시하고 설명합니다. 논술에서는 자기 나름의 견해를 내세우고 채점자의 이해와 공감을 얻어야 합니다. 그러기 위해서는 주장하는 데 그치지 말고 그 근거를 조리 있게 밝혀야 주장의 정당성을 입증할 수 있는 것입니다.

논술에서는 주장의 독창성, 참신성, 타당성도 중요하지만, 그에 못지않게 중요한 것이 근거입니다. 근거가 편파적이거나 타당하지 못하다면 그 주장은 공허한 외침에 그칠 것이기 때문입니다. 모든 사람들에게 이미 검증된 일반적 진술이나, 구체적이고 보편타당한 예, 그 방면의 권위자나 전문가의 의견 등을 근거로 내세워 자신의 견해를 뒷받침 해 주도록 글을 읽습니다.

전체의 글에서 본론이 차지하는 분량은 60~70%정도입니다. 1,600자 안팎의 논술을 기준으로 했을 때 문단의 수는 3-4개의 문단이면 됩니다. 대체로 서론에서 제기한 문제나 문제의 요구 사항 하나하나(핵심내용, 쟁점)를 하나의 문단으로 구성하여 전개하는 것이 좋습니다. 문단을 구성할 때에는 각 문단의 중심 내용을 뒷받침할 수 있는 합당한 근거를 제시해야 합니다. 연역적 방식, 귀납적 방식, 유추적 방식, 나열식 방식, 인과적 방식, 변증법적 전개 방식 등을 유효적절하게 구사하여 구성할 수 있습니다.

본론의 일반적인 작성 요령은 다음과 같습니다.

- 화제의 순서대로 쓰기: 화제의 순서대로 쓰기란 첫 번째 화제를 소개한 다음 그 화제를 논술하고, 다시 두 번째 화제를 소개한 다음 그 화제를 논술하며, 나머지 화제들도 그런 방식으로 논술하는 것입니다. 예를 들어 첫째는, 둘째는, 셋째는 식으로

전개하는 것입니다.

- 논리적 순서대로 쓰기: 우리들의 논리적 사고에 전적으로 의존하는 글쓰기입니다. 연역적 구성, 귀납적 구성, 변증법적 구성 등등의 구성법이 있습니다. 예를 들면 '정보화 교육 이대로는 안 된다.'는 것을 논술하려면 먼저 현재 정보화 교육의 오류를 제시하고, 다음 바뀌어야 할 정보화 교육의 방향에 대해 변증법적으로 논술하면 무난하겠습니다.

 본론 쓰기에서 유의할 점

① 서론 · 결론과 유기적으로 연결하라

본론은 서론에서 제기한 문제와 쟁점을 구체적으로 논의하는 부분입니다. 그러므로 본론은 서론 및 결론과 유기적으로 연결되도록 써야 합니다. 이때 서론의 내용을 다시 반복한다든지, 제시문의 내용을 그대로 인용하여 글자 채우기에 급급한 논술이 되어서는 안 됩니다.

② 책임질 수 있는 주장만 하라

논거가 없는 주장은 해서는 안 됩니다. 주장에는 반드시 논거가 따른다는 점을 명심해야 합니다. 그렇다고 많은 수의 논거를 제시하고 피상적인 접근만으로 글을 구성한다면 좋지 않습니다. 논거를 제시할 때는 중요하고, 객관성과 타당성이 있고, 비중이 높은 것들을 중심으로 집중적으로 제시하여 심층적으로 논의하는 것이 설득력을 강화시키는 방법입니다.

③ 논지의 일관성을 유지하라

개요에 의한 논지의 일관성을 잃어서는 안 됩니다. 글을 쓰다보면 더 좋은 생각, 더 좋은 문구가 떠오르게 되는데 이것을 버리기가 아까워 그대로 유지하는 경우가 있습니다. 이것은 좋지 않습니다. 만약 버리기가 정 어렵다면 전체 개요의 맥락에서 정밀한 검토가 필요하며 논리의 연관성을 기준으로 개요를 개편해야 합니다. 이럴 경우 아까운 시간을 허비하게 되므로 처음부터 제대로 된 개요를 짜는 것만 같지 못할 것입니다.

④ 인정할 건 인정해라

나는 무조건 옳고 상대방은 무조건 그르다는 주장은 독선입니다. 상대방 입장도 타당한 점이나 이점이 있을 수 있습니다. 아울러 자신의 주장에 약점이 있을 수 있습니다. 이경우 상대방의 이점이나 자신의 약점을 슬며시 인정해주는 것이 좋습니다. 그렇게 함으로써 자신이 편협한 독선자가 아니라 객관적 입장에서 공정하게 논하고 있음을 보여줄수 있습니다. 이럴 경우 자신의 글이 객관성과 신뢰성을 얻는 효과가 있습니다. 단지 이경우 너무 강하게 인정하면 자신의 논지가 흔들리게 되고 상대방 주장의 타당성을 인정해주는 형세가 되므로 적절한 수준에서 제한적으로 인정하는 것이 필요합니다.

⑤ 스스로 찾아낸 논거를 사용하라

제시문에 논거가 될 수 있는 내용들이 포함된 경우가 많습니다. 그러다 보니 근거를 제시할 때, 제시문에 있는 논거를 반복하거나 재구성하는 수준에 그치는 학생들이 많습니다. 또한 논술참고서나 논술학원에서 얻어들은 논거를 사용하는 것도 금물입니다. 전국의 수많은 학생들이 이 논거를 사용하여 논술을 작성할 확률이 크기 때문입니다. 이럴경우 천편일률적인 논거에 해당되어 감점을 당할 각오를 해야 합니다. 제시문에 나온 논거는 보완 설명차원에서 간단히 언급하는 것이 좋으며, 자기 스스로 찾아낸 논거를 사용하여 글을 작성해야만 독창적인 논술로 평가받을 수 있습니다.

⑥ 예상되는 비판까지도 책임져라

상대 입장에 대한 비판과 아울러 예상되는 반론에 대한 논박까지를 포함하여 논술하는 것이 좋습니다. 논박이란 자기 주장의 정당성을 말하기 위해 상대 주장의 부당성을 입증하는 일입니다. 특히 찬반의 입장을 택하여 논술할 경우, 상대 입장의 문제점을 밝혀내어 논박하는 내용이 필수적입니다. 그래야 자신의 주장이 정당함을 인정받을 수 있기 때문입니다. 그러나 완벽한 논술이 되기 위해서는 자신의 주장을 정당화하는 일에 그치지 않고 상대편 입장의 모순점을 찾아 비판하거나 예상되는 반론까지도 담아낼 수 있어야 합니다.

_논술 · 면접 휘어잡기

제시문에서 세 사람이 여관에 투숙하는 과정에서 이러한 고립성과 단절성이 드러나고 있다. '나'는 셋이 함께 방에 들어가기를 제안하고 절망에 빠진 '아저씨'도 혼자 있기 싫다고 중얼거리지만 '안'은 피곤하다는 이유를 들어 각기 다른 방에 들어가자고 한다. 거듭되는 나의 제안에도 타인과 더 이상의 관계 맺기를 거부하는 '안'은 뿌리치고 자기 방으로 사라면서 세 사람은 결국 '벽으로 나누어진 방'들로 들어간다. '벽으로 나누어진 방들'은 개인 간의 관계가 단절된 현대인의 '고립과 단절'을 상징한다. '안'의 행위와 그에 따르는 '나'의 모습을 통해 사회적 연대감이나 공동체성을 상실한 외롭고 무정한 현대인의 모습을 발견할 수 있다. 절망적인 상태에 빠져 '나'와 '안'의 처분에만 의지하던 '아저씨'는 아무런 관심과 위로도 받지 못한 채 자살한다. 이것은 단절성과 고립성의 필연적인 결과를 상징한다고 볼 수 있다.

현대인의 단절성과 고립성을 초래한 원인은 '안'의 태도를 살펴봄으로써 밝힐 수 있다. 아저씨의 자살을 확인하고 '역시'라고 말하는데서 '안'은 이미 그것을 예견하고 있었음이 드러난다. 그럼에도 불구하고 '안'은 같은 방에 들어가자는 제의와 화투라도 사다가 놀자는 나의 제의도 피곤하다는 이유로 거부한다. '안'은 철저한 개인주의자이다. 개인주의는 남에게 필요 이상의 관심을 갖지 않는다. '아저씨'의 자살을 예견한 그의 개인주의적 판단은 '아저씨'와의 관계를 끊는 것이다. 여관을 몰래 나오는 '나'와 '안'의 행동은 '남'의 일에 더 이상 연루되기 싫은 현대인의 이기적 개인주의의 표현이다. 적극적으로 이기적 개인주의를 실천하는 '안'과 결국 그를 따르는 '나'의 모습은 바로 몰인정한 개인주의자로 변해버린 현대인을 대표한다. 인간의 본질적인 특성 중의 하나는 이기심이며 이러한 이기심에 발로한 개인주의는 타인의 불행에 눈을 감는다. 남에 대한 관심과 따뜻한 배려는 나의 손해라는 인식이 바로 단절성과 고립성의 원인이 된다.

거대하게 팽창하는 도시 속에서, 직업과 생활방식이 고도로 다원화되고 분화된 거대 군중 속에서 오히려 인간은 고립되어 외로움을 느낀다. 주위에 수많은 사람들이 분명히 존재하지만 그들과의 유대관계는 다분히 기계적이고 계산적이다. 거대한 사회조직의 일원으로써 톱니바퀴처럼 돌아가는 기계의 부속품처럼 변하여 자신의 역할에 충실하기만

할 뿐 자신의 행위와 역할에 대한 근본적인 성찰은 하지 않는다. 일과 이익을 위해 부지 런히 움직이지 않으면 안 되는 현대인들은 수많은 사람들을 만나고 관계하지만 정서적, 정신적 교감을 주고받지는 못한다. 또한 서로 정서적, 정신적 교감을 주고받기에는 너무 개인 중심의 사고방식으로 굳어져 있다. 현대 사회의 도시화, 기계화, 대중화는 인간의 필요에 의해 그렇게 구성되었지만 정작 인간이 필요로 하지 않은 단절감, 고립감을 강요 하는 부작용도 만들어내고 있는 것이다.

☞ 현대인의 인간소외에 관한 논술의 본론부분입니다. 수험생들은 향후 실전논술에서 이런 주제가 나왔을 때 이 본론의 전체적인 흐름과 방향만을 참고할 뿐 그대로 따 라서는 곤란합니다. 위의 글은 하나의 경우를 드러낸 것일 뿐 그대로 모방해서는 안 되는 허수아비 예문일 뿐이기 때문입니다. 이 글은 다음과 같은 개요에 의해 작 성된 본론입니다.

Ⅱ. 본론의 주제문: 이기적 개인주의로 인해 인간은 서로 고립되어 외로움을 느낀다.
    (1) 현대인들은 사회적 연대감이나 공동체성을 상실하여 단절을 느끼며 외로워 한다.
    (2) 고립성과 단절성의 원인은 현대인들의 이기적 개인주의이다.
    (3) 고립성과 단절성의 원인은 현대 사회의 도시화, 기계화, 대중화이다.

본론 예문 2)

(가-1)의 제시문에서는 블로그 사이트를 비롯한 다자간 통신매체의 발전과 이를 통한 대중들의 자발적인 참여가 대중적, 민주적 시대의 도래를 이끌어내는 긍정적인 효과를 지적하고 있다. 그러나 (가-2)의 제시문에서는 무책임하고 악의적인 사람들이 쏟아놓는 언어의 폭력 때문에 모든 사람들의 건전한 토론의 장이 되어야 할 공유지가 황무지로 변 하는 상황을 제시하고 있다. (나-1)의 제시문은 소설의 음란성 여부를 사회적 규범에 의 거한 법의 잣대로 판단하여 표현의 자유에 책임을 묻고 있다. 그러나 (나-2)의 제시문은 소설의 실험성은 본질적으로 기존의 규범에 충돌할 수밖에 없으며 사회에 대한 부정으

로 그 존재가치를 가질 수 있음을 들어 반박하고 있다.

인간들은 이기적인 속성상 보다 많은 자유를 누리고 보다 적은 책임을 지려한다. 더 나아가 아무도 책임을 지지 않아 '악화(惡貨)가 양화(良貨)를 구축(驅逐)' 하는 사회가 된다면 이미 그 사회는 평안함을 잃어버린 혼란하고 위험한 사회가 될 것이다. 그렇기 때문에 스스로 책임을 지지 않으려는 사람에게는 규범과 법의 논리로 강제하는 것이다. 다자간 통신매체의 장점을 고스란히 향유하려는 이성적인 사람들에게 무례하고도 악의적인 사람들이 끼어들어 욕설과 비방과 일방적인 주장으로 도배한다면 이에 대한 책임을 묻는 방식으로 대책을 세우는 것은 당연하다. 현실의 어디에도 꼭 이와 같은 사람들은 있는 법이고 이들의 무책임한 언어의 폭력을 고스란히 감내할 수는 없기 때문이다.

예술의 영역에서도 표현의 자유와 사회규범은 끊임없이 마찰을 빚어왔다. 표현의 자유를 극대화하려는 작가와 아직 그것을 수용할 수 없는 사회규범 및 법조문 사이의 갈등은 오래 전부터 사회적 관심을 받으며 재연되곤 하였다. 소설은 현실의 반영이며, 현실을 회의하고 그것을 뒤집어 보여주는 실험적 기능도 하고 있음을 들어 작가의 완전한 표현의 자유를 보장해야 한다는 주장도 있을 수 있다. 그러나 한 예술가의 예술적 표현 욕구를 충족시키기 위해 많은 사회구성원들이 혼란과 혐오감을 기꺼이 감내해야 하는가는 따져볼 필요가 있다. 인간의 자유는 절대적 자유가 아니며 사회적 책임을 동반하는 조건 지워진 자유이다. 작가의 예술 표현 수위 및 방법은 반드시 사회 전반에 분명한 책임을 져야한다.

☞ 인간의 기본권 중의 하나인 표현의 자유와 책임에 관한 논술의 본론부분입니다. 전체적인 흐름과 구조만을 참고하고 내용은 절대로 모방해서는 안 되기 때문에 읽는 즉시 잊기 바랍니다. 이 글은 다음과 같은 개요에 의해 작성되었습니다.

Ⅱ. 본론
1: 표현의 자유와 사회규범 사이에 갈등이 일어나고 있다.
　　(1) 다자간 통신매체가 대중적, 민주적 시대의 도래를 이끌어내고 있다.
　　(2) 다자간 통신매체가 악의적인 사람들에 의해 훼손되고 있다.

(3) 소설은 완전한 표현의 자유를 얻어야 한다.

(4) 소설의 예술적 표현도 사회 전반에 책임을 져야 한다.

2: 다자간 통신매체에 악영향을 미치는 이들에 대해 책임을 물어야 한다.

(1) 인간은 자신의 행위에 대해 책임지지 않으려는 속성이 있다.

(2) 아무도 자신의 행위에 책임을 지지 않는 사회는 위험하게 된다.

(3) 다자간 통신매체에 악영향을 미치는 이들에 대해 책임을 물어야 한다.

3: 작가의 예술 표현 수위 및 방법은 반드시 사회 전반에 분명한 책임을 져야한다.

(1) 작가에게 완전한 표현의 자유를 주어야 한다.

(2) 작가의 예술적 표현도 사회 전반에 대한 책임을 져야 한다.

본론 예문 3)

(가-1)과 (가-2)에 나타난 대로 노동은 단순한 생계수단으로 전락하기 전까지는 즐거운 행위였고 주어진 소명이었다. 또한 노동은 '자유의지에서 우러난 지성인의 작업'이자 권리였다. 하지만 산업사회의 도래는 이러한 개념을 말살하고 말았다. 대량생산체제하에서의 인간의 노동은 재화를 생산하는 수단으로서의 가치로 전락하였으며 노동의 주체인 인간은 갈아 끼울 수 있는 기계부품으로 취급당했다. 자본가는 생산의 효율성을 높이기 위해 분업을 도입하였고 노동자는 노동의 기쁨과 일의 가치를 느끼지 못하는 한 가지 작업만을 반복하게 되었다. 노동자에게 노동은 기쁨이 아니라 고역이 되었으며 생존수단의 몸부림으로 작용하게 된 것이다. 여기에 더하여 자본가들은 더 많은 이윤의 창출을 위하여 노동자를 착취하기 시작하였다. 저임금과 고강도의 노동은 물론 심각한 인권유린에 의해 노동자들은 더 이상 인간의 존엄성을 지킬 수 없게 되었다.

인간이 갈아 끼울 수 있는 기계 부품의 하나로 전락됨으로 인해 인간소외의 문제가 발생하였다. 이 문제의 해결에 대한 답을 (다-1)과 (다-2)에서 제시하고 있다. (다-1)의 엘빈 토플러는 제 3의 물결이 도래하며 노동자는 종전의 개념과는 다른 독창적이고 지능적인 '두뇌 노동자'로 변할 것이라는 예측을 하고 있다. 아울러 '두뇌 노동자'의 출현으로 인해 산업 사회에서 노동자가 받는 폐해는 저절로 없어질 것이라는 희망적인 메시지를

_논술 · 면접 휘어잡기

던지고 있다. (다-2)도 마찬가지로 미래의 지식정보사회에서는 인간이 '앞선 시대의 노예 상태'로부터 해방된다고 보고 있다.

(다-1)과 (다-2)에서 제시된 두 견해 모두 지식정보사회의 출현으로 새로운 개념의 노동자가 탄생할 것이라는 점에는 수긍할 수 있으나, '가장 한가하게 여가를 누리게' 되거나 '급료를 받아가며 배우게' 되어 노동의 본연적 가치를 회복시킬 수 있을 것이란 점에는 회의적이다. 왜냐하면 그 시대에도 자본가와 노동자는 엄연히 존재할 것이며 필요한 모든 조건을 갖춘 '두뇌 노동자'들이 부와 권력을 갖추어 자본가 대열에 합류할 공산이 크기 때문이다. 그럴 경우 '두뇌 노동자'는 독창적이지 못하고 교육을 충분히 받지도 못한 일반노동자를 착취하는 구도로 변질될 가능성이 크다. 또 하나의 이유는 전시대에 인간이 담당했던 고역스런 노동을 로봇과 소수의 두뇌 노동자가 대신 맡는다면 엄청난 잉여인력이 발생할 것이라는 점이며, 이 잉여 인력에게 계속 월급을 주어가면서 한가하게 여가를 보내도록 배려해주는 천사같은 자본가는 없을 것이라는 점이다. 따라서 대량 실업은 명약관화한 일이 될 것이다. 전시대에 인간의 일을 기계가 대신함으로써 대량실업을 유발하였으며 이로 인해 노동자들의 폭동이 일어난 경험은 인류의 역사 속에서 뚜렷하게 남아 있다. 이것이 미래에 다시 반복되지 않을 것이라는 근거는 희박하다. 이 경우 해고되어 생계를 잇기 어려운 노동자는 자신의 존재가치를 잃어버린 채 인간소외의 늪에 빠질 것이다.

☞ 노동 본연의 기능과 관련한 현대사회와 미래사회의 제반현상에 관한 논술의 본론 부분입니다. 전체적인 흐름과 구조만을 참고하시고 내용은 절대로 모방해서는 안 되기 때문에 읽는 즉시 잊기 바랍니다. 이 글은 다음과 같은 개요에 의해 작성되었 습니다.

Ⅱ. 본론
1: 산업사회의 도래는 노동의 본래의 개념을 말살하였다
   ⑴ 노동은 즐거운 행위였고 주어진 소명이었다.
   ⑵ 산업사회에서 노동은 재화를 생산하는 수단, 노동의 주체인 인간은 기계부 품으로 취급당했다.

　　　(3) 분업의 결과 노동자는 노동의 기쁨과 일의 가치를 느끼지 못하는 한 가지 작
　　　　업만을 반복하게 되었다.

　　　(4) 자본가들은 더 많은 이윤의 창출을 위하여 노동자를 착취하였다.

　2: 미래의 지식정보사외의 노동자는 '두뇌 노동자' 로 변한다.

　　　(1) 엘빈 토플러는 제 3의 물결이 도래하며 노동자는 '두뇌 노동자' 로 변할 것이
　　　　라는 예측을 하고 있다.

　　　(2) 마셜 맥루언은 미래 사회의 자동화가 인간을 해방시킨다는 예측을 하고 있
　　　　다.

　3: 미래에는 새로운 개념의 노동자가 탄생할 것이라는 점에는 수긍할 수 있으나, 노동
　　의 본연적 가치 회복에는 회의적이다.

　　　(1) '두뇌 노동자' 들이 부와 권력을 갖추어 자본가 대열에 합류할 공산이 크다.

　　　(2) 잉여 인력을 계속 고용하는 자본가는 없을 것이다.

　　　(3) 해고된 노동자는 자신의 존재가치를 잃어버린 채 인간소외의 늪에 빠질 것
　　　　이다.

결론쓰기

　서론 부분에서 제시하고 본론에서 논의한 핵심 쟁점 및 주장을 요약함으로써 글 전체
의 내용을 종합하고 마무리하는 단계입니다. 결론은 그 자체로 독립적이고 완결된 내용
이 되도록 하면서도 아울러 서론 및 본론과 상호 호응하는 형태여야 합니다. 즉, 결론에
서는 서론에서 제기하고 본론에서 논의한 쟁점의 내용을 요약하거나 강조함으로써 글
전체의 논지를 압축적으로 나타내야 한다는 얘기입니다. 그럼으로써 결론만 읽어보더라
도 글 전체를 읽은 효과를 주어야 합니다. 또한 이를 바탕으로 글 전체의 논리적 일관성
을 유지하면서 추후 상황을 전망하거나 제언하는 것도 결론을 인상 깊게 만드는 하나의
방법입니다. 요약할 때에는 본론의 중심 내용을 단순 반복 형태로 옮겨서는 안 됩니다.
새로운 내용이 없이 기계적으로 본론의 내용을 그대로 반복한다면 300여자에 해당하는
결론 문단은 그야말로 지면의 낭비에 불과하기 때문입니다. 본론의 중심 내용을 다른 표
현으로 승화시키거나 암시함으로써 요약해야 됩니다.

거기에서 더 나아가 앞으로의 전망, 기대되는 효과, 주장이 갖는 궁극적 의미나 효과, 행동 또는 의식의 전환 촉구, 새로운 논의 과제 제시 등의 첨언을 덧붙여 두는 것도 좋은 방법입니다. 올바른 접속어나 지시어를 사용하여 글의 일관성과 통일성을 유지하며, 자신의 주장이나 견해를 한 단계 상승시켜주는 화룡점정(畵龍點睛) 역할의 결론이 훌륭한 결론입니다. 글을 마무리하는 차원에서 굿바이 홈런도 꽤나 효과적입니다. 즉 논지를 다시 강조하기보다는 주제와 관련하여 강한 인상을 남길 만한 속담이나 명언, 일화 등을 사용함으로써 여운을 주는 것이 그 방법입니다.

문제의 요구사항이 구체적인 방안 및 해결 방향을 제시하라고 할 경우에는 추상적인 목표 제시에만 그치지 말고, 그 목표를 이룰 수 있는 수단과 방법까지도 제시해 주는 것이 좋습니다. 당위적이고 교훈적인, 설교조의 결론은 삼가야 할 진부한 표현입니다. 예를 들어 "적절한 노력이 필요하다, 우리 모두 각성해야 한다, 조화를 이루어야 한다, 올바른 관점을 세우자, ~을 촉구한다" 등이 상식적이고 구태의연한 상투어에 해당합니다. 논술이 현실의 문제점을 밝히고 자신의 견해를 밝힌다는 특성이 있는 만큼 문제점에 대한 의식의 전환이나 각성이 중요하지 않은 것은 아니지만 식상하고 공허한 상투어로 해결할 수 없다는 것이 문제입니다. 차라리 그보다 한 겹 깊게 들어가 세부적이고 구체적인 행동 방향을 제시해주거나 독자의 행동을 유발시키며 끝을 맺는 것이 좋습니다.

본론에서 다룬 내용 외에 논증이 필요한 새로운 내용을 덧붙여서는 안 됩니다. 그렇게 되면 결론이 아니라 다른 문제의 시작이 되니까요. 서론과 거의 동일한 분량으로 하나의 단락으로 구성하면 충분합니다. 1600자 분량이라면 15-20% 정도니까 약 300자 정도면 됩니다.

대체로 다음과 같은 결말쓰기가 있습니다.

- 서론으로 되돌아가 끝맺기 : 서론에서 제시한 문제나 쟁점에 대한 대답의 형식.
- 본론의 핵심을 요약하며 끝맺기 : 본론의 내용을 요약 · 정리 후에 결론을 내리는 방식. 여기에는 본론을 요약하고 주장하기, 본론을 요약하고 제언하기, 본론을 요약하고 전망하기, 본론을 요약하고 제언하며 전망하기 등이 있습니다.
- 논리적 추론의 결과로 끝맺기 : 비교적 길지 않는 논술문에 주로 적용하는 방법으

로서 흔히 '따라서, 그러므로, 결국, ····' 등과 같은 말로 시작.

- 인용하며 끝맺기 : 남의 말이나 격언, 속담, 예화 등을 인용하는 방식.
- 현상을 경고하며 끝맺기: 주로 시사적인 문제를 다루는 논술에 많이 사용하는 방법.

결론을 쓸 때 유의사항

① 결론만 보아도 글 전체의 내용을 알 수 있어야 한다.

② 본론의 내용을 그대로 반복해서는 안 된다.

③ 당위적인 주장과 교훈조의 설교를 삼가라.

④ 본론에서 해결할 일을 결론으로 가져오지 말라.

⑤ 논증이 필요한 새로운 문제를 꺼내지 말라.

⑥ 막연하고 추상적으로 흐지부지 결론을 내려서는 안 된다.

⑦ 본론의 내용에 어긋난 엉뚱한 내용으로 결론을 제시하면 곤란하다.

⑧ 확고하게 주장하되 독선적이어서는 안 된다.

결론 예문 1)

　고립성과 단절성은 아저씨의 자살에서 볼 수 있듯이 현대인을 절망으로 몰고 간다는 점에서 어떤 방법으로든 극복해야 할 과제이다. 고립성과 단절성의 근본적 원인이 현대 사회의 기계화, 도시화, 대중화에 있다고 하여 기계나 도시를 해체하고 과거 농경사회로 되돌아갈 수는 없다. 그러므로 현대인의 고립성과 단절성을 극복하기 위한 최선의 방법은 먼저 이기적인 개인주의 사고의 변화이다. 이기심의 발로에 의한 개인주의는 결국 나와 남을 동시에 해치게 됨을 인식하는 사고의 전환이 필요하다. 또 하나의 방법은 사회적 연대감의 증대와 다양한 공동체의 활성화이다. 지역적, 업무적 연대관계도 있을 수 있고 취미가 같은 사람들끼리의 공동체적 유대관계도 있을 수 있다. 이에 대한 각종 자치단체나 회사, 기관의 적극적인 지원이 필요하다. 그러나 무엇보다 이러한 고립성과 단절성을 극복하기 위한 가장 중요한 것은 개개인이 타인에 대해 따뜻한 관심과 배려를 베

_논술 · 면접 휘어잡기

푸는 것이며, 아울러 더불어 살기 위한 구체적인 방법을 실천하는 것이다. 우선 당장부터라도 이웃에게 친근한 웃음과 따뜻한 인사말부터 건넬 일이다.

☞ 현대인의 인간소외에 관한 논술의 결론부분입니다. 수험생들은 향후 실전논술에서 이런 주제가 나왔을 때 이 결론의 전체적인 흐름과 방향만을 참고할 뿐 그대로 따라서는 곤란합니다. 위의 글은 하나의 경우를 드러낸 것일 뿐 그대로 모방해서는 안 되는 허수아비 예문일 뿐이기 때문입니다. 이 글은 다음과 같은 개요에 의해 작성되었습니다.

Ⅲ. 결론: 단절성과 고립성을 벗어나기 위해 개인과 사회가 노력해야 한다.
    (1) 개인주의에서 벗어나 상호간 유대감을 확대하려는 개인들의 사고의 전환이 필요하다.
    (2) 사회적 연대감의 증대와 다양한 공동체의 활성화가 필요하다.

결론 예문 2)

새로운 표현의 장이 생기고, 표현의 영역을 끊임없이 확대함으로써 생기는 이러한 현상을 통해 우리는 자유의 절대적인 보장이 결코 쉽지 않으며 또한 불가피하게 제약이 뒤따라야 함을 알 수 있다. 자유는 모든 창조와 인간다움의 발현에 원동력이 된다는 점에서 인간이 지키고 추구해야 할 중요한 가치이다. 그러나 인간이 인간답게 살기 위해 마련한 다른 원칙들에 대한 배려와 책임이 없는 자유는 요구할 수 없다. 진정으로 자유를 소중히 여긴다면 그 표현의 가치와 가능성에 대한 통찰력을 최대한 발휘하여 구체적인 선택을 하고 분명한 결단을 내려야한다. 그리고 이에 책임을 지려는 온갖 노력을 기울여야 한다.

☞ 인간의 기본권 중의 하나인 표현의 자유와 책임에 관한 논술의 결론부분입니다. 전체적인 흐름과 구조만을 참고하시고 내용은 절대로 모방해서는 안 되기 때문에 읽는 즉시 잊기 바랍니다. 이 글은 다음과 같은 개요에 의해 작성되었습니다.

Ⅲ. 결론: 진정으로 자유를 원한다면 책임지려는 노력을 해야 한다.

    (1) 자유는 인간이 지키고 추구해야 할 중요한 가치이다.

    (2) 진정으로 자유를 원한다면 가능성에 대한 선택을 해야 하며 이에 책임을 져야 한다.

결론 예문 3)

기계의 등장과 자본가의 착취로 인해 노동은 그 본연의 가치를 잃고 인간소외의 결과를 낳고 말았다. 미래에 펼쳐질 후기 산업사회의 희망찬 미래상이 현실이 되기 위해서는 해결해야 할 몇 가지의 문제가 있다. 첫째, 미래의 지식정보사회에 적응하기 위한 교육의 기회를 균등하게 보장해주어야 한다. 둘째, 인간의 능력차가 다양함을 인정하고 능력의 과다에 따른 대우(待遇)의 차이를 어떻게 줄일 수 있는지에 대한 대책이 있어야 한다. 셋째, 대량 실업자를 포함한 원하는 모든 사람들에게 일자리를 주어야 한다. 위 세 가지의 문제가 해결된다면 미래의 노동은 본연의 가치를 되찾아 인간소외의 해묵은 문제도 풀릴 수 있을 것이다.

☞ 노동 본연의 기능과 관련한 현대사회와 미래사회의 제반현상에 관한 논술의 결론 부분입니다. 전체적인 흐름과 구조만을 참고하시고 내용은 절대로 모방해서는 안 되기 때문에 읽는 즉시 잊기 바랍니다. 이 글은 다음과 같은 개요에 의해 작성되었습니다.

Ⅲ. 결론: 미래 산업사회의 문제점을 해결하면 인간소외의 문제도 풀릴 것이다.

    (1) 미래 산업사회의 해결과제는 교육의 기회균등, 능력의 과다에 따른 대우(待遇)의 차이 해결, 모든 사람들에게 일자리의 제공이다.

    (2) 앞서 언급한 문제를 해결하면 인간소외의 문제도 풀릴 것이다.

글을 다 쓴 후 살펴보면, 여러 가지 점에서 불만족스러운 경우가 많은 것을 경험해보았을 것입니다. 퇴고는 글을 완성한 다음 다시 고쳐가며 평가하는 것으로 반드시 거쳐야 할 글쓰기의 마무리 과정입니다. 아무리 글을 잘 쓰는 사람이라 할지라도 처음부터 완벽한 글을 써내는 사람은 없습니다. 오히려 글을 잘 쓰는 사람일수록 또 많은 글을 써 본 사람일수록 더 많은 퇴고의 과정을 거친다고 합니다. 글로 쓰기 전에 생각했던 것이 쓰는 과정에서 제대로 반영되었는지, 글의 논지가 선명하게 드러났는지, 문단과 문단 간의 연결에 무리는 없는지, 논리적 오류에 빠진 문장은 없는지, 접속어의 사용이 정확하고 적절한지 등등을 살펴보아야 합니다. 퇴고는 더 좋고, 더 깔끔하고, 더 명료하게 글을 쓰기 위한 중요한 단계입니다. 결코 퇴고는 어쩔 수 없이 거쳐야 하는 형식적인 절차에 불과한 것이 아닙니다. 글쓰기에 자신이 없는 사람도 자신의 글에 대하여 반복해서 퇴고의 과정을 거치다 보면 차츰 글쓰기 능력이 신장될 수 있을 것입니다.

고쳐 쓰기를 하기 위해서는 우선 자기가 쓴 글이 잘 되었는지를 마음속으로 소리를 내어 읽어가면서 검토합니다. 눈으로 훑어 읽었을 때 놓치기 쉬운 것들도 소리 내어 읽어보면 잘못된 부분이 나타나기 때문입니다. 먼저 글 전체의 수준에서 잘못된 점, 미흡한 점을 찾아냅니다. 솔직히 글 전체의 구성에 관련된 부분에서 잘못되었다면 일단 그 시험은 망쳤다고 생각하면 됩니다. 퇴고에 들어가는 시간은 끝나기 직전 20분 정도입니다. 그 시간에 글 전체의 구성을 바로잡아 다시 쓴다는 것은 어려운 일이며, 그런 곤란한 지경에 빠지지 않기 위해서라도 철저한 개요를 짜고 그것에 근거해서 논술을 작성해야 하는 것입니다. 그 후 문단간의 연결 상태나 문장 간의 연결 상태를 검토하고 마지막으로 문장 내에서의 맞춤법, 띄어쓰기, 문장성분간의 호응 등의 잘못된 부분을 검토합니다. 그런데 자기가 쓴 글을 자기가 평가한다는 것은 쉬운 일이 아닙니다. 그래서 평소부터 객관적인 관점에서 평가해 줄 수 있는 분에게 첨삭지도를 받고 자신의 잘못된 버릇이나 잘못 알고 있는 점들을 고쳐나가야 됩니다. 퇴고할 때에는 원고지 교정부호의 사용법에 의거하여 정확하고 깔끔하게 고쳐 쓰면 아무런 불이익이 없습니다. 단지 문단 전체를 지우고 다시 쓴다든지, 고쳐 쓴 흔적이 너무 많아 채점자들의 눈을 현혹시키는 일은 피해야겠습니다.

- 부가(附加)의 원칙(부족하거나 첨가해야 할 내용을 덧붙이는 것)
- 삭제(削除)의 원칙(불필요한 부분을 제거하는 작업)
- 구성(構成)의 원칙(구성상의 재조정)이 있습니다.

퇴고의 세부적인 내용으로는 다음과 같은 것들이 있습니다.

① 전체 수준의 검토

- 글의 분량이 정확히 지켜졌는가?
- 처음에 의도했던 주장이 잘 드러나 있는가?
- 중심문장과 뒷받침 문장이 잘 구성되어 있는가?
- 서론과 결론이 자연스러우면서 효과적인가?

② 문단 및 문장 수준의 검토

- 문단 구분이 제대로 이루어져 있으며 연결은 논리적인가?
- 문장에서 통사적 구조의 애매함이 없는가?
- 주어, 목적어, 서술어 사이에 호응은 제대로 이루어져 있는가?
- 문장의 길이는 적절한가?
- 삭제해야 할 불필요한 부분은 없는가?
- 글의 연결과정에서 논리적인 모순은 없는가?

③ 기타

- 단어의 사용이 정확한가?
- 접속어의 사용이 적절한가?
- 띄어쓰기, 맞춤법, 원고지 사용법이 정확한가?.
- 문장 부호의 사용이 정확한가?

2 부 구술 · 면접 특강

01 구술 면접이란 무엇인가

02 구술 면접 고사의 형식과 절차

03 구술 면접 고사의 문제 유형

04 구술면접 대비 훈련

05 구술 면접시 유의사항

06 기출 및 예상문제

처음 면접의 시작은 단순히 학생들의 기본 소양 및 인생관을 점검하는 수준이었으며 입시 반영률도 대체로 낮은 편이었습니다. 그래서 그 학생의 개인적인 신상에 관한 물음과 평탄한 주제의 질문으로써 그 학생에 대한 개략적인 이해에 그 목적을 두었습니다. 그러나 내신과 수능의 신뢰성에 대한 회의가 심해지는 시점에서부터 심층면접의 단계로 접어들고 이 결과를 입시에 높게 반영하게 됩니다. 변별력이 없어진 내신과 수능점수 대신에 심층면접의 결과를 입시에 반영하려니까 이제는 수험생들을 달달 볶는 문제를 낼 수밖에 없게 되었습니다. 하나의 질문으로 그치지 않고 대답에 대한 반대 질문을 끝없이 던짐으로써 수험생의 넋을 빼 놓는 시험으로 발전한 것입니다. 즉 밑천이 다 떨어질 때까지 몰아붙여 수험생의 역량을 낱낱이 파악하려는 시험으로 발전된 것이 구술면접(심층면접)입니다. 여기에 영문 제시문을 주고 특정 부분을 해석하라, 요약하라, 그에 대한 의견을 말하라, 비판하라 등등의 방법도 등장했습니다. 논술에서 영어제시문을 출제할 수 없으니 이제 구술 면접에서 영어능력을 평가할 가능성이 더 커졌습니다. 주로 말하기와 듣기의 영어능력을 평가할 것입니다.

현재 각 대학에서 치르는 구술면접의 형태를 보면 다음과 같습니다. 인문계의 경우 각 계열별로, 학과별로 심층적인 물음을 던져놓고 그에 대한 집요한 반론이 계속됩니다(지방의 힘없는 대학들까지 그러는 것은 아님). 표범이 토끼를 잡아 놀리는 형국이 되면서 수험생의 모든 방면의 지식과 태도가 적나라하게 드러나게 만듭니다. 자연계의 경우 수학이나 과학의 특정한 문제에 대한 답을 내놓으라는 시험으로까지 변화되었습니다. 이것은 본고사의 형태로 의심받기 충분합니다만, 아직까지 본고사 논란으로 이어져 크게 문제가 된 적은 없습니다. 각 대학마다 치르는 구술시험의 명칭이 다른데, 여기에서 그 명칭을 세분하고 자세한 설명을 덧붙이지는 않겠습니다. 수험생들에게는 수없이 갈라진 명칭과 세부적인 특성 그 자체가 혼란스러우며, 실제로 수험생들이 그에 대비해 준비하는 과정은 거의 동일하기 때문입니다. 약간씩 다른 그 대학만의 특성은 해당대학의 입시

요강을 참고하면 되겠습니다. 그래서 여기에서는 면접과 관련된 모든 명칭을 구술 면접으로 통일합니다.

02 구술 면접 고사의 형식과 절차

　면접·구술 고사의 형식은, 개인 면접, 집단 면접, 그리고 집단 토론식 면접으로 분류할 수 있습니다. 개인 면접은 학생 한 명과 면접자 한 명, 학생 한 명과 면접자 2인 이상의 경우가 있습니다. 집단 면접은 학생이 2인 이상, 면접자 2인 이상인 경우입니다. 집단 토론의 방식은 여러 명의 학생과 여러 명의 면접자가 참가하는 면접 방식입니다. 서울대는 집단 면접 방식이며, 학생 1명에게 최소 20분에서 40여분 정도가 배당되는 고난도의 면접입니다. 학생의 답변에 대해 추가적인 질문이 꼬리를 물고 계속 이어지는 방식으로 진행됩니다. 가벼운 질문으로 워밍업 시킨 후에 갈수록 어려운 질문을 연속 던져 수험생의 모든 역량을 다 토해내게 만드는 방식입니다. 특히 서류 전형에서 매력적인 항목이 가득 찬 우수학생의 경우 더 꼬치꼬치 캐묻는 경향이 있습니다. 그만큼 관심이 크다는 얘기가 되겠지요. 면접의 일반적인 절차는 대학마다 다소 다를 수 있지만 대기, 호출, 입실, 면접, 퇴실의 순서는 거의 동일하다 하겠습니다. 좀 세부적으로 서울대학교의 예를 들겠습니다.

〈수험생 대기실 입실〉 → 〈수험생 사진 대조 확인〉 → 〈면접 번호표 배부〉 → 〈문항 선택〉 → 〈답안 구상〉 → 〈면접 장소 입실〉 → 〈면접 번호 및 문항 번호 신고〉 → 〈기본 소양 평가〉 → 〈교과 적성 평가〉 → 〈종료〉

　세세한 부분은 대학마다 다르니 지원하는 대학의 면접에 대한 안내서를 먼저 읽어 면접의 절차를 사전에 숙지해야 합니다. 또 실제 면접을 치르는 장소에 사전 답사를 하여 낯선 장소에 대한 막연한 두려움을 해소하는 것도 좋겠습니다.

구 분	5% 미만	5% 이상	10% 이상	16% 이상
국 · 공립대	경북대(수시2), 공주대, 한밭대	강원대(수시2), 전남대(나군), 제주대(사범대학), 부산대	서울대(인문계, 수시2), 한국교원대, 전남대(나군), 순천대(사범대학)	서울대(자연계, 수시2), 여수대(교육학부)
사립대	인제대, 한양대(서울,수시2), 동국대(서울, 나군 사범대학 문예창작학과, 경주, 다군 사범계열),성균관대(건축학과, 수시2), 숙명여대(교육학부), 가톨릭대(신학과, 특수교육과), 장로 회신학대, 추계예술대, 한국성서대, 연세대	감리교신학대, 금강대, 호남신학대, 가천의과대(수시2), 포천중문의과대(수시2), 건국대(서울:수의예과, 일어교육과, 수학교육과, 교육공학과, 충주(유아교육과)	광주가톨릭대, 나사렛대, 대전가톨릭대, 삼육대, 서울장신대(사회복지학과), 성공회대, 영남신학대(유형1), 천안대, 총신대, 한영신학대, 성결대(신학부), 협성대(신학대학), 안양대(유아교육과), 광주여대, 한신대(신학과, 수시2), 용인대(경호학과(주 · 야),관광학과(주,야), 서강대(자연계), 한세대(신학부), 명지대(건축학과, 공연예술전공), 고려대(서울, 사범대), 명신대(사범,초등특수교육학과), 수원가톨릭대(가톨릭교리)	광신대, 루터대(사회복지학과), 부산장신대, 서울기독대, 성민대, 아세아연합신학대, 영산선학대, 예원예술대, 중앙승가대, 침례신학대, 칼빈대, 한동대(수시2), 조선대(군사학부), 영남신학대(유형2), 한국항공대(항공서비스경영학과)경남대(군사학과, 최종), 울산대(의예과, 수시2), 대신대(신학과)
교육대		대구교대, 부산교대, 전주교대	경인교대, 광주교대(수시2), 서울교대, 제주교대(수시2), 진주교대, 청주교대, 춘천교대(수시2), 진주교대(수시2)	
계	14개교	13개교	32개교	19개교

구술 면접이 처음 실시되던 당시에는 도덕성, 사회성, 자아관, 세계관 등 수험생의 인성과 가치관을 가늠할 수 있는 문제를 물었습니다. 그러나 지금은 사고력과 판단력, 새로운 개념을 통합하고 새로운 상황에 적응하는 능력, 전공 분야에 대한 관심도와 기초 지식, 적성 등 까지도 묻는 경향으로 발전하고 있습니다. 우선 구술 면접의 문제 유형은 기본적으로 기본소양평가와 전공적성평가로 대별됩니다.

기본소양평가에서는 수험생의 개인적 특성이나 인생관과 가치관, 봉사 활동에 대한 내용과 느낀 점 등을 비롯하여 사회의 이슈가 된 문제나 상황, 개인과 사회(조직)의 관계, 사회 문화적 현상에 대한 견해를 묻습니다. 이 부분에서 막히지 않으려면 수험생들은 자신과 가족, 가문의 세세한 부분은 물론 주변과 사회의 흐름까지 숙지하고 연구해야 합니다. 시사적인 내용의 준비는 논술 준비와 겹치는 부분입니다. 나머지 부분만 따로 정리하여 외우거나 숙지하면 될 것입니다.

전공적성평가에서는 학과, 학부를 지망하게 된 동기 및 학업 계획, 장래의 희망 진로 등 전공분야에 대한 관심과 적성을 묻기도 하고 전공과 관련된 지식을 묻기도 합니다. 서울대의 경우 교과 적성 평가는 대부분 고교 교과 과정과 연결된 문제였지만, 전공자만이 대답할 수 있는 세부적 전공 지식을 묻는 수도 있어 수험생들의 간담을 서늘하게 만들기도 합니다.

너 자신을 알라

자신과 가족의 성명을 한자로 쓰기, 자신의 한자 이름의 뜻, 자신의 장단점, 가훈, 자신의 인생관이나 좌우명, 가문의 유래 및 가문을 빛낸 위인 등에 대해 숙지하거나 조사해야 합니다. 자신에 대한 소개를 영어로 하라는 대학도 간혹 있었는데 이것이 보편화될 가능성이 있습니다. 고등학교 전학년 동안 영어 말하기와 듣기에 많은 관심을 가지고 공부해야만 하겠습니다. 아울러 자기소개서나 추천서에 쓰인 내용에 대한 보충 질문을 하기도 합니다.

독서를 많이 하라

사고의 깊이는 독서량과 비례합니다. 많은 책을 읽은 학생은 말을 하거나 글을 쓸 때 그렇지 않은 학생과 많은 차이를 보입니다. 독서량을 늘리는 것은 논술에도 꼭 필요한 일이며 아울러 구술 면접에도 큰 도움이 될 것입니다. 이 때 책 속에서 찾은 중요한 내용이나 문장은 따로 노트에 정리해가면서 읽는 습관을 들이는 것이 좋습니다. 수많은 학교와 기관에서 도서를 추천하지만 여기에서는 서울대학교에서 추천한 도서를 중심으로 읽을 것을 권장합니다. 앞서 논술 부분에 적힌 추천도서의 목록을 확인하시기 바랍니다.

시사에 민감하라.

구술면접의 단골 소재로 등장하는 것이 시사적인 내용입니다. 그래서 사회적 이슈가 되고 있는 쟁점이나 현상에 대한 심층적인 이해와 그에 대한 자신의 견해가 필요합니다.

특히 실생활과 관련된 시사문제에 대해서는 각별한 관심을 가지고 숙지해 놓아야 합니다. 이 부분은 논술준비에도 필요한 사항이니 따로 준비할 필요 없이 논술준비 할 때의 시사문제 정리와 병행하면 됩니다. 소 잡는 칼로 닭도 잡을 수 있기 때문입니다. 신문, TV의 시사토론 프로그램, 시사 잡지, 인터넷에서 제공하는 뉴스와 매거진을 적극 활용하여 대비하면 되겠습니다. 또한 시사적인 칼럼이나 시론 등을 꾸준히 읽어두고 중요하다고 여기는 대목은 다른 자료까지 찾아 보충하여 완전한 개념을 정리한 후, 그에 대한 자신의 견해를 세워두는 것도 좋겠습니다. 견해를 밝힐 때에는 주장을 먼저 말하고 그 논리적 근거를 뒤에 제시하는 것이 효율적입니다. 그리고 그에 대한 반론까지도 예상하고 그에 대한 대비를 해둬야 합니다. 주요 대학에서는 집요하게 파고들어 수험생의 논리적 능력의 한계를 시험해보려 하기 때문입니다.

학교 공부에 충실하라

면접, 구술시험장에서 면접관의 질문은 고등학교 학과공부와 전혀 무관한 내용이 아닙니다. 고등학교 교과서에 나타난 원리나 개념을 토대로 답변해야 하는 경우도 많습니다. 안에서 새는 바가지는 밖에 나가서도 새는 법입니다. 고등학교 때의 모범생, 우등생이 면접 장소에서도 우등생, 모범생이 될 가능성이 큽니다.

영어와 한자 면접에 대비하라

최근 발표된 교육부의 논술 가이드라인에 의해 영어 제시문의 출제가 금지되었습니다. 대학 측에서는 불만이 많겠지만 부득이 받아들이는 입장입니다. 그러나 내신과 수능시험의 변별력에 회의감이 많은 대학측으로서는 영어능력평가는 포기하기 힘든 유형입니다. 그래서 논술대신 면접시험에서 본격적인 영어능력을 평가할 가능성이 높아졌습니다. 그 유형은 이미 구술 면접에서 시행했던 방법을 사용하면서 그 수준을 높이는 방법이 있겠습니다. 즉 영어로 자기 소개하기, 영어 제시문을 주고 영어로 요약하기, 영어로 면접하기, 수험생들 몇을 그룹으로 만들어 영어로 토론하기 등입니다. 여기에 새로운 유형을 덧붙인다면 영어 제시문을 녹음방송을 통해 들려주고 그에 대한 자신의 견해를 영어로 제시하는 방법이 있을 수 있습니다. 그러니 논술에서 영어제시문이 없어졌다고 좋아만 할 것이 아니라는 말입니다. 뱀은 구멍만 있으면 들어갑니다. 원하는 것을 얻기 위한 대학측의 집요한 모색을 엉성한 규정 몇 개로 막을 수는 없을 것입니다. 수험생들은 이에 대한 대비를 하지 않을 수 없습니다.

이에 관련한 공부 방법으로는 말하기와 듣기의 강화입니다. 말하기와 듣기가 면접의 가장 큰 변수가 될 가능성이 농후하기 때문입니다. 제시문 독해는 영어공부의 기본이기에 더 이상 언급하지 않습니다. 시사적인 문제를 영어로 묻는 경우도 있을 것에 대비해야 합니다. 영문 시사 잡지로는 격주간으로 발행되는 The Journal for Teens와 주간지 The teen times, 그리고 Korea Times에서 만들어내는 Young Times 등이 있습니다. 인터넷에서 영어듣기파일까지 제공하는 잡지를 선택하는 것이 유리하겠습니다. 자신의 취향과 수준에 맞추어 선택하면 됩니다. 자연계 학생들은 과학과 수학에 관련된 문제를 영어로 묻는 문제가 출제될 가능성이 높은데 꽤나 수준이 높지만 National Geographic 같은 과학 영문 잡지를 보는 것도 한 방법이겠습니다.

한자공부는 별다른 교재로, 따로 할 필요가 없습니다. 중고등학교의 한자 교과서와 자습서면 충분합니다. 시간이 나는 대로 틈틈이 한자자습서를 읽고 쓰고 외우면 될 것입니다. 아울러 중요한 고사성어도 한자로 쓰면서 외워두는 것도 좋습니다. 한자에 강한 사람은 인문사회계열 공부를 함에 있어 대단히 유리한 측면이 많습니다. 단순히 면접만을 대비한다고 생각하지 말고 평생을 유용하게 쓸 수 있는 아이템을 얻는다는 기분으로 한자공부를 할 것을 권합니다. 한자급수시험을 따로 칠 필요까지는 없다고 봅니다. 남에게 보여주기 위한 공부의 성격이 강하기 때문입니다.

가족 앞에서 실전 연습을 하라.

출제 빈도가 높은 단골 문제와 예상 문제를 만들어 아빠나 엄마에게 주고 질문하게 하고 답변하는 연습을 해두는 것이 좋습니다. 면접의 형식에 익숙하지 않으면 아무렇지도 않은 질문에도 당황하여 엉뚱한 대답을 할 수 있습니다. 실전 연습을 많이 할수록 간덩이도 커지고 말하는 요령이 생겨 한층 여유로워집니다. 실제 상황처럼 가정하고 탁자나 의자 등을 배치하고 가족들 앞에서 연습하면 큰 효과가 있습니다. 친구들과 그룹을 이루어 연습하는 것도 좋은 방법이며 이것도 여의치 않을 경우에는 부득이 거울 앞에서 혼자 연습할 수도 있습니다.

지망대학의 특성을 파악하라

지망하는 대학의 홈페이지나 대학교육협의회 홈페이지 혹은 유명 입시 사이트에서 지망 대학의 출제 경향, 면접 진행 방식, 기출 문제 등을 찾아서 읽고 그에 대한 대비를 하는 것이 좋습니다. 면접의 형식, 영어 제시문 제시 여부, 진행 절차, 지망 대학과 해당 학과에 대한 사전지식을 숙지하는 것이 고득점의 지름길입니다. 특히 자연계의 경우 수리 논술, 자연계열 과학 논술, 학업 적성 논술은 각 대학마다 특성이 다르므로 지원하고자 하는 대학의 입시요강을 참고하여 대비해야 합니다. 또한 그 학교, 학부, 학과를 선택하게 된 이유나 관심의 정도, 학과의 특성, 교과 과정, 학업계획, 앞으로의 진로 등에 대해서도 생각해 두는 것이 좋습니다.

평소에 예의 바른 언행을 익혀라

예절이란 하루아침에 형성되는 것이 아닙니다. 꾸준한 습관에 의해 쌓여지는 것이 몸가짐이며 또한 말씨입니다. 평소의 불량한 몸가짐과 말씨는 면접시 부지불식간에 튀어나와 면접관의 눈살을 찌푸리게 만들 수 있습니다. 면접을 마치고 나오면서 "수고하세요" 했다가는 큰일납니다. 말과 글, 예의 등을 중요시하는 교수님들에게 이 말 한마디는 그 학생의 평소 언어생활과 예절을 짐작하게 하는 척도가 되는 것입니다. 평소 집이나 학교에서 예의 바른 태도와 말씨를 익히는 것이 좋습니다. 면접 때의 예절을 순서대로 살펴보면 다음과 같습니다.

먼저 노크를 하고 방에 들어갑니다. 정중하고 공손하게 목례를 합니다. 90도 각도로 허리를 굽히고 인사하는 것은 조폭들이나 하는 인사입니다. 이때 인사말은 해도 되고 하지 않아도 됩니다. 자세를 바로하고 허리를 곧게 펴고 앉은 뒤 "안녕하세요. 선생님, 만나 뵙게 되어 반갑습니다."라고 밝고 낭랑하게 인사합니다. 시선은 공손하면서도 친근하게 면접관을 향하고 두 손은 무릎에 자연스럽게 올리거나 두 손을 맞잡습니다. 답변하는 도중 과잉 행동은 삼가야 합니다. 시험을 마치고 나올 때에는, "선생님, 고맙습니다." 혹은 "선생님, 안녕히 계십시오."라고 인사한 뒤 정중한 자세를 잃지 말고 조용히 문을 닫고 나오면 됩니다. 절대로 "수고하세요"라는 인사말은 해서는 안 됩니다.

○5 구술 면접시 유의사항

- 차분한 걸음으로 들어가서 공손하고 친근한 표정으로 정중히 목례하라.
- 긴장하지 마라. 가족이나 친구들 앞에서 연습을 많이 하여 감각을 익힌 학생은 긴장의 정도가 덜할 것이다.
- 탈락하고 싶으면 인상을 쓰거나 짜증난 표정을 보이면 된다. 합격하고 싶으면 온화하고 친근한 표정으로 미소를 지어라.
- 모르는 문제에도 성실하게 아는 데까지 답변하라. 모르는 것은 솔직하게 모른다고 대답하는 것이 좋지만 그래도 얘기하라면 아는 한도 내에서는 성실하게 답변하는 것이 좋다.
- 문 열고 들어갈 때부터 문 닫고 나갈 때까지 공손하고 예의바르게 행동하라. 이 사회에서 가장 고지식하고 원리원칙 잘 따지는 사람들이 바로 교수를 포함한 선생님들이다.
- 자신의 생각을 체계적이고 논리적으로 표현하는 것이 고득점의 길이다.
- 겸손하고 솔직하며 자신감 있게 대답하라. 그렇다고 건방진 태도로 비쳐져서는 안 되며, 면접관들이 잘 알아듣지 못할 만큼 작은 소리로 답변해서도 안 된다.

- 결론을 먼저 말하고 그 뒤에 근거를 대라.

- 질문의 진의를 제대로 파악하지 못했다면 죄송한 마음으로 양해를 구하고 되물어라.

- 먼저의 대답과 일관성을 유지하라. 일관성 유지의 비결은 솔직함이다. 처음에 솔직하지 못한 답변을 했다면 그 뒤에는 계속 꾸며댄 대답을 해야 하기 때문이다.

- 화제에서 벗어났을 경우나 오류를 범했을 때는 즉시 정정하고 양해를 구한다.

- 자신의 전공하고자 하는 분야에 열정과 애정을 보여라.

- 오류를 지적당했을 때에는 감사함을 표시하며 받아들이고 자신의 생각을 수정하라.

- 두발과 복장은 단정하라. 교복은 입지 않아도 무방하나 단정해야 한다. 교복을 입고 오지 말라는 학교도 있음에 유의하라.

- 도저히 대답할 수 없는 질문일 경우 다름 문제를 부여받을 수 있다면 정중하게 부탁하여 다음 문항으로 넘어가라.

- 고등학교의 선생님과 대화하듯 자연스럽게 말하라. 암기한 내용을 발표하는 형식으로 말하지 마라.

- 자신의 수준에 맞춰 답변한다. 괜히 자기 지적 수준을 넘어서는 말들을 하다가는 넘어지는 수가 있다.

- 탈락하고 싶으면 속어, 은어, 저속한 유행어를 사용하라.

- 일반적, 추상적인 질문에는 당황하지 말고 구체적인 사례를 들어 말하라.

- 구체적인 질문에는 간단하게 즉흥적인 답을 내놓지 말고 약간 일반화시켜 말하라.

- 채점자들이 원하는 것은 수험생의 논리적인 사고의 폭과 깊이임을 명심하라. 따라서 모든 대답은 논리적이어야 한다. 답변이 나오기까지의 과정도 역시 논리적이어야 한다.

- 목소리는 크게 하고 말하는 속도는 적당히 하라. 면접관들은 많은 수험생들을 면접하느라 피곤한데, 수험생들의 대답소리조차 작아 알아듣기 어렵다면 짜증을 낼 것이다. 또한 말하는 속도가 너무 빨라도 알아듣기 곤란하며 너무 느리면 답답함을 느낄 것이다.

- 능력이 허락한다면 유머와 재치를 구사하라. 단 그것이 경박하거나 건방지다고 느껴져서는 곤란하다. 그러기에 '능력이 허락한다면' 이란 단서를 붙였다.

1. 모든 계열의 공통 질문

- 자기소개를 해 보라(영어로 자기소개를 시키는 곳도 있음)
- 감명 깊게 읽은 책이나 영화는 무엇이고 그 이유는 무엇인가?
- 우리 학교 혹은 이 과에 지원한 동기는 무엇인가?
- 대학에 들어 와서 하고 싶은 일과 공부를 말해 보라.
- 대학 진학 후 공부를 어떻게 할 것이며 졸업 후의 계획은 무엇인지 말해 보라.
- 정보화 사회에 적합한 인간형을 말해 보라.
- 존경하는 인물과 그 이유를 말해 보라.
- 졸업 후에 어떤 일을 할 것인지 말해 보라.
- 성차별에 대해 어떻게 생각하는지 말해 보라.
- 자신이 부모가 된다면 자식 교육을 어떻게 시키겠는가?
- 깊은 산 속에서 길을 읽었을 때 어떻게 하겠는가?
- 자신의 노후에 필요한 조건과 그에 대한 대책을 말해 보라.
- 몇 십 년 후에 자신이 어떤 모습을 하고 있을 것 같은지 말해 보라.
- 군필자 가산점 제도에 찬성하는지, 반대하는지 자신의 입장을 말해 보라.
- 공공장소에서의 핸드폰 사용을 어떻게 규제해야 할까?
- 가장 존경하는 인물은 누구인가?
- 영어의 세계 공용화에 대해 어떻게 생각하는가?
- 사교육에 찬성하는지, 반대하는지 자신의 입장을 말해 보라.
- 우리나라 가정에서 입양을 꺼리는 근본적인 이유가 무엇인지 설명하고, 내가 그 경우에 처하게 된다면 어떻게 하겠는지 말해 보라.
- TV드라마에서 부유층은 악하게, 빈곤층은 선하게 나오는데 그 이유가 무엇이라고 생각하는가?

■ '우물을 파도 한 우물을 파라' 는 속담이 있다. 이에 대한 자신의 견해를 밝혀 보라.

2. 어문계열(국문학, 영문학, 불문학, 일문학, 기타 언어학)

■ 우리나라 교육의 문제점에 대해 말해 보라.

■ '가시리' 와 '진달래꽃' 을 읊고, 비교 분석한 후에 두 노래의 공통점과 차이점에 대해 설명하라.

■ 영어는 잘 하는가? 평소에 영어 공부를 어떻게 하는가?

■ 영어권 나라 중에서 가장 먼저 생각나는 나라는 어디인가?

■ 지난 반세기 한국 여성의 지위가 어떠했다고 생각하는가?

■ 21세기 한국 여성의 지위 향상을 위해 할 일이 무엇이라고 생각하는가?

■ 21세기 문화 산업 중에서 돈이 될 만한 산업은 무엇이라고 생각하는가?

■ 시조를 제외한 고전 시가 작품 중 암송할 수 있는 작품이 있으면 암송해 보라.

■ 삼대에 나타난 갈등의 유형을 시대 상황과 관련하여 설명해 보라.

■ (영어지문을 주고) 다음 글을 큰소리로 읽고 주제를 말해 보라.

■ (해당 어학과 관련하여) 읽어 본 작품과 작가에 대해 말해 보라.

■ 자기소개, 지원 동기 등에 대해 영어(지원 언어)로 말해 보라.

■ (한자를 보여 주고) 제시글을 읽고 그 뜻을 해석해 보라.

■ 조상 중 존경하거나 기억에 남는 인물을 말해 보라.

■ 이번 논술문제를 평가해 보라.

■ '오늘 눈이 오네요' 를 불어로 작성해 보라.

■ '이혼' 에 대해 어떻게 생각하는가?

■ 최근에 읽은 책을 비평해 보라.

■ 한글 생성의 원리를 말해 보라.

■ 한글이 독창적인 이유를 말해 보라.

■ 가장 좋아하는 문학 작품은 무엇인가?

■ 우리나라가 과거 일본에 점령당했던 이유가 무엇이라고 생각하는가?

■ 자신의 인생관을 말해 보라.

- 자신이 바라는 교육의 방향을 말해 보라.

- '학교 붕괴' 의 원인에 대해 말하고, 해결 방안을 제시해 보라.

- 세계화 시대에 전통 문화를 어떻게 활용해야 하는지 말해 보라.

- 이 학과를 선택해서 내가 얻은 이익, 혹은 불이익에 대해 말해 보라.

- 출신 고등학교를 소개해 보라.

- 좋아하는 외국 작가는 누구인가?

- 앞으로 어떤 사람이 되고 싶은가?

- 법과 문학의 관계에 대해 말해 보라.

- 이 학과가 어떤 과라고 생각하는가?

- 문과 · 이과를 나누는 것에 대해 어떻게 생각하는가?

- 자유와 생명 중 무엇이 더 중요하다고 생각하는가?

- 우리 사회의 불평등에 대해 말하고 그 원인을 분석해 보라.

- 10대들의 무분별한 서양 문화 수용에 대해 어떻게 생각하는가?

- 핵무기는 어떠한 영향을 미치는가? 필요한가, 필요하지 않은가?

- 수능시험 외에 바람직하다고 생각하는 입시 제도가 있으면 말해 보라.

- 과학 기술 발달의 긍정적인 면과 부정적인 면에 대해 말해 보라.

- 본인 이름의 뜻을 설명해 보라.

- 사회 혹은 일상에서 일어나는 성차별의 예를 말해 보라.

- '나는 방금 점심을 먹고 왔다' 를 영작해 보라.

- 일본인의 친절에 대해 어떻게 생각하는가?

- 클린턴의 '성추문 사건' 을 우리가 도덕적으로 잘못되었다고 비난하는 것이 옳은
  가?

- 독일의 건축, 회화, 미술에 대해 아는 대로 말하라.

- 도스토예프스키에 대해 아는 대로 말하라.

- 돈키호테에 대해 아는 대로 말하라.

- 중국 문학과 한국 문학의 관계를 설명하여라.

- 글을 써 본 적이 있는가?

- 공부 이외에 몰두해서 해 본 일은 무엇인가?

- 봉사 활동을 해 본 적이 있는가? 구체적으로 어디서 무엇을 했는가?

- ‘미신’에 대해 어떻게 생각하는가?

- 삶의 목적이 무엇이라고 생각하는가?

- TV의 장점과 단점에 대해 말해 보라.

- 지역주의가 생기는 이유를 말해 보라.

- 고등학교 외국어 교육의 문제점을 말해 보라.

- 과소비의 원인과 해결 방안에 대해 말해 보라.

- 여성이 영어영문학과에 많이 지원하는 이유가 무엇이라고 생각하는가?

- ‘사서오경’에 대해 말해 보라.

- 작가에게 가장 중요한 것이 무엇이라고 생각하는지 말해 보라.

- 면접 번호가 68번인데, 만약에 다른 사람이 거꾸로 89번이라고 우긴다면 어떻게 논리적으로 반박하겠는가?

- 독일 통일을 우리의 분단 상황과 관련지어 이야기해 보라.

- 스페인 책 중에서 읽은 것은 무엇이고 느낌은 어떠했는가?

- 자본주의 시대에 놀부가 긍정적으로 평가받는 것이 바람직한가?

- 성공한 쿠데타를 혁명으로 볼 수 있는가?

- 기억나는 프랑스 문학작품을 말해 보라.

- 우리 사회 곳곳에 잔재해 있는 불평등에 대해 말하고 그 해결책을 제시해 보라.

- 고등학교 때 제 2외국어를 배우면서 느꼈던 어려운 점은?

- 외국어를 배움으로써 우리나라 발전에 이바지 할 수 있는 바는 무엇인가?

- 문학 표현에는 3가지 방법이 있다. 그 세 가지 각각의 장단점을 말하라.

- 제주도의 영어공용화에 대해서 찬성하는가, 반대하는가?

- 병역 비리에 대해 어떻게 생각하는지 말해 보라.

- 최근 문제가 되고 있는 ‘인문학의 위기’의 원인은 무엇인가?

- 앞으로 어떤 사람이 되고 싶은가?

- 일본문화의 국내 유입에 대한 의견을 말해 보라.

- 조장이 되었을 때 조원들 사이의 논쟁이 치열하다. 대책을 말하라.

- 오늘날 재벌과 신문사와의 관계에 대한 문제점에 대해 논하라.

- 현 사회가 가장 필요로 하는 사람은 어떤 덕목을 지닌 사람인가?

- 우리 나라 경제 위기의 극복 방안이 있다면 무엇이겠는가?

■ 문학과 비문학의 차이, 한글과 한국어의 차이점은?

■ 시의 이미지(심상)을 정의해 보라.

■ 국어국문학의 대상은 무엇인가?

■ 고전 시조 한 수 외워 보라.

■ 인디언은 땅을 후손으로부터 빌린 것으로 여긴다는데 환경문제와 관련지어 어떻게 생각하는가?

■ 영어를 필수로 하는 문제에 대해 어떻게 생각하는가?,

■ 중국의 작가와 작품에 대해 아는 바가 있으면 말해보라.

■ 노신은 어떤 작가인가?

■ 한자 조기교육에 대한 견해는?

■ 인문학을 왜 배워야 하는가?,

■ 읽은 불문학 작품은 무엇이며 작품에 대한 견해를 말해보라

■ 불란서 영화 중에 기억에 남는 작품은? 그것에 대해 의견을 말해 보라.

■ '공감각적 심상' 의 구체적인 예를 들어 보라.

■ '화랑의 후예' 에 나오는 황진사에 대한 자신의 생각을 말해 보라.

■ 「성북동 비둘기」를 암송하고 인간과 비둘기의 관계를 예를 들어 설명해 보라.

■ '리얼리즘' 과 '모더니즘' , KAPF, 한자혼용, 신화와 소설의 차이, 고사성어.

■ 국어국문학의 세부 갈래, 국어학과 국문학의 차이, 국어의 특질, 신소설의 특징.

■ 현대 국어와 근대 국어는 어느 시점을 기준으로 나누어지는가?

■ 국문학에서 '시간' 에 대한 개념.

■ 중수필과 경수필의 특징과 차이점.

■ 독일 문학을 읽었거나, 독일 영화를 보았다면 그에 대해 말해 보라.

■ 독일과 우리나라의 문화적 공통점은?

■ 'Die welt mit liebe' 를 해석해 보라.

■ 문과대학이 있어야 하는 이유는?

■ 좋아하거나 영향을 받은 작가는 누구인가?

■ 텔레비전이나 각종 영상 매체가 우리의 상상력을 제한한다는 주장이 있다. 이에 대한 자신의 생각. 만약 동의하지 않는다면 그 이유는?

■ 학문이 무엇이라고 생각하는가?

- 중국의 사대부 정신, 한국의 선비정신, 일본의 무사도 정신이 현대 사회에 끼친 영향은?
- 한류 열풍에 대해 말해 보라.
- 영어와 국어 문법의 가장 큰 차이는 무엇인지 말해 보라.?
- 인문학이 인간다움에 미치는 영향은 무엇이라고 생각하는가?
- 인문학이 어떤 학문에 포함된다고 생각하며 그 이유는 무엇인지 말해 보라.
- L과 R은 어떻게 다른가?
- 방언이 발생하는 까닭이 무엇인지 말해 보라.
- 톨스토이 문학에 대해 논해 보라.
- 세계화 시대에 영어 교육의 필요성에 대해 말해 보라.
- 영미문학에서 좋아하는 작가에 대해 이야기 해 보라.
- '노인과 바다'가 어떤 내용인지 말해 보라.
- 사이버언어, 오리엔탈리즘, 유럽 통합에 대해 말해 보라.
- 우리나라 역사상 가장 위대하다고 생각하는 사람은 누구인가?
- 규장각 문서를 찾아 올 수 있는 방법에 대해 말해 보라.
- 좋아하는 문예 사조에 대해 말해 보라.
- 문학의 6대 장르, 바람직한 세계화의 방향에 대해 말해 보라.
- 인문학의 위기에 대해 어떻게 생각하는지 말해 보라.
- 예술과 외설의 차이를 말하고 그 둘을 구별할 수 있는 기준이 무엇인지 말해 보라.
- 사마천의 『사기』중에서 자신에게 교훈을 주는 내용이 무엇인지 말해 보라.
- 만화가 문학에 속해야 한다고 생각하는가?
- 일본학을 전공한 자가 언론직에 종사할 때 한일 관계에 있어 장점이 될 만한 것은?
- 일본 대중문화가 청소년에게 끼친 영향을 긍정적 측면과 부정적 측면으로 나누어 서술하라.
- 어린이 영어 조기 교육에 대해 찬반을 주장하고 그 근거에 대해 말해 보라.

- 생명 현상에서 핵심적 기능을 담당하는 물, DNA, 단백질은 모두 수소 결합을 하고 있다. 수소 결합을 함으로써 어떤 중요한 역할을 할 수 있는가?
- 같은 속도로 서로 달려와 정면충돌을 한 경우와 같은 속도로 달려 커다란 벽에 부딪친 경우, 충격력이 가장 큰 경우는?
- 엘니뇨와 라니냐를 구분하여 설명해 보라.
- 최근 우리나라에 자주 나타나는 기상 이변에 대해 말해 보라.
- 태양의 고도는 12시경에 가장 높지만 기온은 14 15시경에 더욱 높다. 그 이유와 그로 인해 나타나는 현상들은?
- 통일장 이론을 설명하고 이 이론이 갖는 물리적 의미에 대해 논하라.
- 오존은 공기보다 무겁지만 대기 높은 곳에 떠 있는 이유와 오존이 해로운 경우와 그렇지 않은 경우를 설명해 보라.
- 원소란 무엇인가?
- SiO_2란 무엇인가?
- 대체 에너지란 무엇인가?
- 쿨롱의 법칙을 설명해 보라.
- 가정에서 '나'의 역할을 말해 보라.
- 인간 복제에 대해 어떻게 생각하는가?
- 오존층 파괴의 영향에 대해 말해 보라.
- 아는 물리 공식과 수학 공식을 말해 보라.
- 미래 사회는 지금과 어떤 차이가 있겠는가?
- 목적이 수단을 정당화할 수 있다고 생각하는가?
- 화학 II 영역이 환경과 연계될 수 있는 분야는 무엇인가?
- 앞으로 미래 산업은 식량과 컴퓨터 산업이 각광받을 텐데, 만약에 할 수 있다면 어떤 데에 투자하고 싶은가?
- '생명과학'이 무엇이라고 생각하는가?
- 생명공학의 미래에 대해 어떻게 생각하는가?
- 생명 복제에 대해 어떻게 생각하는가?

- 존경하는 과학자는 누구인가?

- 본인이 가훈을 짓는다면 무엇으로 짓겠는가?

- 그린벨트를 해제해야 하는 이유가 무엇인가?

- 동강댐 건설에 찬성하는가, 반대하는가?

- 환경 파괴가 불가피한 상황에서 자기가 과학자라면 어떻게 하겠는가?

- 산화 반응을 설명해 보라.

- 산과 염기를 설명해 보라.

- 당뇨의 원인을 설명해 보라.

- 환경 호르몬이란 무엇인가?

- CD-player의 작동 원리를 말해 보라.

- 물체에 작용하는 모든 힘을 밝혀 보라.

- 관성의 법칙을 말한 다음 팽이와 맷돌이 도는 이유를 이 법칙으로 설명하라.

- 자신이 생각하는 우리 나라 교육실태의 가장 큰 문제점은?

- 르 샤틀리에 법칙이 무엇인가?

- 여름에 물의 온도가 높아지면 물고기가 죽는 경우가 있다. 설명하여 보라.

- 산성비란 무엇인가?

- 지구의 형태와 그 원인, 화학 결합의 종류와 특징, 주기율표, 포물선 운동, pH에 대해 말해 보라.

- 빛의 입자성을 증명할 수 있는 실험을 설계해 보라.

- 전자기장에서 전하를 가진 입자의 운동방정식을 유도하라.

- 창조론과 진화론의 차이점에 대해 말해 보라.

- 별의 거리 구하는 방법에 대해 말해 보라.

- 멸종되어 가는 생물들을 보존해야 하는 까닭은 무엇인가?

- 현대의 환경파괴, 인류문제, 식량부족문제 등의 해결에 자연과학이 기여할 수 있는 방안은?

- 인간배아 복제에 대한 의견은?

- 인간의 DNA구조가 모두 밝혀질 때 그 결과는?

- 식물의 잎이 녹색을 띄는 이유는?

- 생물과 무생물의 차이에 대해 말해 보라.

- 미토콘드리아, 호흡작용, organ, 엽록체, 리보솜, 뉴런에 대해 말해 보라.

- 광합성, 유전공학, 유전자, 유전자 조작(식물생산과학부)에 대해 말해 보라.

- 운동할 때 호흡을 많이 하는 이유는 무엇인가?

- 체온이 올라가면서 땀이 나는 이유는 무엇인가?

- 유전자 기술의 긍정적인 면과 그 예는?

- 광합성 종류에 따라 식물을 분류해 보라.

- BT산업이란 무엇인가?

- C3와 C4 식물의 차이를 설명해 보라.

- 명반응과 암반응의 차이점에 대해 말해 보라.

- 체내 에너지 생성 과정과 그것의 쓰임을 설명해 보라.

- 먹이 사슬이 한 줄로 이루어질 수 없는 이유를 설명해 보라.

- 미분적분 문제, 지렛대의 원리에 대해 말해 보라.

- 표준편차의 뜻과 사용하는 이유는?

- 소금에 절인 오이의 양극에 전선과 꼬마전구를 연결했을 때 나타나는 현상은?

- BOD와 IOD, 주기율표, 할로겐화 화합물의 종류, 소인수분해, 매미의 생애, 기린의 목이 긴 이유, 양력과 부력의 차이, 함수의 정의, 이함수의 개수, 열역학 제2법칙

- 온실효과와 오존층 파괴란 어떤 것이고 그것을 일으키는 주요 물질은 무엇인가?

- 황하강의 물 색깔은 어떤 색인가, 황사 현상의 이유는 무엇인가?

- 물을 증발시키면 증류수가 된다. pH가 7로 알고 있는데 면밀히 따지면 6.7이다. 그 이유는?

- RNA와 DNA에 대해 말해 보라.

- 타원, 포물선, 쌍곡선을 정의하고 증명해 보라.

- 삼각 쌍뿔에서 타원, 쌍곡선, 포물선을 도시해 보라.

- 핵분열시 손상되는 에너지 양 선, 선 외에 나오는 방사선의 운동량을 구해 보라.

- 힘의 평형, 지렛대의 원리, ph의 정의, 반응속도와 촉매, 온도와의 관계, 평형상수, 멘델의 유전법칙, 복제인간, 아스피린 제조에 대해 말해 보라.

- 컴퓨터와 자연과학의 관련성에 대해 말해 보라.

- ABO식 혈액형에서 돌연변이는 나올 수 있는가?

■ 중화적정시 지시약이 ph에 따라 색이 변하는 그 원리는 무엇인가?

■ 헬리코박터균, 일식과 월식, 엔트로피, 철이 녹스는 과정, 예방 주사의 원리, 초전도체, 빛의 속도와 온도와의 관계, 인슐린의 역할과 포도당, 시신경 반응 경로와 뉴런에 대해 말해 보라.

■ 크기는 같고 질량은 다른 다 물체가 무중력 상태에 있을 때, 이 둘을 구별할 수 있는 방법은?

■ 철의 원자량과 원자 번호 중 어느 것이 먼저 발견되었는가?

■ 수성에 지구보다 운석 구덩이가 많은 이유는 무엇이며, 운석은 어떻게 형성되는가?

■ 호흡의 원리, 산과 염기에 대해 말해 보라.

■ 로그가 사용된 까닭은 무엇인지 말해 보라.

■ 교량의 역할, 물의 특성, 돌멩이의 부피과 공극 계산의 방법에 대해 말해 보라.

■ 현무암, 화강암, 편마암, 사암, 세일을 구분해 보라.

■ 지질 단면도를 보고 퇴적 순서를 설명해 보라.

■ 남아메리카 동쪽 해안과 서쪽 해안의 차이점은?

■ 지구 자전축이 팽이처럼 곧바로 세워졌을 때 발생할 일은?

■ 유전 공학의 핵심부분은 무엇인가?

■ 환경 오염을 알려 주는 식물은 무엇인가?

■ 환경 오염의 주 원인이 되는 요소는 무엇인가?

■ 내가 아는 수학자의 업적을 말해 보라.

■ 연속에 대한 수학적 정의를 내려 보라.

■ (수학 문제를 세 개 주고) 이 문제를 풀어 보라.

■ 생명과 환경에 대해 1분 동안 말해 보라.

■ 만유인력 법칙과 쿨롱법칙의 차이점과 유사점은?

■ 추시계의 회전축이 여름에도 꽉 끼지 않고 잘 도는 이유는?

■ 배가 뜨는 원리와 추진력의 원리를 비행기, 기차와 비교하라.

■ 승강기가 내려갈 때 체중계 눈금이 변하는 이유는?

■ 철의 산화 과정을 설명하라.

■ 소금이 물에 녹는 원리를 설명하라.

- 용매와 용질이 어떻게 섞이는가?

- 온도가 낮아지면 기체가 액체로 변하는 이유는?

- 먹이 연쇄가 무한하지 않은 이유는?

- 복제 개에 대해 설명하라.

- 인간게놈 프로젝트에 대한 생각은?

- 유전자변형 농산물의 장단점은?

- 히말라야 산맥의 위치와 형성과정은?

- 지구상에 내리는 빗방울의 개수를 모두 셀 방법이 있나?

- 비온 뒤 무지개가 생기는 이유와 이를 응용한 실생활 기구는?

- 지구에서 보는 하늘과 달에서 보는 하늘이 다른 이유는?

4. 인문 · 사회계열 · 법정대

- 남녀공학의 장단점을 말해 보라.

- '일본' 에 대해 어떻게 생각하는가?

- 최근에 읽었던 책이나 감명 깊었던 책에 대해 소개해 보라.

- 좋아하는 작가와 작품을 말하고 그 이유를 말해 보라.

- '왕따' 현상은 누구의 잘못이며, 원인은 무엇인가?

- 사람들이 자신의 개성을 강하게 표출하는 이유가 무엇이라고 생각하는가?

- 우리 사회가 나아가야 할 방향에 대해 말해 보라.

- 존경하는 철학자는 누구인가?

- 장래 희망을 구체적으로 말해 보라.

- 언론이 무엇이라고 생각하는가?

- 생의 마지막 순간이 어떠했으면 좋겠는가?

- 현대 사회가 갖고 있는 여러 가지 문제의 원인이 무엇이라고 생각하는가?

- 21세기에 정보의 의미는 무엇인가?

- 우리는 유토피아적 사회를 꿈꾼다. 그렇게 되기 위해 정치 · 경제적으로 필요한 것
  세 가지를 말해 보라.

■ 자신의 삶에 가장 소중하다고 생각하는 세 단어를 말해 보라.

■ 올해의 국제 정세에 대해 말해 보라.

■ 한국 언론의 문제점이 무엇이라고 생각하는가?

■ 남북 통일의 조건이 무엇이라고 생각하는가?

■ 장차 해외 활동을 한다면 어떤 곳에서 어떤 직업을 갖고 싶은가?

■ 대학 진학 후 하고 싶은 동아리 활동을 말해 보라.

■ 공법과 사법에 대해 설명해 보라.

■ 우리 나라의 외교 현황에 대해 말해 보라.

■ 우리 사회에 가장 불필요하다고 생각하는 것이 무엇인가?

■ 우리 사회가 살만한 곳이라고 생각한다면 그 이유를 말해 보라.

■ 체벌에 찬성하는가? 반대하는가?

■ 여성에게도 필요하다면 체벌을 가해야 한다고 생각하는가?

■ 작년에 난 신문 기사 중에서 가장 기억에 남는 것은 무엇인가?

■ 인생에서 가장 중요한 것이 무엇이라고 생각하는가?

■ 경실련에 대해 어떻게 생각하는가?

■ 상장회사를 설명해 보라.

■ 사회과학대학의 종류를 말해 보라.

■ 일본 문화에 대한 견해를 제시해 보라.

■ 코스닥과 나스닥을 설명해 보라.

■ 군필자 가산점에 대해 어떻게 생각하는가?

■ 우리나라 교육 제도를 어떻게 생각하는가?

■ 통일 후 남북한의 이질적인 법제도의 차이를 어떻게 극복해야 하겠는가?

■ 지금까지 우리나라 역사를 통틀어 가장 나쁘다고 생각하는 사람을 말하고 그 이유
를 제시해 보라.

■ 과소비란 무엇인가?

■ 바람직한 대학 생활이 무엇이라고 생각하는가?

■ 젊은이들의 청바지 문화 속에서 개량 한복이 갖는 의의는 무엇인가?

■ 우리나라 주변에 우방국이 있다면 어느 나라인가?

■ 내가 만약 통일부 장관이라면 귀순자들을 어떻게 하겠는가?

- 청소년들의 머리 염색을 어른들이 싫어하는데 그에 대해 어떻게 생각하는가?
- 한국의 민족성에 대해 말해 보라.
- 인간이 잘 산다는 것이 무엇을 의미하는가?
- 학생들이 학교 외에 학원을 찾는 이유가 무엇이라고 생각하는가?
- '가장 한국적인 것이 가장 세계적이다' 라는 말이 무엇을 의미하는지 말해 보라.
- 대중 매체의 부정적 기능에 대해 말해 보라.
- 광고가 우리나라 소비문화에 미친 영향에 대해 말해 보라.
- 입양에 대해 어떻게 생각하는가?
- 정보화 사회의 장점과 단점에 대해 말해 보라.
- 고등학교 때의 생활 태도가 대학 생활에 어떠한 영향을 미친다고 생각하는가?
- 미국과 영국의 민주정치 제도의 차이점은 무엇인가?
- 책은 존재할 것인가?
- 간다라 미술에 대해 설명해 보라.
- 북방 유목민족에 대해 아는 대로 이야기해 보라.
- 중국 역대 왕조에서 '효'를 중요하게 여긴 이유는 무엇인가?
- 요즘 TV에서 가난한 사람은 선하게 나오고 부유한 사람은 악하게 나오는데 그 이유는 무엇인가?
- 드라마와 영화의 사전 검열에 대해 어떻게 생각하는가?
- 철학이 무엇이라고 생각하는가?
- 철학책 중에서 읽어 본 것을 말해 보라.
- 통신 약어의 사용에 찬성하는가, 반대하는가?
- 미국과 한국의 정치 제도를 비교해 보라.
- '잘못되면 조상탓' 이란 속담을 역사적 사실에 비추어 설명하라.
- 문화에 대해 정의를 내려 보라.
- 한국에 청소년 문화가 존재한다고 생각하는가? 존재한다면 그 예를 들어 보고, 존재하지 않는다면 그 이유를 말해 보라.
- 전쟁 시뮬레이션 게임과 서바이벌 게임의 차이를 아는가?
- 사교육의 장 · 단점과 공교육과 사교육과의 관계를 지적하고 공교육의 지향점을 말해 보라.

■ 우리 나라는 종교의 자유를 인정하며 국방의 의무 또한 국민의 4대 의무로 명시하고 있다. 만약, 살상을 금하는 종교의 교인이 군입대를 거부한다면 이에 대해 본인은 어떻게 생각하는가?

■ 혼전 순결에 대해 어떻게 생각하는가?

■ '철학'에서 '철(哲)'자의 의미가 무엇인가?

■ 이 분야에서 이루고 싶은 일은 무엇인가?

■ 인문학의 위기에 대해 아는 대로 말해 보라.

■ 지금까지 학과와 관련해 어떤 책을 읽었는가?

■ 사형 제도에 찬성하는지, 반대하는지 자신의 입장을 말해 보라.

■ 21세기 사회에 큰 변화를 몰고 올 금세기 가장 중요한 사건은 무엇인가?

■ 빌게이츠가 어떤 사람이라고 생각하는가?

■ 우리나라 정치 개혁 방안을 제시해 보라.

■ 외교관이 된다면 대북 정책을 어떻게 하겠는가?

■ 10년 전 나의 모습과 10년 후 나의 모습을 말해 보라.

■ 대학 교수들의 방송 출연에 대해 어떻게 생각하는가?

■ 이 사회에 가장 필요한 것은 무엇이라고 생각하는가?

■ '한 우물을 파라'는 말이 있는데 어떤 의미라고 생각하는가?

■ 우리나라에서 꼭 사라져야 할 문제가 무엇이라고 생각하는가?

■ 우리나라에서 일하고 있는 외국인 노동자들에 대한 고용주들의 횡포를 어떻게 생각하는가?

■ 우리나라 문화 가운데 세계에 널리 알릴만하다고 생각하는 것을 말하고 그 이유를 말해 보라.

■ '유전자 조작 식품'에 대해 어떻게 생각하는가?

■ 현재 가장 문제가 되는 사회 현상이 무엇이라고 생각하는가?

■ '역사'가 무엇이라고 생각하는가?

■ 소크라테스가 말한 '너 자신을 알라'가 어떤 의미라고 생각하는가?

■ 황혼 이혼에 대해 말해 보라.

■ 미래 사회에 의·식·주가 어떻게 변화할 것인지 말해 보라.

■ 경품 행사를 자주 하는 오늘날의 소비 형태가 경제에 어떤 영향을 끼치는지 말해

보라.

- 언론의 자유와 권력간의 갈등에 대해 말해 보라.
- 서구 정당 정치와 한국 정당 정치를 비교해서 설명해 보라.
- 인터넷 상의 안티 사이트나 인터넷 신문 등이 인기를 끄는 이유를 사회 현상과 관련하여 말해 보라.
- 남북 대립이 아닌 동서 대립에 대해 각 지역 학생의 입장에서 비판해 보라.
- 지하철에서 구걸하는 사람을 보면 어떤 생각이 드는가?
- 원조 교제를 하고 있는 친구가 있다면 어떤 말을 해 주고 싶은가?
- 노동자들의 파업이 정당하고 보는가?

5. 경상계열, 관광, 국제

- 현대인 사이에 갈등이 발생하는 이유가 무엇이라고 생각하는가?
- 자신의 인생관에 대해 말해 보라.
- 세계화가 무엇이라고 생각하는가?
- 기억에 남는 선생님은 누구인가?
- 자신의 이름으로 삼행시를 지어 보라.
- 김치와 기무치의 차이를 말해 보라.
- 한국인의 장점과 단점에 대해 말해 보라.
- 인생에서 가장 소중했던 일은 무엇인가?
- 만약 1억이 생긴다면 어떻게 하겠는가?
- 사이버 공간의 활용 방안에 대해 말해 보라.
- 성차별에 대해 어떻게 생각하는지 말해 보라.
- 자신이 가장이 된다면 가훈을 무엇이라 짓겠는가?
- 같은 방을 쓴다면 어떤 사람과 쓰고 싶은가?
- 우리나라가 고쳐야 할 점이 무엇이라고 생각하는가?
- 중국인과 일본인의 기업 경영이 어떻게 다른지 설명해 보라.
- (영어로) 가족 중에서 가장 좋아하는 사람과 그 이유를 말해 보라.

■ 소극적 국가와 적극적 국가 중 지지하는 쪽과 그 이유를 말해 보라.

■ 만약 결혼을 한다면 직장을 가진 여성과 결혼하겠는가, 없는 여성과 결혼하겠는가?

■ '코스닥'이 무엇인가?

■ 집의 가훈을 말해 보라.

■ 앞으로의 경기를 전망해 보라.

■ 경제 분야에서 존경하는 인물이 누구인가?

■ 영어로 자기소개를 해 보라.

■ 영어의 공용화에 대해 어떻게 생각하는가?

■ 아는 경제학자가 있으면 그에 대해 말해 보라.

■ 요즘에 읽는 경제 관련 책에 대해 말해 보라.

■ 정보화 시대에 정보와 평등의 관계를 말해 보라.

■ 남북통일이 되지 않는 이유가 무엇인지 말해 보라.

■ 살면서 자기가 가장 싫었을 때는 언제인가?

■ 외제 자동차를 구입할 의향이 있는가?

■ 경영이 생활에 미치는 영향을 말해 보라.

■ 경영학과 경제학의 차이점을 설명해 보라.

■ 선호하는 기업은 어디이고 그 이유는 무엇인가?

■ '더불어 산다'는 것이 어떤 것이라고 생각하는가?

■ 공부했던 사회 과목 중 가장 흥미 있는 분야는 무엇인가?

■ 우리나라 지도자의 모습이 어떠해야 한다고 생각하는가?

■ 우리나라 고교 교육의 문제점이 무엇인지 말해 보라.

■ 자신의 장점과 단점을 말해 보라.

■ 주가와 금리의 관계를 설명해 보라.

■ 출신 고등학교에 대해 자랑해 보라.

■ 이 과에 대해 아는 대로 말해 보라.

■ 정보화 사회에 필요한 능력은 무엇인가?

■ 가장 존경하는 경영인은 누구인가?

■ 세상에서 가장 필요로 하는 사람이 어떤 사람이라고 생각하는가?

- 자기의 인생을 바꾸어 놓은 가장 큰 사건은 무엇인가?
- 문화 개방과 관련하여 우리가 해야 할 생각과 행동을 말해 보라.
- '기회 비용'을 정의하고, 그것을 어떻게 이용하는 것이 좋은지 말해 보라.
- 인류 멸망을 초래할 수 있는 문제가 무엇인지 밝히고, 그에 대한 대책을 말해 보라.
- 일본 문화 개방은 점진적으로 이루어지는 것이 좋은가, 급진적으로 이루어지는 것이 좋은가? 둘 중 하나를 선택하여 자신의 견해를 말해 보라.
- 체벌에 대해 어떻게 생각하는가?
- 주식과 사채의 차이를 설명해 보라.
- 어떤 사회학자가 우리나라를 '남자의 사회'라고 불렀다. 우리나라가 그렇게 불려질 수 있는 원인은 무엇이고, 이에 대한 자신의 견해는 어떠한지 말해 보라.
- 우리나라 경제 상황 중에서 가장 나쁜 점이 무엇인지 밝히고, 개선 방향을 제시해 보라.
- 유전자 지도에 대해 어떻게 생각하는가?
- '고흐'의 그림에 대해 어떻게 생각하는가?
- 21세기에는 어떤 인간형이 성공할 것이라고 생각하는가?
- 만약 자신의 아버지가 말기 암 환자이고, 의사가 회생 가능성이 없다고 한다면 어떻게 하겠는가?
- 국제화에 발맞추어 어떤 일을 계획하고 실행하고 있는가?
- 빌게이츠에 대한 자신의 생각을 말해 보라.
- 최근 세계 경제 기사 중 기억에 남는 기사를 말해 보라.
- 경영에 대한 책은 읽었는가?
- 경영학에 대해 아는 대로 말해 보라.
- 우리 학과에 대해 아는 대로 말해 보라.
- 학생이 창의적이라면 30초 이내에 보여 보라.
- 공인회계사가 어떤 일을 하는지 설명해 보라.
- 스톡옵션을 설명해 보라.
- 교실 붕괴의 원인을 분석하고 대책을 제시해 보라.
- 외국 제품을 사용하는 것에 대해 어떻게 생각하는가?
- 서양인들이 생각하는 한국의 혐오 식품에 대해, 설명할 기회가 주어진다면 어떻게

설명하겠는가?

- 한국 교육의 가장 큰 문제점이 무엇이라고 생각하는가?
- 경영학과가 세부적으로 어떻게 나뉘는지 설명해 보라.
- 경영인이 가장 중요하게 여겨야 할 것이 무엇이라고 생각하는가?
- 결혼한 후에 가정과 직장 중 어느 것을 더 중요하게 생각할 것인가?
- 자신의 30년 후의 모습을 말하고 그때까지의 인생 과정을 말해 보라.
- ‘인플레이션’을 설명해 보라.
- 경제학을 어떤 학문이라고 생각하는가?
- 학교들의 피선거권 요구에 대해 어떻게 생각하는가?
- 우리나라에서 사라져야 할 문화에 대해 말하고, 그 이유도 말해 보라.
- 자신이 생각하는 21세기의 유망 직종과 그 이유를 말해 보라.
- 광고를 찍는 데 가장 중요한 요소가 무엇이라고 생각하는가?
- 우리나라의 역사 인물 중 누구를 가장 존경하는가?
- 문학 작품이 나에게 주는 이점이 무엇이라고 생각하는가?
- 정보화 사회에 야기되는 문제점이 무엇이라고 생각하는가?
- 전문 경영인과 소유 경영인 중 어느 것이 더 바람직하다고 생각하는가?
- 기업의 사회적 기능과 이윤 추구를 어떻게 조화시키는 것이 바람직한가?
- 학생들이 대학에 입학한 후 방탕한 생활을 하는 이유가 무엇이라고 생각하는가?
- 공인회계사나 변리사가 점점 그 합격자를 늘리고 있는데 그에 대해 어떻게 생각하는가?
- 경영을 하는 데 경영자의 자질은 선천적으로 타고나는 것인가, 후천적 노력으로 만들어가는 것인가?
- 구조조정이란 무엇인가?
- 빵의 크기가 우선인가 아니면 분배가 우선인가?
- 환율이 오를 때에 일어날 수 있는 모든 일을 말해 보라.
- 영화나 그 밖의 대중매체의 폭력성이 실제 생활에 영향을 미치는 상황에서 이러한 선정적이고 폭력적인 면을 표현의 자유로 인정할 것인가, 아니면 규제해야 할 것인가?
- 기업 같은 경제 단체의 이익 활동이 법적으로 정당하나 실제로는 남에게 피해를 줄

때가 많다. 이러한 면에 대해 자신이 경영자라면 어떻게 하겠는가?

- 국산품을 애용해야 하는가?

- 과소비에 대한 자신의 입장을 말해 보라.

- 기차 안에서 떠드는 아이가 있다. 어떻게 하겠는가?

- 자유 무역과 보호 무역 중 어느 것이 우리나라에 이로운가?

- 신용 카드의 장·단점과 이를 이용한 전자 화폐의 영향을 말해 보라.

- 역사적으로 쿠데타가 정당화될 수 있는지, 없는지 근거를 들어 주장해 보라.

- 트로트를 좋아하는지, 안 좋아하는지 말하고, 안 좋아한다면 그 이유를 말해 보라.

- 20년 후의 자기 모습을 말해 보라.

- '정리해고제도'에 대해 어떻게 생각하는가?

- 바람직한 인간형에게 필요한 성품 세 가지를 말해 보라.

- 현재 우리 나라에서 가장 시급한 경제 문제는 무엇이고 그 대책은 무엇인가?

- 핸드폰의 무분별 사용을 법으로 금지해야 할까, 아니면 다른 대책을 마련해야 할까?

- 우리나라와 일본의 관계가 어때야 한다고 생각하는가?

- 일본문화가 개방되고 있다. 그에 대한 우리의 대응 태도가 어떠해야 한다고 생각하는가?

- 50년 후에 한국 경제가 어떤 모습이겠는가? 그리고 그때 본인은 무엇을 하고 있을 것 같은가?

- 외국기업의 국내 진출로 우리 경제가 외국에 귀속될지도 모른다는 견해가 있다. 자신의 의견을 말해 보라.

- 경제학 분야 중에서 어떤 분야에 특히 관심이 있는가?

- '자동차 10부제'에 대해 어떻게 생각하는지 말해 보라.

- 한·중·일 삼국 관계에서 우리의 역할을 설명해 보라.

- 본인이 경제 정책을 만드는 사람이라면 어떤 정책을 만들겠는가?

- 사회에서 여성의 지위가 낮은 이유를 말해 보라.

- 연예인들의 명문 대학 입학에 대해 어떻게 생각하는가?

- 환율이 하락하면 어떤 현상이 벌어지는가?

- 환율 하락하면 대한항공 주식은 오를까 내릴까? 그 이유는?

■ 우리나라 금융 문제의 근본적인 원인은 무엇이라 보는가?

■ 미팅에 나갔을 때 마음에 안 드는 사람과 파트너가 됐다면 어떻게 시간을 보내겠는
가?

■ 당신이 한 회사의 최고 경영자라면 산업스파이가 경쟁사의 기밀을 사라고 제의할
경우 어떻게 행동하겠는가?

■ 아파트에서는 개를 키우지 못하도록 돼 있지만 만일 당신의 옆집에 개를 기르고 있
다면 어떻게 대처하겠는가?

■ 서울의 좋은 점과 나쁜 점을 말해 보라.

■ 박세리와 인터넷의 공통점을 비교해 보라.

■ '왕따 현상'에 대한 자신의 입장을 말해 보라.

■ '자동차 10부제 운행'에 대해 어떻게 생각하는가?

■ 우리 학교에서 본인을 뽑아야 하는 이유에 대해 말해 보라.

■ 지방에도 훌륭한 대학이 많은데 굳이 서울에 있는 대학을 지원한 이유는 무엇인
가?

■ 사랑이란 무엇인가?

■ 과거 우리나라가 급속도로 경제 발전을 이룰 수 있었던 이유를 말해 보라.

■ 20세기 우리 나라에서 가장 훌륭한 인물이 누구라고 생각하는가?

■ 경제의 3원칙을 말해 보라.

■ 수능 시험이 끝난 후 수험생들이 학교에서 비디오를 보며 노는 것에 대해 어떻게
생각하는가?

■ 시장 경제의 장점과 단점에 대해 말해 보라.

■ 직업을 선택할 때 적성과 미래성 중 어떤 점을 더 중시하겠는가?

■ 기업을 운영하는 데 있어 항상 공정한 경쟁이 가능한 것은 아니며, 때로는 부득이
하게 불공정한 경쟁을 해야 할 때도 있다. 경영인의 입장에서 불공정한 경쟁을 해
서라도 이윤을 추구하겠는가? 아니면 경쟁을 포기하겠는가? 그리고 그 이유는?

■ 외국인 노동자에 대한 차별 대우를 어떻게 생각하는지 말해 보라.

■ '경제'에 관해 읽은 책이 있으면 그 책의 제목과 내용을 말해 보라.

■ 경제학과 경영학의 차이점에 대해 말해 보라.

■ 상품으로서 '나'의 가치에 대해 말해 보라.

- 동북아 지역은 왜 경제 블록화가 잘 이루어지지 않는지 말해 보라.

- 고대 봉건 사회에서 忠의 의미는 무엇이며 이러한 忠의 개념이 현대에는 어떻게 변화되었는지, 그 변화의 원인은 무엇인지 말하라.

- 신에 대한 자신의 생각을 말해 보라., 오늘 우리 사회가 필요로 하는 인물은?

- 모럴해저드, 과소비에 대해 말해 보라.

- 공공요금 상승이 경제에 미치는 가격탄성력에 대해 설명하라.

- 환율이 올라가거나 내려가면 우리나라의 경제는 어떻게 되는가?

- 교육 분야에도 시장 원리를 도입해야 한다고 생각하는가?

- MBA, CPA, CEO, 구조조정, 은행합병, 펀드메니저, 증권시장, 가계저축, 시장 경제 원리는?

- 외국인의 국내 기업 인수에 대해 설명하라.

- 영조의 탕평책이 갖는 현대적 의의는 무엇인가?

- 기업의 위기 상황에서 경영인의 대처방안, 21세기 새로운 경영 전략은?

- 경제성장과 환경보호와의 관계에 대해 말해 보라.

- 경제 글로벌화의 정의를 내리고 장, 단점을 말해 보라.

- 노사 분규가 발생했을 때 노동자측과 회사측 중에서 어느 쪽의 입장을 더 우선해야 하는지에 대해 말해 보라.

- 산업사회에서 정보화 사회로 변화하면서 직업의 변화에 대해 말해 보라.

- 중국의 WTO가입이 우리나라 경제에 미치는 영향을 말해보라.

- 대기업이 우리사회에 미친 긍정적인 측면, 부정적인 측면에 대해 말해 보라.

- 관광학이란 무엇인지 말해 보라.

- 관광과 여행의 차이점은?

- 자신의 전공 분야에서 어떤 식으로 세계화에 발 맞춰 나갈 것인가?

- 지적 재산권을 왜 보호해야 하는지 말해 보라.

- 시중에 풀리는 통화량이 증가하면 어떤 현상이 나타나는가?

- 기업의 목적이 이윤 추구라는데 대한 자신의 견해는?

- '세계화' 를 정의해 보라.

- 남북통일에 대해 어떻게 생각하는가?

- 알고리즘에 대해 말해 보라.

- 우리 학교에 왔을 때 첫 느낌을 말해 보라.

- 컴퓨터와 관련하여 경력이 있으면 말해 보라.

- 학부 중에서 어느 학과로 진로를 정할 것인가? 그 이유를 말해 보라.

- 자신의 장점과 단점을 말해 보라.

- 우리나라에서 전기 산업이 어떤 역할을 하는지 말해 보라.

- 인터넷이 우리 삶에 미친 영향에 대해 말해 보라.

- 기억나는 책을 요약해 보라.

- 대학교의 학과 제도를 설명해 보라.

- 컴퓨터 공학에 대해 아는 대로 말해 보라.

- 미래에 희망하는 직업을 말해 보라.

- 멀티미디어가 우리 생활에 미친 긍정적 영향을 말해 보라.

- '가상교육'을 설명하고 그것의 장점과 단점에 대해 말해 보라.

- 수학 또는 물리 문제 중 두 문제를 풀어라.(제한 시간 5분)

- 사교육의 병폐를 막기 위해 수능 난이도를 낮춘 교육부의 정책에 대해 어떻게 생각하는가? 또 사교육의 병폐를 막기 위한 대안은 없는가?

- 전자 매체가 발달함에 따라 서적이나 신문 등과 같은 활자 매체가 소멸할 것이라고 생각하는가?

- 영어공용화에 대해 어떻게 생각하는가?

- 돈 30만원이 필요한데 어떻게 하겠는가?

- UFO를 믿는가? 믿는다면 그 이유를 말해 보라.

- '학부제'에 대해 어떻게 생각하는가?

- 맨홀 뚜껑이 둥근 이유를 설명해 보라.

- '마이크로프로세서'의 의미는 무엇인가?

- '남녀공학'에 대한 자신의 견해를 말해 보라.

- 고교 생활과 대학 생활의 차이를 말해 보라.

- 우리나라 전자 · 정보의 미래에 대해 말해 보라.

- 영화 한편의 부가가치가 자동차 수만 대의 부가가치를 능가한다는 말이 있다. 이것의 허와 실을 말해 보라.

- 기부금 입학 제도에 찬성하는가, 반대하는가?

- 절친한 친구가 교실에서 물건 훔치는 것을 보았다. 어떻게 하겠는가?

- 전자 도서관의 장점·단점을 말해 보라.

- 전자 상거래로 어느 집단이 이익을 보고, 어느 집단이 불이익을 보겠는가?

- 수상 경력이 있으면 말해 보라.

- 거지를 보면 어떤 생각이 드는가?

- 사회 문제 중 아무것이나 선택해서 논해 보라.

- $\cos x$를 x에 관해 미분하고, y에 관해 적분해 보라.

- 20년 후 자신이 어떻게 되어 있을 것 같은지 말해 보라.

- 정부가 지원을 한다고 할 때 대기업과 중소기업 중 어느 곳에 해야 할까?

- 케이크를 칼을 세 번 써서 같은 크기로 8등분할 수 있는 방법에 대해 말해 보라.

- 교통경찰이 한 신호 위반자를 불러 세웠다. 그런데 그 신호 위반자는 다른 사람도 위반을 하는데 왜 자신만 잡느냐고 항의했다. 내가 교통경찰이라면 항의하는 사람에게 뭐라고 설명하겠는가?

- 하늘은 왜 푸른가?

- $\sin 2\theta + \cos 2\theta = 1$을 증명하라.

- 옆집 개가 매일 짖어서 방해가 될 때 어떻게 하겠는가?

- 엔지니어는 어떤 점을 갖추어야 하는가?

- $33554422 = 2n$에서 n을 되도록 빨리 구하라.

- 정보통신 산업의 발전 방향과 인터넷의 보편화에 대한 의견은?

- 정보화 사회의 장점과 단점과 해결할 방안?

- 미래에는 모든 책들이 없어지고 전자 매체로 변화할 것인가?

- 어떤 소년이 소년원에 들어갔는데 그 이유는 그 소년이 가출을 해서 먹고, 잘 곳이 없어서였다. 그 소년의 행동이 정당한지 여부를 논하고 정당하다면 그 이유를 설명해 보라.

- 동굴에서 분필 1개와 횃불만을 들고 길을 읽었을 때, 입구를 찾는 방법을 말해 보라.

- 열이 전도되는 원리를 설명해 보라.

- 옆방에 TV가 켜져 있는데 소리만 들리고 빛은 보이지 않는다. 그 이유를 설명해 보라.

- 달에서 무전기로 대화해야 하는 이유를 설명해 보라.

- 영어공용화에 대한 자신의 견해를 말해 보라.

- 컴퓨터는 뭘 하는데 쓰는 물건인지 말해 보라.

- 컴퓨터 중에서 관심 분야는 무엇인가?

- 컴퓨터를 필요해서 배우는 것과 전공으로 배우는 것의 차이는?

- 자원 고갈에 대해 어떻게 생각하며, 해결 방안은 무엇인지 말해 보라.

- 일분문화 개방에 대한 견해는?, 학생회장을 선출하는데 도덕성이 결여된 리더십이 강한 학생과 도덕성은 있으나 리더십이 없는 경우가 있다면 어느 쪽을 선출하겠는가?

- 정보통신에 대한 견해는?

- 디지털과 아날로그의 차이점은?

- 전기공학부에 어떠한 분야가 있는지 아는가?

- 어떤 물질을 생산하는데 그 이윤은 크지만 환경오염이 심할 때 어떻게 하겠는가?

- 자신이 지망하는 학과를 공부하는데 있어서 기본적으로 요구되는 능력은 무엇인가?

- 컴퓨터의 주요 특징과 기능에 대하여 설명해 보라.

- 부등식의 영역, 로피탈의 정리, IT의 원어와 IT의 종류에 대해 말해 보라.

- 피타고라스의 정리를 삼각 함수를 이용하여 말해 보라.

- 가속도가 줄어들면 속도도 줄어드는 것이 맞는지, 틀리다면 그 이유는?

- 핸드폰의 주파수가 자꾸 높아지는 이유는?

- 물의 비중이 4일 때 최대가 아니고 온도가 내려갈수록 커진다면 어떤 현상이 발생할지 말해 보라.

- 함수, 역함수, 센서, BK21, 미분과 적분, 뉴턴의 제 2법칙, OS2, CDMA에 대해 말해 보라.

- 집합과 명제, 부분집합과 명제의 정의에 대해 말해 보라.

- 미적분의 근본 개념을 설명하라.

■ 좌표평면에서 복소수의 곱셈에 대하여 말해 보라.

■ 1바이트는 몇 비트인가?

7. 교육대, 사범대

계열 공통

■ 왜 교육학과를 지원했는가?

■ '교사' 라는 직업에 대해 어떻게 생각하는가?

■ 교육학과는 무엇을 배우는 학과인가?

■ 체벌에 대한 자신의 입장을 말해 보라.

■ 집안의 가훈을 말해 보라.

■ 할아버지 성함을 한자로 써 보라.

■ 실력과 학연 · 지연의 상관 관계를 설명해 보라.

■ 사회에서 지도자의 역할이 어떠해야 한다고 생각하는가?

■ 우리 사회의 가장 심각한 문제가 무엇이라고 생각하는가?

■ 자신이 학생회의 일방적 결정에 반대하는 입장을 가질 때, 학생회의 일방적인 결정
  에 대해 개인으로서 어떻게 대응하겠는가?

■ 토끼와 거북이가 경주를 하는데 자신이 거북이라면 토끼의 제안을 받아들이겠는
  가?

■ 교직과 다른 직업의 차이점에 대해 말해 보라.

■ 교실 붕괴의 원인을 가정, 학교, 사회 측면에서 말하고 그 대책을 말해 보라.

■ 교사가 되기 위한 자질 3가지를 말해 보라.

■ 그릇된 가치관을 가진 지식인이 사회를 지배할 때 나타날 수 있는 문제는?

■ 남북통일이 된다면 교사로서 남북의 아이들을 어떻게 지도하겠는가?

■ 세종대왕의 한글창제가 우리 문화에 끼친 영향은?

■ 동도서기론(東道西技論)이 갖는 현대적 의의에 대해 말해 보라.

■ 친일파 3명 이상의 행적에 대해 말해 보라.

■ 영어 조기 교육에 대해 어떻게 생각하며 적절한 시기는 언제라고 생각하는지 말해

보라.

- 중, 고등학생들이 과외를 많이 하는데 과외에 대해 어떻게 생각하는지 말해 보라.
- 동해를 일본해라고 부르는데 이에 대한 견해를 말해 보라.
- 중등교사의 초등교사자격 허용에 관해 말해 보라.
- 선생님이 되고 싶은 이유가 무엇인가?
- 현재 교육 제도의 문제점을 말하고 해결책을 제시해 보라.
- 반에 가정에서 학대받는 아동이 있다면 담임으로서 어떻게 하겠는가?
- 교권 하락의 원인과 대책은?
- 초등학교에서 과학을 가르쳐야 하는 이유는?
- 수업 잘하는 교사, 박학다식한 교사, 인간적인 교사 중 하나를 고른다면 어떤 것을 고를 것인가?
- 개인을 도덕적으로 교육시키면 그 사회도 도덕적일 수 있는가?
- (지문을 주고) 독해해 보라.
- 창의성을 존중하는 교육과 사회 구성원으로서의 질서 존중 교육 중에서 중요한 것은 무엇이겠는가?

국어교육과

- 자기소개를 해 보라.
- 모든 국민이 말을 할 수 있는 상황에서 과연 국어 교육이 필요한가?
- 국어교사는 어떠한 자질이 필요하다고 생각하는가?
- 교사의 인생관과 가치관이 중요한 이유를 말하라.

영어교육과

- 이 과에 지원한 동기는 무엇인가?
- 영어로 간단하게 자기소개, 부모님 소개를 해 보라.
- 21세기에 필요한 교사로서의 자질이 무엇이라고 생각하는가?
- 21세기 영어 교사로서 다른 교사들과 다르게 기대되는 것은 무엇인가?
- 영어 실력은 좋은가?
- 영어교육과가 어떤 과라고 생각하는가?

- '나는 방금 점심을 먹고 왔다' 를 영작해 보라.

- 초등학교 영어 교육에 대한 생각은?

- 평소에 영문 서적을 읽은 것이 있으면 제목과 내용을 말해 보라.

- 영어영문학과와 영어교육학과의 차이점, 영어 교사의 자질은?

- please를 감정을 실어서 발음해 보라.

- 가족 관계를 말해 보라.

- 출신 고등학교의 교육 방침 및 환경에 대한 단점을 말해 보라.

- 미래의 교사상을 말해 보라.

- 구구단 9단의 특징을 말해 보라.

- 교사보다는 다른 쪽으로 많이 가는데 그래도 교사가 되겠는가?

- 증명이 무엇이며, 왜 필요한가?

- 함수란 무엇인가? 일상생활에서의 함수의 예를 들고 함수의 중요성을 말하라. 만유인력 법칙도 함수인가?

- 수학적 사고란 무엇인가? 수학적 사고의 필요성은 무엇인가?

- 자신의 인생관과 가치관을 말하라.

- 한 직선이 있고 한 점에서 평행선을 그었을 때 그것이 평행하다는 것을 증명해 보라.

- 함수의 정의를 말하고 생활 속의 함수의 예를 말하라.

- 평균변화율, 미분계수, 도함수의 정의를 구분하고 미분계수의 기하학적 의미를 설명하라.

- 부정적분의 정의와 정적분의 활용 예를 구체적으로 설명하라.

- 호도법, 증명의 정의, 벡터, 무한급수의 개념에 대해 말해 보라.

- 미분적분이 실생활에 쓰이는 예와 원리에 대해 말해 보라.

- '유리수+무리수' 가 무리수임을 귀납 증명해 보라.

- $x^2+x+1=0$의 z이 실수인지 말하고 왜 그렇게 되는지 말해 보라.

- 적분해서 자기 자신이 되는 함수는 무엇인가?

- 소수의 개수를 말해 보라.

■ 학교 선생님들도 정보화 교육을 해야 한다고 생각하는가?

■ 미래 사회에 교육이 어떤 방식으로 진행될 것이라고 생각하는가?

■ 청소년 문화에 대한 자신의 의견을 말해 보라.

■ 벌과 보안처분에 대해 설명하여라.

■ BOD, DO 유기물을 정의 내리고 그 상호관계를 설명하라.

■ 교사도 전문직이라고 생각하는가?

■ 가치 있는 삶이란 어떤 것이라고 생각하는가?

■ 현재 우리나라 교사의 지위는 어떻다고 생각하는가?

■ 탈선에 대해서 예를 들어 설명하라.

■ 부모가 될 때 어떤 부모가 될 것인가?

■ 학생과 부모사이의 세대 차이는 왜 생기는가?

■ 대중문화의 몰개성화에 대한 자신의 견해는?

■ 실학의 의의를 말해 보라.

■ 실학자 이름을 아는 대로 말해 보라.

■ 기부금 입학 제도의 타당성에 대해 논하라.

■ 이순신 장군 다음으로 존경하는 사람이 누구인가?

■ 사회가 변화하는데 교사는 어떻게 대처해야 할까?

■ 우리나라 공교육의 바람직한 방향에 대해 말해 보라.

■ 올해 가정 역사적인 사건에 대해 말해 보라.

■ 임진왜란 병자호란 이후 조선사회의 변화에 대해 설명하여라.

■ 인류의 스승은 어떤 사람이며 그 조건은 무엇인가?

■ 소수림왕이 고구려에 어떤 기여를 했는가?

■ 중국 당나라와 우리나라와의 관계는?

■ 인원이 많은 교실에서 아이들을 어떻게 통솔해야 할까?

■ '잔다르크'를 읽어 보았는가? 그랬다면 감명 깊었던 점은 무엇인가?

- 고려 광종의 개혁 정치, 대한제국 시기의 개혁(광무개혁)에 대해 말해 보라.
- 한글의 우수성, 낭만주의와 계몽주의에 대해 말해 보라.
- 위정척사운동, 위정척사운동의 대표적 인물에 대해 말해 보라.

- 통일 문제에서 민족 국가 중 우선해야할 것은 무엇이라고 생각하는가?
- 현행 선거 제도의 문제점과 그 대책을 말해 보라.
- 지금까지 살아오면서 결심했던 일 중에서 이룬 것과 이루지 못한 것을 말하고 각각
  의 이유는?
- 이산가족 상봉의 필요성을 윤리설의 입장에서 논하라.
- 고등학교가 평준화되면서 생긴 부작용에 대해 말해 보라.
- 전인 교육이란 무엇이고 그것이 '한우물 파는 사람' 과 어떤 관련이 있을까?
- 중 · 고등학교에서배운 도덕 · 윤리 교과가 어떻게 현실 생활에 적용될 수 있을까?
- 법과 국법과 도덕을 정의하고 그 차이점에 대해 말해 보라.
- '모든 인간은 죄를 가지고 태어난다. 죄를 지은 사람은 감옥에 가야 한다. 그러므
  로 모든 인간은 감옥에 가야 된다.' 라는 연역추리에서 잘못된 부분은 무엇인가?
- 나는 '나' 에 대해서 어떻게 평가하는가?
- 세대간의 갈등 형태와 그 해결 방안은?

- 공룡이 왜 멸종했는지 말해 보라.
- 자동차 급발진의 원인을 말해 보라.
- 쥐와 코끼리가 서로 밀면 어떻게 되겠는가?
- 냉장고에 오래 보관한 채소가 시드는 원리를 말해 보라.
- 산성비가 만들어지는 원리와 PH와의 관계를 말해 보라.
- 철새는 머리도 나쁘고, 눈도 나쁜데 어떻게 알고 이동하는가?
- 환경 호르몬이 우리 몸에 유입되는 경로를 설명하고 그 결과를 구체적으로 말해 보
  라.
- 현미경 대물렌즈에 파리고 앉으면 어떻게 보이겠는가?

가정교육학과

- 교사의 장점에 대해 말해 보라.

- 여성들의 가사 노동에 대해 어떻게 생각하는가?

- 요즘의 가족해체 현상에 대한 견해는?

- 부모님의 이혼에 대해 어떻게 생각하는가?

- 학생 흡연에 대해 어떻게 생각하는가?

- 정보화가 우리 생활에 미치는 영향은?

- 교사의 장점에 대해 말해 보라.

- 여성들의 가사 노동에 대해 어떻게 생각하는가?

한문교육과

- 초등학교, 한문교육과를 한자로 써 보라.

- 한문학자에 대해서 아는 대로 말하시오.

- 한문학이란 어떤 학문이라 생각하나?

- 가고 싶은 유적지는?

물리교육학과

- 원자의 구조와 선스펙트럼에 대하여 설명하라.

- 나노물리학이란 무엇인가를 간단하게 설명하라.

- 생활 속에서 매일 일어나는 일들이 대부분 물리적 현상이다. 그 중 몇 가지 예를 들고 간단하게 설명하여라.

- 현재 우리가 관찰할 수 있는 가장 작은 물질의 크기는?

- 핵융합시 높은 열을 필요로 하는 이유는?

- 중학생에게 빛이 입자인지 파동인지 설명해 보라.

- 에너지 보존 법칙에 의해 에너지는 보존되는데 왜 에너지 절약을 해야 하는가?

화학교육과

- 물 200㎖에 들어 있는 분자의 개수는?

- 학생들이 선생님을 선택해서 평가하는 것에 대해 어떻게 생각하는가?

- 앞으로 어떤 선생님이 되고 싶은가?
- 피아노 외에 다루는 악기가 있으면 말해 보라.
- 10년 후 자신이 원하는 교사의 모습을 말해 보라.
- 현재 음악 교육의 문제점이 무엇이라고 생각하는가?
- 오케스트라와 합주의 차이점에 대하여 설명하라.

체육교육과

- 100m 몇 초에 뛰는가?
- 자신이 좋아하는 운동은 무엇인가?
- 삶의 목표 세 가지를 말하라.
- 체육과 스포츠의 차이는 무엇인가?
- 체육의 가치와 의의, 바람직한 체육 교사상은?
- 남·북간의 체육 교류가 남북통일에 이바지할 수 있다고 생각하는가?
- 현대 사회와 스포츠와의 관계를 신문 기사 형식으로 말해 보라.
- 스포츠 용병제의 장점과 단점은?

8. 예체능학부

음악과

- 음악 발전을 위해 세계적인 음악가를 초청해야 하는데 나라 경제를 생각할 경우 어떻게 하겠는가?
- 입시곡으로 나온 것의 작품 번호는 몇인가?
- 브람스 변주곡 테마와 같은 곡은?
- 연주해본 오케스트라 곡을 말해 보라.
- 음악을 안 했다면 무엇을 했겠는가?
- 대중가요에 대해 어떻게 생각하는가?
- 베토벤 심포니는 몇 개인가?

■ 이자이(작곡가)에 대해 설명해 보라.

■ 모짜르트에 대해 아는 대로 말해 보라.

■ 실기곡의 장조는 무엇인가?

■ 실기곡 작곡가의 활동 시대는 언제인가?

■ 현대 음악의 작곡가를 아는 대로 말해 보라.

■ 좋아하는 피아니스트를 말하고, 그 이유는?

■ 앙상블 경험이 있는가?

■ 바로크 시대 작곡가 세 명을 대보아라.

■ 베토벤 후기 소나타는 몇 개인가?

■ 베토벤 피아노 콘체르토는 몇 개인가?

■ 실내악 활동에 대한 생각을 말해 보라.

■ 브람스와 베토벤의 작품 번호와 곡의 조성을 말해 보라.

체육학부

■ '스포츠의학'에 대해 설명해 보라.

■ 신체 중에서 불편한 곳이 있는가?

■ 체육과 스포츠의 차이점을 설명해 보라.

■ 운동선수들에 대한 병역특혜를 어떻게 생각하는가?

■ 체육에 관련된 서적을 읽어 본 적이 있는가?

■ 우수한 선수를 만들기 위한 조건은 무엇인가?

■ 체육학과에 실기가 없는 것에 대해 어떻게 생각하는가?

■ 일반적으로 운동은 유산소 운동과 무산소 운동으로 구분된다. 이중에서 유산소 운동의 정의, 종류 및 효과에 대하여 설명하라.

미술학과

■ 역사적으로 시대를 이끈 사람은 민중인가 영웅인가?

■ 고려시대와 조선시대 미술양식의 차이점을 설명해 보라.

■ 구세대와 신세대의 차이를 비교한 후 현재 우리사회의 신세대 공동체 의식 결여와 기성세대의 몰개성 중 어느 것이 더 나은지 비교해 보라.

- 예술과 기술의 차이는 무엇인가?
- 디자인과 공예의 차이는 무엇인가?
- 세계적인 디자이너의 이름을 대라.
- 장차 합격한다면 디자인 중 어느 분야를 공부하고 싶은가?
- 주변에서 디자인이 잘 되었다고 생각하는 것을 말하고 왜 그렇게 생각하는지 설명해 보라.
- 주변에서 디자인이 잘 못되었다고 생각하는 것을 말하고 왜 그렇게 생각하는지 설명해 보라.
- 조선시대에 디자인이 있었다고 가정하고 오늘날의 디자인과 비교하여 차이점을 말해 보라.
- 부모님의 직업에 대해 말해 보라.
- 디자인이 무엇이라고 생각하는가?
- 연출을 하고 싶은 이유는 무엇인가?
- 일본 영화를 어떻게 생각하는가?
- 우리 나라 디자인의 문제점을 말해 보라.
- 대학을 다녀야 할 필요성을 느껴서 대학을 지원했을 텐데 그 이유는 무엇인가?

- 좋아하는 감독은 누구인가?
- 이해하기 힘들었던 영화는 무엇인가?
- 연극과 영상 중 관심 있는 분야는 무엇인가?

9. 치의대 · 한의대 · 간호대 · 약대

- 행복한 삶이란 어떤 삶인가?
- 의학에서 해부학이 꼭 필요하다고 생각하는가? 필요하다면 그 이유는 무엇인가?

- 자신이 의사가 된다면 의사로서 유리한 점과 불리한 점이 무엇이겠는지 말해 보라.
- 응급 환자가 들어왔는데 돈이 없어서 수술이 불가능한 경우 본인은 어떻게 하겠는 가?
- 서양 의학으로는 치료가 불가능한 질병이 기치료와 같이 검증되지 않은 방법으로 치료되는 경우가 있는데 이를 신뢰하는가? 또 환자에게 권하겠는가?
- 출세의 길이 보장되는 유학의 기회가 왔다. 그런데 애인을 데려갈 수가 없다. 본인 이라면 어떻게 하겠는가?
- 법과 도덕의 차이점을 말해 보라.
- 의사 노조에 찬성하는가?
- 전공하고 싶은 분야는 무엇인가?
- 세대차이란 무엇이고, 그것을 극복할 방법은 무엇인지 말해 보라.
- 김치와 기무치의 차이점을 말해 보라.
- 내가 만약 정책 입안자라면 유전 공학 기술의 남용을 막기 위한 어떤 정책을 펴겠 는가?
- 의사 수가 포화 상태인데 이에 대해 어떻게 생각하는가?
- 인공 장기란 무엇이며, 신체 중 인공 장기를 만들기 가장 쉬운 부분은 무엇인가?
- 사교육이 점차 증가하는 추세이다. 바람직하다고 생각하는가?
- 여성의 사회적 지위를 향상하기 위해 필요한 일은?
- 뇌사 판정을 받은 사람의 장기 기증에 대한 의견은?
- 불치병에 걸린 환자에게 사실을 알려야 한다고 생각하는가?
- 최근에 읽은 책을 말하고, 그 책에 대한 자신의 느낌을 말해 보라.
- 형제도를 어떻게 생각하며 동물을 죽이는 것과 사람을 죽이는 것에 어떤 차이가 있 는지 설명하라.
- 안락사에 대한 찬반 견해는?
- 외국으로 유학 간다면 어떻게 하겠는가?
- 대체 과학이 무엇이라고 생각하는가?
- 님비 · 핌비 현상에 대해 설명해 보라.
- 자신이 지원한 과가 자신의 적성에 맞다고 생각하는가?
- 인생에서 좌절과 후회를 경험한 적이 있는가? 있다면 언제였나?

■ 멘델의 유전법칙 3가지, 생리식염수, 생물의 특징, 배아줄기세포, 뉴런, 무성 생식
　의 방법, 줄기 세포, '클론' 의 개념과 예, 삼투압, 안락사, 혈액 중 세포의 종류와
　기능에 대해 설명하라.

■ 이 과를 지원한 동기는 무엇인가?

■ 의사에게 가장 중요한 자질은 무엇이라고 생각하는가?

■ 물의 최대 밀도는?

■ 외국 병원이 국내에 들어올 경우 자신이 병원장이라면 병원의 경쟁력을 향상시키
　기 위하여 할 일은 무엇인가?

약학과

■ 약의 정의를 내리면?

■ 과학이 인간에게 미치는 부작용은?

■ 자신의 아버지를 자랑해 보라.

■ 약학과 생태학의 관계를 설명해 보라.

■ 약학과가 무엇을 배우는 과라고 생각하는가?

■ 컴퓨터를 약학에 어떻게 이용할 수 있겠는가?

■ 만약 대기업에 이사가 된다면 사원을 어떻게 뽑겠는가?

■ 약학은 '생물학+화학' 이다. 어느 것에 더 중점을 두어야 한다고 생각하는가?

■ 신장의 생리학적 기능과 원리에 대해 말해 보라.

■ 자신이 약학과에서 해야 할 일이 무엇이라고 생각하는가?

■ 의료계에서 바로 잡아야 할 점이 무엇이라고 생각하는가?

■ '사이버 약학' 에 대해 아는 대로 말하고 그 전망을 제시해 보라.

■ DNA가 무엇인지 설명해 보라.

■ 혈액의 구성 성분은 무엇인가? – (약학과)

■ 약학 외에 무엇을 더 공부해 보고 싶은가?

■ C6H6, C6H12 중 어느 것이 끓는점(녹는점)이 높을까?

■ 의약 분업에 대해 아는 대로 말하고 자신의 견해를 제시해 보라.

■ 바다에서 표류했을 때 목이 말라도 바닷물을 먹으면 안 되는 이유를 말해 보라.

■ 입양 장려의 구체적 방안을 제시해 보라.

- 원소의 주기율표에 대해 아는 대로 말해 보라.
- 인체의 항상성을 유지하기 위한 방법을 예를 들어 설명하여라.
- 사람의 몸안에서 노폐물은 어떻게 만들어지고 어떤 방법에 의해 몸 밖으로 배설되는지에 대해 설명하라.
- 체내에서 소화된 양분의 흡수는 어떻게 일어나고 흡수된 양분은 어떤 경로에 의해 몸의 각 부분에 이용되는지 설명하라.
- 산의 이온화상수를 설명하고 이온화상수를 구하는 식에서 물의 농도는 고려하지 않는 이유를 설명하라.
- WHO, 페러데이 법칙, 암, 항암제, 이성질체, 탄저균, 엔트로피와 네트로피, ATP, DAN구조, 혼합물의 분리, 이온결합, 공유결합, 지용성비타민, 호르몬, 게놈, 산과 염기의 정의에 대해 말해 보라.
- 약 한 개를 개발하는데 드는 비용은 얼마이며 약을 개발함으로서 버는 비용은 얼마인가?
- 교감신경과 부교감신경을 비교 설명하라.
- 국내에서 최초로 개발된 신약에 대해 아는 것이 있으면 말해 보라.
- 인공투석기의 원리를 말해 보라.
- 세포란 무엇이고 세포의 기능은 무엇인가? 세포 내 구조물에 대해 각각 말하라.
- 과학기술발달의 부정적인 면은 무엇이 있는가?, 자연과학의 탐구 방법에 대해 말하라.

한약학과

- 좋아하는 단어와 그 이유를 말해 보라.
- 이 과가 본인에게 맞다고 생각하는가?
- 동양의학과 서양의학의 차이점이 무엇인지 말해 보라.
- 한약학과와 한의예과의 차이는?
- 한약에서 초근목피를 이용하는데 이를 자연 파괴로 보아야 하는가?
- 일본 문화 수용에 찬성하는가? 찬성한다면 그 수용에 누가 나서야 하겠는가?
- 한의사와 한약사가 해야 할 일이 무엇이라고 생각하는지 말해 보라.

- 빅딜에 대해 설명해 보라.

- 여가 시간에는 주로 무엇을 하는가?

- 자신의 가치관이나 신념에 대해 말해 보라.

- 정보화 사회에 자신이 가져야 할 가치관에 대해 말해 보라.

- 핸드폰 사용이 늘고 있는데 그 점에 대해 어떻게 생각하는가?

- 의료서비스와 의술의 차이점은?

- '경락'이란 무엇인지 말해 보라.

- 아는 약초가 있으면 말해 보라.

- 한의학과 양의학의 차이점은?

- 한의사가 갖추어야 할 가장 중요한 자질은?

치의예과

- 사람 이빨이 몇 개인가?

- 치과를 이루는 여덟 가지는 무엇인가?

- 정보 공유에 대해 어떻게 생각하는가?

- 이 세상에 + 와, − 가 바뀌면 어떻게 될까?

- 조건반사와 백야 현상을 간단하게 설명하라.

- 실력이 좋은 의사와 인간성이 좋은 의사 중에서 누가 더 낫다고 생각하는가?

- 유전자조작식료품에 대해 설명해 보라.

- 소가 여물 먹는 것을 무엇이라 표현할 수 있겠는가?

- 치의예과 말고 자신이 하고 싶은 공부가 있으면 말해 보라.

- 정보화 사회에 의료계에는 어떠한 변화가 있을 것이라고 생각하는가?

- 남들에게 잘 보이기 위해 자신을 꾸미는 것에 대해 어떻게 생각하는가?

- 상수도 불소화란 무엇이며, 본인의 찬성 또는 반대의 근거는?

- 의예·치의예에 관련된 서적을 읽은 적이 있으면 말해 보라.

- 의학 분야에서 가장 큰 발견·발전은 무엇인가?

- 의사로서 갖추어야 할 지식은 무엇이라고 생각하는가?

- 치의예도 과학인가?

- 이 과에 지원한 동기는 무엇인가?

- 간호사에게 가장 중요한 자질이 무엇이라고 생각하는가?

- 건강이란 무엇인가?

- 사회에서 인식하는 간호사의 상(이미지)을 말해 보라.

- 사교육이 공교육을 위태롭게 한다는 의견이 있다. 옳은 주장인가?

- 매스컴에 비친 간호사의 이미지가 실제와 다르다고 보는가?

- 간호사가 되어서 일하고 싶은 곳을 말해 보라. 그리고 그 이유를 말해 보라.

- 사람을 대할 때 상대에게 잘 보이려고 노력하는 것이 좋은가, 솔직하게 대하는 것이 좋은가?

- 내가 왜 뽑아야 하는지를 설득해 보라.

- 웰빙에 대하여 설명하라.

- 사형제도 폐지에 대한 생각은?

- 간호사의 사회적 역할이 무엇이라고 생각하는가?

- 일상 생활에서 봉사 · 희생 정신을 실천한 예가 있으면 말해 보라.

- 젊은이들이 개성을 상실하는 원인은 무엇이고 그에 대한 대책은 무엇인가?

- 현대의 발전된 의료 기술을 보고 현대인들이 더욱 건강해졌다고 말할 수 있는가?

- 엘니뇨 현상에 대해서 설명하면?

- 우리나라의 의료문제에 대한 생각은?

- 산성비란 무엇인가?

- 줄기세포, 기조력, 생물의 특성, 생명공학, 유전자 변형식은?

- 지식 정보화시대에 대해서 말하고 기초 지식의 중요성에 대해 말해 보라.

- 흡연의 폐해를 개인적 의미, 사회적 의미로 구술해 보라.

- 인간에게만 검증이 안 된 신약의 투여 여부에 대한 견해는?

- 본인(아내)가 임신중 태아가 장애아로 판별되었다면 어떻게 할 것인가?

10. 건축 토목 환경

- 토목과 건축의 차이점을 설명해 보라.

- 부실 공사가 일어나는 이유가 무엇이라고 생각하는가?

- 건축과 토목의 차이점을 말해 보라.

- 재활용의 구체적 방안을 제시해 보라.

- 쓰레기·폐기물을 어떻게 처리하는 것이 좋을까?

- 환경 문제를 해결할 수 있는 방안을 제시해 보라.

- 환경 문제 해결과 관련하여 '지속 가능한 개발'이란 환경의 보존과 개발 중 어디에 중점을 둔 견해인가?

- 둥그런 책상이 쓰이지 않는 이유를 말해 보라.

- 네모난 책상과 둥근 책상의 장점과 단점을 각각 세 가지 말해 보라.

- 건물을 직육면체로 짓는 이유가 무엇인지 설명해 보라.

- 남대문과 에펠탑의 공통점과 차이점을 설명해 보라.

- 동물의 집과 사람의 집, 차이점을 세 가지 말해 보라.

- 건축물에 90° 가장 많이 쓰이는 이유는 무엇인가?

- 조경학과 건축학의 관계를 설명해 보라.

- SOC란 무엇인가?

- 정보화 시대에 청학동이 어떻게 변화해야 한다고 생각하는지 말해 보라.

- 지구환경 보전 차원에서 지속 가능한 발전을 위한 건축물에서의 역할은 무엇인가?

- 인상 깊은 건축물을 스케치해 보라.

- 건축가와 예술가의 공통점과 차이점에 대해 말해 보라.

- 우리나라 건축의 가장 큰 문제점, 어떤 건축물을 짓고 싶은가?

- 여의도에 63빌딩을 어떻게 세웠는지 말해 보라.

- 인간과 건축물과의 관계를 설명해 보라.

- 건축학부에는 건축학과 건축공학이 있는데 학생은 어느 쪽에 적성이 맞는다고 생각하는지 설명하라.

- 사회간접자본시설(SOC)로서의 토목 시설을 아는 대로 설명하라.

- 우리나라의 도로의 종류를 들고, 도로가 우리 경제에 미치는 영향을 말해 보라.

- 건축가 중 아는 사람이 있는가?

- 토목과 건축의 차이를 설명해 보라.

- 관련 분야 중에서 재능이 있으면 말해 보라.

- 뉴턴의 법칙 3가지를 말하라.

- 고체, 기체, 액체의 차이점과 공통점은 무엇인가?

- 발파 해체에 대해 말해 보라.

- 건축에 관심을 갖게 된 계기에 대해 말해 보라.

- 일과 힘의 관계를 말해 보라.

- 책상 위의 재떨이가 받고 있는 힘을 설명해 보라.

- 플라스마란?

11. 화학 · 기계 · 항공 · 공학계열

- 우리 민족의 장점이 무엇이라고 생각하는가?

- 우리나라도 핵폭탄을 소유해야 한다고 생각하는가?

- 만약 우리나라에게 석유가 나온다면 어떻게 되겠는가?

- 이상 기체, 가시광선의 파장범위, 레이저광, 수소결합, 빛의 특성, 주기율표에 대해 말해 보라.

- 화학반응 속도에 영향을 미치는 것은?

- 물이 4℃에서 밀도가 가장 큰 이유는?

- 연료를 연소시킬 때 발생하는 오염물질은?

- 100℃ 수증기와 10℃ 얼음을 섞었을 때 상태는?

- 눈이 온 후 염화칼슘을 뿌리는 이유는?

- 소금의 녹는점은 약 800 인데 물에서는 잘 녹는 이유는?

- 철이 물에 녹지 않는데 황산을 넣으면 녹는다. 그 이유는 무엇인가?

- DNA, 우리 몸의 유전자 개수, 화학 결합의 종류, 수소 에너지에 대해 말해 보라.

- 물에 대하여 아는 바를 설명하라.

- 석유화학공업에 대하여 아는 바를 설명하라.

■ 공학과 과학의 차이점을 말해 보라.

■ 이상 기체 상태 방정식은 무엇인가?

■ 수학과 과학 중 어느 것이 더 중요한지 설명하라.

■ 학교 붕괴의 원인이 된 학원이 학교의 역할을 해 낼 수 있겠는가?

■ '벤처 산업'이란 무엇인가?

■ NGO에 대해 어떻게 생각하는가?

■ 대기 오염의 원인에 대해 말해 보라.

■ 자동차 외형 디자이너가 고려해야 할 점은 무엇인가?

■ 차를 디자인할 경우 성능과 더불어 고려해야 할 점이 무엇인가?

■ 밀폐된 방에 냉장고 문을 열어 놓으면 방안의 온도가 어떻게 되겠는가?

■ 80km/h의 제동 거리를 말해 보라.

■ 백터와 스칼라의 차이점은 무엇인가?

■ 아르키메데스가 왕의 왕관이 순금인지 아닌지 어떻게 구분했을까?

■ 자동차 바퀴에 홈이 파여 있는 이유는 무엇인가? 자동차 바퀴의 압력은 어떻게 구할까?

■ 야구공을 하늘 위로 수직으로 던질 때, 공이 손에서 떨어지는 순간과 공이 땅으로 떨어지는 순간에서 공기 저항이 없을 때의 속력과 공기 저항이 속도에 비례할 때의 속력을 비교하라.

■ 자동차의 창문에 이슬이 맺히는 현상의 원리를 설명하고 그것이 언제 생기는지, 어떻게 하면 방지할 수 있는 설명하라.

■ 다음 상태의 물체(150kg)의 운동방향과 마찰력의 크기를 구하라. (단, 운동 마찰계수 = 0.2, 정지마찰계수 = 0.25)

■ 드 모르간의 법칙, 눈이 오는 원리, 뉴턴의 법칙에 대해 말해 보라.

■ 열기관의 문제점, 운동량 보존의 법칙, 신소재 미적분의 정의는?

■ 미분이 일상생활에 적용된 사례는?

■ 냉장고의 원리를 설명하여라.

■ 로켓의 추진 원리는?

■ 평균, 표준편차, 정규분포를 설명하라.

■ 적분의 응용사례와 의미는?

- 환경공해를 줄일 수 있는 대체에너지 개발에 대하여 설명하라.
- 추락하는 엘리베이터 속에 있는 사람의 체중을 잴 때 저울눈금의 변화와 그 원리를 설명하라.
- 힘과 일과 동력과 에너지에 대한 차이점과 각각의 개념과 생활 속에서 적용되는 사례는?
- 우리 교실에 산소 등 여러 기체가 있는데 그런 기체들이 모두 잘 섞여 있는 이유는 무엇인가?
- 최근 우주항공분야와 조선분야의 동향과 발전 방향에 대한 견해를 제시하여라.
- 가속도, 속도, 진행거리 및 힘의 상호관계를 설명하고 선박, 항공기 또는 발사체와 관련하여 설명하라.
- 항공기 또는 선박에 작용하는 힘과 운동에 대해 설명하라.
- 3차원 좌표에서 각 2개를 포함하는 쪽으로 도형을 그려 보라.
- 일정량 부피의 공기가 풍선으로 채워질 때 겉넓이의 변화율은?
- 단선 철도를 확장하려 할 때 복선화 하는 방안과, 신규 단선철도를 건설하는 방안을 비교하여 설명해 보라.
- 정다면체의 종류와 각각의 모서리와 꼭지점의 개수는?
- 전자 상거래의 발전 전망에 대해 말해 보라.